普通高等教育“十一五”国家级规划教材

21世纪高等继续教育精品教材

经济管理类通用系列

RENLI ZIYUAN GUANLI

人力资源管理

（第六版）

主　编　姚裕群　杨俊青

副主编　王朝霞　刘尔铎

中国人民大学出版社

·北京·

21 世纪高等继续教育精品教材

编审委员会

总 序

21 世纪，科学技术发展日新月异，发明创造层出不穷，知识更新日趋频繁，全民学习、终身学习已经成为适应经济与社会发展的基本途径。近年来，我国高等教育取得了跨越式的发展，毛入学率由 1998 年的 8%迅速增长到 2008 年的 23.3%，已经进入大众化的发展阶段，这其中高等继续教育发挥了重要的作用。同时，高等继续教育作为“传统学校教育向终身教育发展的一种新型教育制度”，对实现“形成全民学习、终身学习的学习型社会”“构建终身教育体系”的宏伟目标，发挥着其他教育形式不可替代的作用。

目前，我国高等继续教育的发展规模已占全国高等教育的一半左右。随着我国产业结构的调整、传统产业部门的改造以及新兴产业部门的建立，各种岗位上数以千万计的劳动者，需要通过边工作边学习来调整自己的知识结构、提高自己的知识水平，以适应现代经济与社会发展的要求。可见，我国高等继续教育的发展，既肩负着重大的历史使命又面临着难得的发展机遇。

我国的高等继续教育要抓住机遇发展，完成自己的历史使命，从根本上说就是要全面提高教育教学质量。这涉及多方面的工作，但抓好教材建设是提高教学质量的基础和中心环节。众所周知，高等继续教育的培养对象主要是已经走上各种生产或工作岗位的从业人员，这就决定了高等继续教育的目标是培养能适应新世纪社会发展要求的动手能力强、具有创新能力的应用型人才。因此，高等继续教育教材的编写“要本着学用结合的原则，重视从业人员的知识更新，提高广大从业人员的思想文化素质和职业技能”，体现出高等继续教育的针对性、实用性和职业性特色。

为适应我国高等继续教育发展的新形式、培养应用型人才、满足广大学员的学习需要，中国人民大学出版社邀请了国内知名专家学者对我国高等继续教育的教学改革与教材建设进行专题研讨，成立了教材编审委员会，联合中国人民大学、中国政法大学、东北财经大学、武汉大学、山西财经大学、东北师范大学、华中科技大学、黑龙江大学等 30 多所高校，共同编纂了“21 世纪高等继续教育精品教材”，计划在两三年内陆续推出百种高等继续教育精品系列教材。教材编审委员会对该系列教材的作者进行了严格的遴选，编写教材的专家、教授都有着丰富的继续教育教学经验和较高的专业学术水平。教材的编写严格依据教育部颁布的“全国成人高等教育公共课和经济学、法学、工学主要课程的教学基本要求”；教材内容的选择克服了追求“大而全”的现象，做到了少而精、有针对性，突出了能力的训练和培养；教材体例的安排突出了学习使用的弹性和灵活性，体现“以学为主”的教育理念；教材充分利用现代化的教育手段，形成文字教材和多媒体教材相结合的立体化教材，加强了教师对学生学习过程的指导和帮助，形象生动、灵活方便，易于保存，可反复学习，更能适应学员在职、业余自学，或配合教师讲授时使用，会起到很好的教学效果。

这套“21世纪高等继续教育精品教材”在策划、编写和出版过程中，得到教育部高教司、中国成人教育协会、北京高校成人高教研究会的大力支持和帮助，谨表深切谢意。我们相信，随着我国高等继续教育的发展和教学改革的不断深入，特别是随着教育部“高等学校教学质量和教学改革工程”的实施，这套高等继续教育精品教材必将为促进我国高校教学质量的提高做出贡献。

杨干忠

前　言

《人力资源管理》从第一版至今已经走过了十多个年头，这是第六版了。本教材的多次修改，既反映了人力资源事业发展的巨大需求，又反映了人力资源社会实践和学科理论的进步。中国是人力资源数量第一大国，人力资源越来越体现出对经济、社会的巨大推动作用。现实经济管理生活正在不断提出种种新的和老的人力资源管理与开发的问题，需要人们从理论上理清思路，从措施上选择恰当的方法。

人力资源管理不仅是科学问题，而且是艺术问题，需要管理者们不断学习、不断提升水平。本教材是在我们对人力资源长期研究和教学基础上写作和修订的，此次修订，我们进一步更新和补充了内容，强化实用性，力求使本教材精益求精。

人力资源管理不仅是微观问题，而且是宏观问题。在当前的后金融危机时代，我们仍然面临宏观经济和微观组织运营的诸多问题，如人工成本提高造成的压力问题，市场饱和、产能过剩和竞争加剧问题，有效需求不足问题等，都对企业经营管理和人力资源开发管理提出挑战。

精细管理、立足战略、面向国际、大力创新，这是我们搞好人力资源管理的积极又可靠的选择。

本教材的主编为姚裕群教授、杨俊青教授，副主编为王朝霞博士后、刘尔铎副教授。参加本教材编写修订工作的有姚裕群（第一章等）、杨俊青（第一、三章）、王朝霞（第十一、十四章等）、刘尔铎（第五章）、吴江（第九章）、郝丽（第十二章）、姚清（第七、八章）、周小舟（第二、六、十、十五章）、景立人（第十五章）；参加本教材课件制作的有孙雪凌、巫强、张帆、童玲、陈芳、任清丽、陈静满。在此，我对各位合作者表示衷心的感谢，并对中国人民大学出版社教育分社及李丽虹编辑表示衷心的感谢。

早在 1983 年，我与赵履宽教授合作撰写了中国第一篇人力资源学术论文，至今已 30 多年，我欣慰地看到中国人力资源管理实践、研究和教学的巨大进步，愿中国的人力资源事业进一步发展，全面提高水平，与国际接轨，走向辉煌。

姚裕群

目　录

第一篇　人力资源开发与管理基础

第二篇　人力资源开发

第三篇　人力资源管理

第一篇

人力资源开发与管理基础

第一章

绪 论

本章要点

◇人力资源的概念和特点
◇人力资源管理的含义和意义
◇人力资源管理思想的发展
◇现代人力资源开发与管理的特征

本章引例

2017年海归创业的新动向

二三线城市渐受海归青睐

近年来，海归创业的地点不再局限于北上广深为代表的一线城市，形成了向二三线城市发展的趋势。《2017年海归就业创业调查报告》显示，成都、武汉分别吸引了6.6%和4.4%的海归，已有赶超一线城市的势头。当然，一线城市因其具有经济、资源、产业基础以及区位优势，仍是多数海归创业的首选地点。

一些二三线城市有着良好的产业基础、人口条件、公共服务，处于迅速崛起与转型之中。对海归来说，选择一线城市会面临人才扎堆、竞争激烈的局面，而二三线城市具有落户难度低、综合成本低、政策扶持力度大、竞争较小等优势，更适合某些创业项目的发展。

海归选择到二三线城市创业，除了希望赶上城市发展的红利，还因为各地政府为海归人才提供了良好创业环境和优厚待遇。人才是城市经济、社会发展必不可少的因素。二三线城市显然意识到人才的重要性，在引才上持续发力、新招频出。如郑州市近日发布"智汇郑州"引才政策，针对企业在孵化基地中产生的水电、房租等费用，可给予50%的补贴。银川市先后实施了"海外华侨华人专家引进计划""海外引才百人计划""创新团队引进计划"等一系列计划，吸引海归专家前去工作。二三线城市政府在切实为海归创业提供场地、资金、技术、配套服务等优惠政策的同时，也精准地对接海归的个人需求，力争在住房补贴、子女落户等方面免除海归后顾之忧。

经济发展、产业升级都需要引进人才、用好人才。在此背景下，二三线城市比以往任何时期更加渴求人才。可以预见，未来海归在一线城市扎堆的现象将不断得到缓解，更多海归将根据创业项目的实际情况，理性选择创业地点。

更多领域吸引海归施展才华

回顾2017年的报道，我们看到，海归创业领域呈现多样化的特点。据相关数据显示，海归比较偏好创新技术和现代服务业领域。互联网行业、服务业、文体教育是海归从事领域的前三名。而在2015年，金融业是海归的首选，占据14.3%。可以看出，我国第三产业在近年发展迅速，海归也因时而动，更倾向到创新领域发展。

国内的发展现状为海归创业提供机遇，海归用创新的方式为产业发展贡献力量。毕业于新加坡南洋理工大学的张宇是投身大健康领域的海归中的一位。他说："由于历史原因，我国医疗资源分布不均衡，但这种不均衡的现状对大健康产业发展而言却是个机遇。现在，我国正在努力推动精准医疗、远程医疗和个性化医疗，这为大健康产业提供了更广阔的市场。"海归在投身代表未来发展趋势的产业的同时，也弥补了产业空白，提高了产业的水平，为社会发展做出贡献。在首届海外留学人员创新创业大赛总决赛中，基于人工智能的云端眼科体检系统、远程无线充电、陆空协同智能机器人等高科技以及新材料技术纷纷亮相，这些新技术的推广将给相关行业发展带来新动力。

2017 年，海归创业更趋于理性，他们脚踏实地，不以业小而不为。许多海归表示，在择业时要有明确的目标，知道自己有什么、想要什么、适合什么，不会纠结于从事的行业是否“高端”。

当前，各行各业都在提倡创新，海归因其所具有的国际化视野和跨文化背景而更具有创新能力。期待更多海归在未来的发展中抓住机遇，在各自的领域发挥作用。

第一节 人力资源基本分析

一、人力资源的概念

（一）人力资源的定义

人力资源（human resource），是指一定范围内的人所具备的劳动能力的总和，也称为“人类资源”、“劳动力资源”或“劳动资源”。从定义可以看出，人力资源是人的一种能力而不是直接地指劳动者。同时，人力资源并不是单一的某项能力，而是多方面劳动能力的集合。这种劳动能力的总和，构成了人能够从事社会经济活动的要素条件。

（二）人力资源的构成

一个社会的人力资源，在划分了人的劳动年龄高低线的基础上，由下列八个部分构成①：

（1）处于劳动年龄之内、正在从事社会劳动的人口，它占据人力资源的大部分，可称为“适龄就业人口”。

（2）尚未达到劳动年龄、已经从事社会劳动的人口，即“未成年劳动者”或“未成年就业人口”。

（3）已经超过劳动年龄、继续从事社会劳动的人口，即“老年劳动者”或“老年就业人口”。

上述三部分人，构成了“就业人口”总体。

（4）处于劳动年龄之内、具有劳动能力并要求参加社会劳动的人口，这部分可以称为“求业人口”。求业人口与前三部分一起，构成“经济活动人口”。

（5）处于劳动年龄之内、正在从事学习的人口，即“就学人口”。

（6）处于劳动年龄之内、正在从事家务劳动的人口。

（7）处于劳动年龄之内、正在军队服役的人口。

（8）处于劳动年龄之内的其他人口。

---

① 姚裕群. 人力资源概论. 北京：中国劳动出版社，1992：47-49.

这八部分统称劳动力人口，即人力资源，见图 1-1。

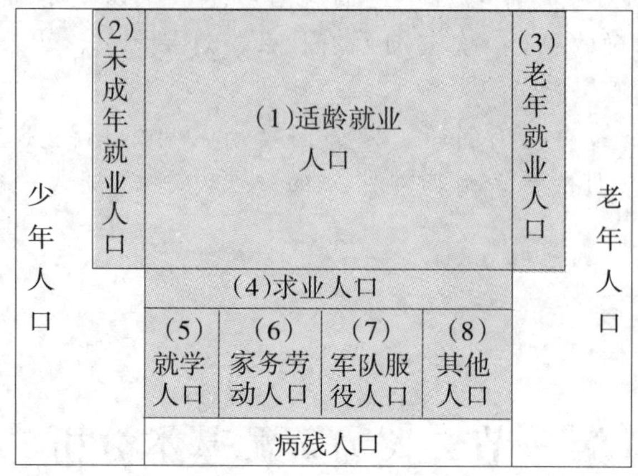

图 1-1　人力资源构成

图 1-1 中标记（1）～（8）的部分，即人力资源。其中前四部分是经济活动人口，构成现实的社会人力资源供给，这是直接的、已经开发的人力资源；后四部分并未构成现实的社会人力资源供给，它们是间接的、尚未开发的、处于潜在形态的人力资源。

二、人力资源的数量和质量

进一步理解人力资源这一概念，可以从数量和质量两个方面进行分析。

（一）人力资源数量

人力资源数量，是指一个国家或地区中具有劳动能力、从事社会劳动的人口总数或者其在人口总数中所占的比重，前者体现为人力资源的绝对量，后者为人力资源的相对量。不管用何种方式进行考量，一个国家或地区的人口总量、人口的年龄构成、劳动力参与率、法定劳动年龄、教育普及程度、社会保险状况、宗教及社会风俗、劳动与工资制度、经济结构类型及其发展水平等宏观因素，都会影响到特定时期的人力资源数量。

（二）人力资源质量

人力资源质量，是指劳动者个体及群体创造社会价值的能力，通过人力资源的专业知识、就业能力、个性特征等方面，得以直观地体现。一些经济社会统计指标，如每万人中接受高等教育的人数、小学普及率、中学普及率、专业人员占全体劳动者比重等，能间接反映出一个国家或地区特定时期的人力资源质量状况。人力资源质量通常受到先天遗传和自然生长因素、营养保健、教育和培训、经济与社会发展状况、人的主观能动性等因素的影响。

（三）人力资源数量与质量的关系

人力资源数量可以满足经济活动的数量要求，而具有特定质量水平的人力资源供给能够完成一定难度的经济活动。根据马克思的“复杂劳动等于倍加的简单劳动”的思想，高质量的人力资源可以创造出远多于同等人数低质量者的财富。除此之外，高质量的人力资源具有较高的操作能力，能够完成许多同等人数低质量者的低水准工作，对低质量者具有较强的替代性。但是，低质量的人力资源因操作技能较差，无法完成高质量者的工作，对高质量者不具有替代性。

区分人力资源数量与质量，主要是为了突出两者对人力资源总量的影响。人力资源总量表现为人力资源数量与质量的乘积，用公式可以表述为：

人力资源总量＝人力资源数量×人力资源平均质量

三、人力资源的特点

人力资源负载于作为社会性动物、有思想、有价值判断的人身上，有着不同于物质资源的特点。

（一）人力资源的基本特点

人力资源的基本特点，包括生物性和社会性两个方面。

1. 生物性

人力资源存在于人体之中，是一种“活”的资源，它与人的自然生理特征相联系。这一特点是人力资源最基本的特点。人力资源的生产基于人口再生产这种生命过程，其接受教育也需要一定的智力作为前提；人力资源的使用，更受到人的自然生命特征的限制，如身体疲劳、人体安全、劳动卫生、工作时间等。

人力资源的生物性还体现为人力资源的再生性，其再生性是通过人口总体内各个个体的不断替换更新和“人力资源耗费→人力资源生产→人力资源再次耗费→人力资源再次生产”的过程得以实现的。

2. 社会性

从一般意义上说，人的劳动能力都是人类社会活动的结果，又都构成人类社会活动的前提。从社会经济运动的角度看，人类劳动是群体性劳动，不同的人分别处于各个劳动组织之中，构成了人力资源社会性的微观基础。从宏观上看，人力资源是处于一定社会范围的，它的形成要依赖社会，它的配置要通过社会，它的使用要处于社会的劳动分工体系之中。

人力资源的使用，从直接的角度看，是某一个社会经济单位①的具体的事。但是，社会对这种活的、能动性资源，提供了开发和管理的外部条件和市场，也在一定程度上构成竞争环境。

（二）人力资源的资源特点

1. 智能性

人力资源包含智力的内容，即具有智能性，这使它具有强大的功能。人类创造了工具、创造了机器，把物质资料改造成为自己的手段，即通过自己的智力使自身人体器官得到延长和放大，从而使自身的能力无限扩大，推动数量巨大的物质资源取得巨大的效益。在当今科学技术日新月异、社会已经进入知识经济时代的情况下，人力资源的智能性不仅具有“效益巨大”的优异性，而且是关系着国家和用人单位的发展乃至生死存亡的重要特征。

---

① 在本教材中，对微观层面的社会经济单位主要使用“组织”以及“用人单位”的概念，“企业”则是其代表性的形态。

人类的智力具有继承性，这使人力资源所具有的劳动能力随着时间的推移，得以积累、延续和进一步增强。

2. 个体差异性

个体差异性，即不同的人力资源个体在个人的知识技能条件、劳动参与率倾向、劳动供给方向、工作动力、工作行为特征等方面均有一定的差异。

人的个体差异性也导致社会人力资源需求岗位对其的选择差异。

3. 时效性

人力资源具有时效性，它的形成、生产、开发、使用，都具有时间方面的限制。

从个体的角度看，人有其生物有机体的生命周期，因此，作为人力资源，能够从事劳动的自然时间就被限定在生命周期的其中一段。人们从事劳动的青年、壮年、老年不同时期，其劳动能力也有所不同。

（三）人力资源的主体特点

1. 动力性

人力资源的动力性，即其主体推动性。经济运行的主体，可以划分为个人、用人单位和社会三个层次，个人是这三方面主体中的根本层次。人力资源之所以作为主体资源，正是因为它具有动力特征，能够对物质资源加以推动、加以运用。人力资源与资本要素、物质要素的关系及其结合，均对经济的运行及效果产生重大影响，因而也成为用人单位与社会（可以把政府作为其代表）管理行为的重要对象。

具体来说，人力资源的动力性体现在“发挥动力”和“自我强化”两个方面。发挥动力，即人对自身能力或能量的自觉运用，这是人类能动性的重要体现。它对“人力”这一资源的潜力发挥和由此产生的工作绩效，具有决定性的影响。自我强化，即人们通过自身有目的的积极行为，接受教育培训，努力学习，锻炼身体，积累经验，使自身获得更高的工作能力。

2. 自我选择性

自我选择性是人力资源动力性的延伸。“人”具有社会意识，这种意识是其对自身和外界具有清晰看法、对自身行动做出抉择、调节自身与外部关系的意识。由于人具有社会意识，作为劳动者的人在社会生产中居于主体地位，使人力资源具有能动的选择性。人作为主体性资源，在构成劳动供给和劳动供给的投入方向方面，是有着自主决定权与选择偏好的。“选择的意义在于选取所偏爱的方案”，上述决定权与选择偏好表现为：个人“想不想或要求不要求就业”、“到什么岗位上去就业”和“就业时间多长、工作强度多大”①。

3. 非经济性

非经济性即人作为生产要素的供给，除了追求经济利益之外，还有其他方面的考虑。人的职业选择、劳动付出往往与职业的社会地位、工作的稳定性、晋升机会、管理特点、工作条件、个人兴趣爱好、技能水平等非经济、非收入因素相关联。在经济水平比较低的社会，人们重谋生，对非经济的考虑较少、要求较低；在经济水平比较高的社会，“衣食足而知荣辱”，人们对非经济利益的考虑就会较多，强度也较大。

---

① 安东尼·德·雅赛. 重申自由主义. 陈茅，等，译. 北京：中国社会科学出版社，1997.

在市场经济体制下，用人单位追求利益最大化，必然受到作为雇用对象的“人”的上述非经济因素的制约。在宏观层次上，政府要顾及社会就业、公民收入与消费、社会保障等问题，因而必然在一定程度上考虑人的非经济需求。

四、人力资源的作用

(一) 基本作用

1. 人力资源是社会经济活动的前提

人力资源构成社会经济运动的基本前提。从宏观角度看，人力资源不仅在经济管理中必不可少，而且它还是组合、运作其他各种资源的主体。也就是说，人力资源是能够推动和促进各种资源实现配置的特殊资源。因此，人力资源成为最重要和最宝贵的资源。

2. 人力资源是具有推动作用的特殊资源

人力资源对物质资源的运用，是因为它居于经济运动的主体地位，具有推动作用。对国民经济来说，物质资源是“死”的、被动的资源，而人力资源是“活”的、主动的资源。

3. 人力资源是经济增长的主要动力

经济学家早就指出，“知识的进展”是20世纪经济增长的最主要因素。所谓知识的进展，主要是对人力资源进行投资、开发，使其文化水平和专业理论、专业技能提高，从而具备更高的运用物质资源的能力。据美国经济学家丹尼逊的计算，在美国长达60年的国民收入增长中，“增加投入量”的比重在下降，“提高产出率”的比重在上升。进一步分析可以看出，投入方面比重下降，主要在于物力因素，尤其是资本；产出方面比重增加，主要在于人力因素（即“知识进展”）。这正表明，国民经济增长的主要潜力在于人力资源方面。这一学说至今仍然是正确的和非常重要的。

(二) 现实作用

1. 有利于把人口压力转化为财富

我国作为世界第一号人口大国，肩负着养育13亿人口和提高其生活质量的重大任务。这种巨大的人口压力与我国尚不发达的经济水平一起，决定了我国必然存在诸多的经济社会问题。

解决好我国的人口与人力资源问题，将沉重的包袱转化为巨大的财富，将消极的压力转化为经济社会发展的强大动力，是21世纪继续迅速发展的中国既重大又紧迫的课题。这要求我们必须全方位地搞好人力资源的开发与管理。

2. 有利于适应经济全球化的要求

中国自加入WTO和进一步开放、建立上海自由贸易区以来，正在迅速全面地融入世界经济之中。我国的经济社会发展形势正在发生非常大的变化，发展的空间更大，对高素质的人才资源需求会大大增加，但国外对我国人才的吸引力同时也在增加。因此，进一步搞好高层次人才资源的开发利用和管理，是我们完成21世纪中叶我国经济社会发展战略任务的战略性措施，这就要求我们采取各种积极的、有力的、创新的、变通的政策来加以保证。

3. 有利于塑造现代劳动者

我们知道，人是具有巨大潜能的，也是具有巨大可塑性的。一个社会的组织，包括宏观组织和微观组织，对人力资源进行开发与管理的种种活动，有利于对人力资源本身的能力培养、潜能发挥和文化赋予，使其能力得到发挥、动力得以释放。这些活动在为组织创造效益的同时，也塑造了现代劳动者本身。

4. 有利于塑造现代组织

现代管理学认为，员工是组织的主体，是组织的主人，是组织的内部顾客，即成为组织的“上帝”。组织的目标与员工的利益和目标是一致的。因此，搞人力资源开发与管理也就是在搞组织建设，是在塑造新时期的现代组织。

5. 有利于中国经济的进一步腾飞

中国拥有世界第一的人力资源，它是我们最宝贵的财富。早在改革开放之初，世界银行对我国大规模贷款之前进行了全面考察后指出：“在今后几十年内保持快速增长，对中国来说将是一项艰巨复杂的任务。”① 对中国来说，资金、技术、设备都不会成为发展的“瓶颈”，“中国的经济前景将取决于能否成功地调动和有效地使用一切资源，特别是人力资源”②。

21 世纪是“人”的世纪。在 21 世纪的今天，我们在面对经济剧烈变动的挑战和经济全球化压力的格局下，采取什么措施，如何保证我国再持续一二十年以至更长时间的稳定、持续增长，实现进一步的腾飞，其秘密仍然在于：进一步成功地调动和有效地使用人力资源。

第二节　人力资源管理基本分析

一、人力资源管理的含义

人力资源管理是指为了获取、开发、保持和有效利用在生产和经营过程中必不可少的人力资源，对全社会或一个企业各层级、各类型的劳动者，通过运用科学、系统的技术和方法进行各种相关的计划、组织、领导和控制活动，以实现组织既定目标的全过程管理。

这个定义向我们揭示了人力资源管理的几个层面：

第一个层面，人力资源管理的目的——实现社会的总体发展目标或微观组织的战略与大目标。这些目标的实现必须依赖参与生产和经营活动的劳动者，即人力资源。

第二个层面，人力资源管理的对象——从微观层面讲，组织的人力资源管理主要是针对在职员工，包括各个层级、各个职能部门的员工。从宏观层面讲，全社会的人力资源管理包括更大范围内的劳动者。

第三个层面，人力资源管理的内容——包括人力资源的获取（选人）、开发（育人）、保持（留用）和有效利用（用人）。这四项主要内容具体表现为人力资源规划与获取、培训与生涯规划、工作分析、考核与绩效管理、薪酬与福利管理、员工关系管理等。也可以

①② 世界银行．世界银行中国经济考察报告（1984）．北京：中国财政经济出版社，1984．

借用管理学中的计划、组织、领导、控制四项职能，将人力资源管理归结为是对人力资源的计划、组织、领导及控制。

第四个层面，人力资源管理的手段——要想达成人力资源管理的目的，需要借助科学、系统的人力资源管理技术与方法，如员工获取技术、工作分析方法、考核工具等。

人力资源管理的科学性、规范性及复杂性，决定了无论是宏观层面的全社会还是微观层面的某个组织的人力资源管理活动，都不是一件简单的管理任务，这需要从理念上意识到人力资源管理对社会及组织竞争优势的战略定位影响，更要从管理手段及工具上进行人力资源管理的创新落实。

二、人力资源管理的意义①

在人类所拥有的一切资源中，人力资源是第一宝贵的，自然成了现代管理的核心。不断提高人力资源开发与管理的水平，不仅是当前发展经济、提高市场竞争力的需要，也是一个国家、一个民族、一个地区、一个单位长期兴旺发达的重要保证，更是一个现代人充分开发自身潜能、适应社会、改造社会的重要措施。

人力资源管理的重要意义表现在以下几个方面：

首先，通过合理的管理，实现人力资源的精干和高效，能够取得最大的使用价值。也就是说，人的使用价值达到最大＝人的有效技能最大地发挥。

其次，通过采取一定措施，充分调动广大员工的积极性和创造性，也就是最大限度地发挥人的主观能动性。调查发现：按时计酬的员工每天只需发挥自己20%～30%的能力，就足以保住个人的饭碗。但若充分调动其积极性、创造性，其潜力可发挥出80%～90%。

最后，培养全面发展的人。人类社会的发展，包括经济的、政治的、军事的、文化的发展，最终目的都要落实到人——一切为了人本身的发展。目前，教育和培训在人力资源开发和管理中的地位越来越高，马克思指出，教育不仅是提高社会生产的一种方法，而且是造就全面发展的人的唯一方法。

现代人力资源管理的意义可以从三个层面，即国家、组织、个人来加以理解。目前，“科教兴国”“人才强国战略”“全面提高劳动者素质”等国家的方针政策，实际上，谈的是一个国家、一个民族的人力资源开发管理。只有人力资源得到充分的开发和有效的管理，一个国家才能繁荣，一个民族才能振兴。在一个组织中，只有求得有用人才、合理使用人才、科学管理人才、有效开发人才等，才能促进组织目标的达成和个人价值的实现。针对个人，有潜能开发、技能提高、适应社会、融入组织、创造价值、奉献社会等问题，这都有赖于人力资源的管理。我们不从宏观层面和微观层面，即国家和个人来谈人力资源管理，而从亚微观层面，即针对企业组织来谈现代人力资源管理。因此，我们更为关注现代人力资源管理对一个企业的价值和意义。在这里，我们认为现代人力资源管理对企业的意义，至少体现在以下几方面：

（1）对企业决策层来说，人、财、物、信息等是企业管理关注的主要方面，人又是最为重要的、活的、第一位的资源，只有管理好了人这一资源，才算抓住了管理的要义、纲

① 张德. 人力资源开发与管理. 北京：清华大学出版社，2001.

领，纲举才能目张。

（2）对人力资源管理部门来说，人不仅是被管理的“客体”，更是具有思想、感情、主观能动性的“主体”，如何制定科学、合理、有效的人力资源管理政策、制度，并为企业组织的决策提供有效信息，永远都是人力资源管理部门的课题。

（3）对一般管理者而言，任何管理者都不可能是一个“万能使者”，更多的应该是扮演一个“决策、引导、协调”属下工作的角色。他不仅需要有效地完成业务工作，更需要培训下属、开发员工潜能、建立良好的团队组织等。

（4）对一位普通员工而言，任何人都想掌握自己的命运，但自己适合做什么，企业组织的目标、价值观念、岗位职责是什么，自己如何有效地融入组织中，结合企业组织目标如何开发自己的潜能、发挥自己的能力，如何设计自己的职业人生等，这是每位员工十分关心而又深感困惑的问题。我们相信，现代人力资源管理会为每位员工提供有效的帮助。

第三节　人力资源管理思想的发展

在不同的历史条件下，有着对人的不同认识，从而形成不同的管理学说。对人的管理及开发利用思想的发展历史，可以分为以下几个时期。

一、传统劳动管理时期

西方国家早期的工厂制度产生后，就出现了劳动管理的内容。该时期管理活动的特点是关注分工、关注效率，把人作为机器的附属品。到了 19 世纪，以大规模市场、资本密集和官僚制为特征的经济组织出现，劳工的工作条件和工资待遇下降，资方和工头对工人采取高压驱动和粗暴管理的手段[①]，不仅劳动问题大量出现，劳资之间冲突加深还导致这种问题产生巨大的社会影响。这就使对雇佣劳动者的管理具有劳动关系或产业关系管理的特征。

二、泰勒制科学管理时期

19 世纪末 20 世纪初，美国具有学徒、技工履历的总工程师泰勒，运用科学原理对企业中的劳动活动进行了研究，包括操作方法研究、工作时间测定，在此基础上形成了著名的泰勒制或科学管理制度。虽然在泰勒制中已经运用了科学管理，但是在泰勒制的管理思想中，人是一种隶属于机械体系、类似于活的机器的对象，这样的学说是讲求工作规范但缺乏人性色彩的管理学说[②]。

① 王一江，孔繁敏．现代企业中的人力资源管理．上海：上海人民出版社，1998：1-8.

② 关淑润．人力资源管理．北京：对外经济贸易大学出版社，2001：24-26.

三、人际关系与行为科学管理时期

20 世纪 20 年代至 30 年代，美国学者梅约等人在霍桑电器工厂进行研究试验中，发现了人的心理和行为因素对生产率影响巨大，因而产生了与泰勒制科学管理学说相反的人际关系管理学说。在这一时期，人得到承认和重视，成为组织中具有情感性的管理对象。该时期的学说认为“人性善”，承认人的需求和人际关系，把搞好组织中的人际关系与合作、提高劳动者士气和加强对员工的重视作为管理的重要内容。这一学说的人性色彩相当强，也是第一次重视人的存在，把人本身提到管理高度来认识。

20 世纪 50 年代，行为科学的理念和学说被提出，其注意力从维护良好的人际关系方面进一步提高到对企业组织中人际关系的科学分析上。行为科学运用和发展了社会学、心理学和组织理论的成果，进行了人性研究（X 理论、Y 理论等）、需求研究、激励研究、组织行为研究、团体动力研究、领导行为研究等多方面的研究。

四、新人际关系与泛人力资源管理时期

在管理科学的发展历程中，20 世纪 70 年代以来，现代管理科学迅速发展，学说流派众多，分支不断繁衍，具有“管理科学丛林”的时代特征，形成现代的一般系统管理理论[①]。在现代管理实践中，则体现为权变管理思维加多种现代管理手段的综合运用。

近几十年，越来越多的组织认识到：要搞好自身的经营和在竞争中取胜，就要努力用好人，充分开发和利用人力资源，搞好对人力资源的管理。于是，新的用人理念迅速普及，人力资源和人才资源得到重视。

在管理科学迅速发展的丛林氛围中，人不仅成为经济-技术-社会系统中的一种必不可少的复杂因素，而且成为组织财富的源泉，甚至成为造就组织本身、决定组织兴衰生死命运的资源。在管理科学的丛林中，产生了相当多的具有非常明显人性色彩的管理学说，它们注重员工的成长与发展机会，构成新人际关系学说[②]。这些学说成为与人力资源管理实践有关的管理理论基础，其中的不少内容构成了人力资源管理的直接内容。

而且，30 余年的管理实践发展，也越来越向人力资源管理方面倾斜：一方面，人力资源管理的领域逐步扩大，档次得以提高，这是自身内容的对外泛化，如对员工的职业生涯管理；另一方面，许多原来不属于人员管理的内容，也纳入人力资源的内容，这是整个管理学知识在人力资源管理领域的泛化，如人力资源会计或人力资本会计、对经理的选拔与能力开发等。这种人力资源管理的泛化，是人力资源在组织中的战略地位、效益源泉和重要工具的综合反映。

五、人力资源开发利用管理时期

与微观的人力资源管理学说并行发展的，是宏观的人力资源开发利用学说。20 世纪 60

---

① 孙耀君．西方管理学名著提要．南昌：江西人民出版社，1998：19-22.

② 安德泽杰·胡克金斯基．管理宗师．王宏方，译．大连：东北财经大学出版社，1998：23-53.

年代，著名的人力资本即人力投资理论被提出，并得到一定的重视；20 世纪 80 年代以来，宏观的人力资源开发利用学说得到很大的发展，这些涉及理论经济学、国民经济管理学以及教育学、公共政策学等广阔的领域，从而大大丰富了人力资源生产与使用的理论基础。

21 世纪的社会是知识经济和信息化的社会。在经济活动全球化、社会政治民主化、科技进步高速化、信息交流瞬息化、组织模式多元化、劳动形式多样化的条件下，社会经济格局的变化巨大，组织之中的雇佣关系、分配关系、产权关系也发生着根本性的变革，这使人力资源理念进一步强化。从总体上看，当今社会，从各个国家到诸多的经济组织，都普遍地把人力资源开发利用和管理作为最重要的工作内容之一，并把人放到最核心的地位。

第四节　现代人力资源开发与管理的特征

从社会经济活动细胞——组织的角度看，现代的人力资源开发利用与管理具有下述特征。

一、立意的战略性

人力资源在现代组织中的职能和作用至关重要，因此，管理学家和管理实践者将人力资源管理、市场管理、财务管理和生产管理视为企业的四大运营职能。在当今世界市场领先和市场营销人员比重很大、虚拟生产方式出现后对管理的要求非常强，以及技术竞争非常严酷和技术作用重大的情况下，经营管理人才、技术人才的作用进一步增加，人力资源开发利用与管理的作用就更为重要。因此，许多组织的经营决策层把人力资源看作“第一资源”，把人力资源开发利用与管理工作放在组织战略的高度。人力资源开发利用与管理部门的地位也随之日益提高，可以说已经处于组织战略的高度，并在一定程度上参与组织的决策。

二、内容的广泛性

随着时代的发展，人力资源开发利用与管理的范围日趋扩大，其内容在泛化。现代组织的人力资源范畴包括相当广泛的内容，除去以往的招聘、薪酬、考核、劳资关系等人事管理内容外，还把与“人”有关的内容大量纳入其范围，如机构的设计、职位的设置、人才的吸引、领导者的任用、员工激励、培训与发展、组织文化、团队建设、组织发展等。

三、对象的目的性

传统的劳动人事管理，是以完成组织的工作任务为目标的，员工个人是完成组织任务的工具。现代人力资源开发利用与管理，是在强调员工的业绩、把对人力资源的开发作为取得组织效益的重要来源的同时，也把满足员工的需求、保证员工的个人发展作为组织的重要目标。这就是说，在现代组织中，人力资源不仅是组织运作的要素和工具，其本身也已经成为组织的目的，即这样的管理是“为了人”。

可以说，人力资源本身成为人力资源开发利用与管理工作的目的，是现代管理中人本主义哲学的反映，它有利于人力资源开发利用与管理工作产生飞跃，也有利于用人组织取得巨大效益。

四、主体的多方性

在传统的劳动人事管理中，管理者是专职的劳资人事部门人员。这种管理主体的单一化特征，有着分工明确、责任落实的优点，但其管理往往刻板化、行政化，缺乏组织中其他方面的支持，并且往往与其管理对象——员工处于对立状态。

在现代的人力资源开发利用与管理活动中，管理主体由多方面的人员组成。在这一格局下，各个管理主体的角色和职能如下：

其一，直线经理。各个部门的管理者或直接领导者即"直线经理"(link manager)，从事大量的日常人力资源开发利用与管理工作，甚至是组织人力资源开发利用与管理工作的主要内容。

其二，高层领导者。许多组织的高层领导相当重视和大量参与人力资源开发利用与管理，在组织的宏观和战略层面上把握人力资源开发利用与管理活动，有时还直接主持人力资源开发利用与管理的关键性工作，如参与人才招聘、进行人事调配、决定年终分配等。

其三，一般员工。在现代组织中，广大员工不仅以主人翁的姿态搞好工作、管理自身，而且以主人翁的角色积极参与管理，在诸多场合发挥管理者的作用，如在全面质量管理（TQM）中对其他人员错误的纠正、给自己的上级打分等。

其四，人力资源部门人员。组织人力资源部门中的人员，即"HR"人员，除了在积极从事自身的专职人力资源开发利用与管理工作外，还作为组织高层决策的专业顾问和对其他部门进行人力资源开发利用与管理工作指导的技术专家，对整个组织的人力资源开发利用与管理活动进行协调、整合和统筹管理。

五、手段的人道性

在人力资源概念提出后，人们对"人力"这一要素增加了"人"的属性的看法。与以往的人事管理相比，对人力资源的开发利用与管理具有一定的以人为中心的属性，其方法和手段有着诸多的人道主义色彩，诸如员工参与管理制度、员工合理化建议制度、目标管理方法、工作再设计、工作生活质量运动、自我考评法、职业生涯规划、新员工导师制、灵活工作制度、员工福利的选择制等。

六、结果的效益性

传统的劳动人事管理，是作为完成组织行政工作的执行性工作，在劳动人事管理中缺乏经济观念。

在现代组织中，人们普遍有着经济衡量理念和管理活动的效益原则，注重投入和产出的关系。有着大量现代理论知识和实践经验的经营管理者，把人视为高于其他资源的最有价值的资产，认识到“人是资本，对人力资源的投入越大，回报就越高”。因此，经营管理者把人力资源开发利用与管理放在重要的和经常性工作的位置上，愿意对人力资源投入、对人力资源开发利用与管理活动进行投入，以期取得更高的业绩回报。

进一步来说，经营管理专家和管理学家认识到人力资源开发利用与管理的效益，还从多方面进行管理创新和理论创新，以充分发挥人力资源的创富价值，如德鲁克提出的目标管理（MBO），彼得·圣吉塑造各阶层人员的学习型组织，彼得斯的调动人的潜能、深化认识人性的成功公司管理八原则①，提高工作质量的 6σ 方法等。为了对这种创富价值进行分析和管理，人力资源会计应运而生，并获得一定的发展。

本章小结

本章首先介绍了人力资源的概念、数量与质量特征及基本特点，然后上升到管理的角度介绍了人力资源开发与管理的含义与重要性，进而对人力资源思想发展的几个阶段进行了脉络梳理，概括出现代人力资源开发与管理的六大特征。

关键概念

人力资源　人力资源总量　人力资源管理　现代人力资源开发与管理　直线经理　HR

复习题

1. 画出人力资源的构成图。
2. 分析人力资源的特点，并将其与物质资源和一般生物性资源进行比较。
3. 人力资源管理的意义何在？
4. 现代人力资源开发与管理的特征是什么？

讨论提高题

1. 运用本章第一节知识，分析我国人力资源的现状。
2. 人力资源开发与管理活动主要有哪些方面？如何看待人力资源管理的发展历程？
3. 以小组为单位，结合自己的工作，谈谈人力资源开发与管理的重要性。
4. 搞好人力资源开发与管理对我国的经济、社会发展有什么影响？

本章学习案例

中关村雏鹰人才创业基地孕育“科技雄鹰”

“我们公司今年 4 月入驻中关村石景山园的雏鹰人才创业基地，此后就在他们的帮助下取得了飞速的发展，并得到了市场的认可。我最近频繁出差到各地签单，都快忙不过来了。”北京星旋世纪科技有限公司创始人姚镇高兴地告诉记者，该公司目前已经从一个纯研发的初创型企业逐渐走向市场，预计 3 年内其核心技术在钢铁和天然气行业的应用市场将达到 10 亿元以上的销售规模。

① 郭咸纲. 西方管理思想史. 北京：经济管理出版社，2002：369-372.

自中关村雏鹰人才工程启动以来，中关村管委会先期在海淀园、石景山园、望京园试点的雏鹰人才创业基地就已经吸引了近百位像姚镇一样的雏鹰人才和超过200位来自海内外的技术精英。其中，56家雏鹰企业拥有专利权165项、著作权200多项，同时还有大量专利已进入实审阶段。

市场杠杆撬动社会资本

中关村雏鹰人才创业基地由中关村管委会与相关区县政府共同建设，中关村管委会提供相关办公房租补贴，共建方提供办公场所及相关公共服务平台建设，双方共同选聘并委托专业投资管理机构为雏鹰人才创业提供服务支撑。

“区别于以往只对属地人才进行评选的原则，中关村雏鹰人才采取了先认定的方式（可函评）。经认定的雏鹰人才在认定后两年内到中关村国家自主创新示范区初次注册企业，均可享受有关政策并优先入驻雏鹰人才创业基地。”中关村管委会人才处雏鹰工程负责人介绍，经认定的雏鹰人才可获得创业启动资金支持，享受不超过100平方米的办公用房租金补贴。

那么，怎样衡量最有潜力的“雏鹰”呢？中关村雏鹰人才认定标准独树一帜：采取市场化方式，由天使投资、风险投资等投资管理机构推荐，且投资机构须向雏鹰人才创办企业投入一定规模的资金。

北京盖睿科技有限公司致力于移动医疗领域的研发，拥有8项发明专利、20余项软件著作权，目前A轮投资已经进入收尾阶段。“我们原注册在东城区，今年被评为中关村雏鹰人才后，石景山雏鹰基地的运营方京西创业公社就承诺给予我们免费的办公场地和各项优惠政策，这让我们很惊喜，终于下决心把企业的未来交付给这个载体。”该公司创始人杨豪放告诉记者，盖睿科技之所以选择入驻石景山园雏鹰基地，看中的并不是政府短期的资助，而是基地未来给予企业的长期绿色扶持。

以石景山园首批雏鹰企业为例，政府提供的400万元房租补贴资金，共撬动社会资本总投资1.4亿元。石景山园首批43家雏鹰企业总注册资本2.2亿元，总资产规模近15亿元，投资人包括京西创业公社、真格基金徐小平、顺为创投雷军、奇虎360周鸿祎、创新工场李开复、搜狐张朝阳等。雏鹰基地也与相关知名投资人紧密合作，发展了大量优秀项目。

而位于海淀园海龙大厦的雏鹰人才创业基地则委托海银资本开展运营服务。鉴于互联网社会化以及大数据时代到来的趋势，海银资本先期投资了基于社交网络大数据领域的13家优秀团队，围绕精准社交进行全方位前瞻发掘与培育。

高端人才显现“磁石效应”

“雏鹰人才工程是中关村人才特区继支持海归人才回国创业资金管理办法、中关村高端领军人才聚集工程后，针对海内外优秀创业人才推出的又一项创业扶持工程。”中关村管委会人才处相关负责人介绍，雏鹰人才工程是对中关村示范区现有人才扶持体系的有益补充，旨在构建中关村人才特区海归人员、海内外优秀人才、高端领军人才等系列人才培养扶持体系，为中关村高端领军人才培养提供后备梯队支持。

目前已经入驻中关村雏鹰人才创业基地的高端人才中，既不乏来自本土知名企业的专业人士和有过多次创业实践的创业者，又有来自美国硅谷的资深技术人才以及曾任职跨国科技公司的业内精英。海外归国创业人员大部分来自斯坦福大学、耶鲁大学、加州大学伯克利分校、麻省理工学院、芝加哥大学等知名学校，或有海外大型企业工作经历。

例如，由在日本精密自动化领域工作超过20年的姚其槐领军的星旋科技有限公司，拥有全球首创星旋式流体马达、发动机、压缩机项目。星旋式流体马达比传统马达节能30%～50%，可广泛应用于节能改造、汽车引擎、直升机航母发动机，目前已进入实质生产环节。

由中央财经大学客座教授王晓庆领军的视得清（北京）微电子科技有限公司，拥有20余项视频及数据编解码电路方面的专利，在信号编解码传输领域拥有核心知识产权，多项产品已在国际市场产生巨大竞争力。该公司还承担了北京市应急指挥系统的平台建设。

由吴昌明等美国留学归国团队组建的北京天机数安科技有限公司，拥有国内一流的数据泄露防范领域技术开发团队，并拥有填补国内空白的四大核心技术，即数据内容识别、泄密渠道全面管控、数据操作监控、权限分级管控等技术，是当前中国数据泄露防范技术的开创者，在云安全、政务安全、企业管理等领域具有广泛的应用前景。

企业核心技术觅得“加速器”

“由于企业研发的最新一代发动机技术处于世界前沿，所以起初我们在市场上找不到合适的测试设备和实验室。”姚镇非常感谢中关村管委会委托中关村开放实验室在北京范围内搜索，最终帮助他们解决了难题，并给予了一定的实验室补贴和专利申请补贴，这大大激发了企业自主研发的信心。目前，该公司已申请25项发明专利，除国家专利外，还申请了美国、日本、欧洲等国家和地区的国际专利。

在海淀园雏鹰人才创业基地，并不乏像星旋公司这样觅得“加速器”的幸运儿。入驻基地的雏鹰人才刘晗率领团队开发基于新浪微博等社交网络的新影数讯（iFilm＋）平台，不断采集和整理观影用户行为特征，运用大数据的分析处理机制和算法，建立影视作品和观众的新关联，指导投资人在投资影视项目时用精准的量化数字计算可能的投资回报，形成对未来市场的理性预期。其精准的票房预测得到了业内影视剧公司的一致肯定，在短短半年内，新影数讯已和包括华谊兄弟、光线传媒等在内的十几家影视巨头达成合作。

而同样入驻海淀园雏鹰基地的乐荐齐诚创业团队，在雏鹰人才戴虎宁的带领下，正在打造世界上首款将各个社交网络连接的通信工具“Connected”，使一个只使用某个平台（如新浪微博）的用户可以跟人人网、腾讯微博甚至Facebook、Twitter等平台的用户对话。目前，该团队已和Facebook、Twitter、LinkedIn、Google、新浪微博等十余家社交网络巨头达成合作。

“下一步，中关村雏鹰人才工程将围绕公开遴选机制、培育提升机制、成熟退出机制、循环再发展机制等问题，充分发挥市区统筹联动机制，着力构建全系列扶持体系，实现良性循环。”中关村管委会人才处相关负责人介绍，目前，中关村雏鹰人才工程正在根据实际情况在认定条件和资助金额等方面做出部分调整。例如，将过去的风险投资比例和金额要求修改为风险投资比例不高于30%且投资金额不低于100万元，并取消了过去要求的“本人必须持有专利，且必须具有国外大型机构工作经历”，对于参与雏鹰基地共建的区县和高校，中关村管委会还将一次性给予上百万元的共建基金支持……

期待这些新的变化可以在未来帮助更多的“雏鹰”在雏鹰人才创业基地丰满羽翼，成长为展翅翱翔的“科技雄鹰”。

资料来源：郭涛．中关村雏鹰人才创业基地孕育“科技雄鹰”．中国高新技术产业导报，2013-07-09.

思考题：

结合案例谈谈搞好人力资源开发与管理对我国经济发展的影响。

第二章

人力资源个体分析

本章要点

◇人的能力要素
◇胜任特征的含义与内容
◇人的个性，人格学说，五大人格论
◇情感学说
◇个性与职业的匹配
◇人的行为分析：行为链条、需求分析、动机分析、行为分析
◇人的复杂性

本章引例

兄弟姐妹哪个好？

什么事物最难以把握、最难以管理？可以说，就是人力资源。管理学家和心理学家告诉我们，人是千姿百态的，其差异是众多的、巨大的。要搞好人力资源开发与管理，必须对个体的人力资源进行深入分析。

现代心理学指出，人的差异在于能力、个性和心态方面，即“知、情、意”三个方面。因此，国外学者创立了智商、情商（即情感智力）和逆商（AQ，主要为挫折商）的学说。我们经常看到，员工的工作态度、工作风格和工作成果不同，即不同人力资源的个体间存在着差异。进一步来说，人的能力结构要素不同，人的需求、行为与价值观不同，而且存在着诸方面的复杂性，这些都是人力资源开发与管理者需要深入研究和把握的。

现代管理者的最大挑战之一，就是要知道怎样和员工打交道。因此，了解每位员工是十分重要的。深入了解员工有许多方法。在这一问题上，有些学者建议管理者用BORA法（birth-order rank analysis，出生排行次序分等分析法）来确定员工是什么样的人。例如，兄弟中的大哥工作努力，能较好地鼓舞和带动别人，并希望自己获得权力；兄妹中的大哥则能服从领导，待人宽容，关心下属；姐妹中的小妹可能有点古怪，自负，容易轻信他人，情绪易波动，往往因受宠而难以管理和相处；兄妹中的“林妹妹”，如果有别人指导，是最理想的工作者。可见，这些个人情况是复杂的，组织要更好地使用人力资源，就应当全方位地了解人、把握人。

第一节　人的能力

一、能力及其要素

（一）能力的概念

所谓“能力”，从心理学的角度讲，是指人们顺利实现某种活动的心理条件[①]。研究人力资源，根本目的是运用“人”这种能力。从现实应用的形态看，能力要素包括体力、智力、知识、技能四部分。体力、智力、知识、技能四者的不同组合，形成人力资源多样化的丰富内容。某一人力资源个体拥有的不同体力、智力、知识和技能，使其具有推动物质资源、从事劳动活动的相应的具体能力。

（二）能力要素

1. 体力要素

体力是人的身体素质，从一般意义上说，体力包括力量、耐力（持久力）、速度、灵

① 彭聃龄．普通心理学．北京：北京师范大学出版社，1988：537.

敏度、柔韧度等人体运动生理指标；从劳动的角度来看，还应当包括对外界的适应能力、劳动负荷能力和消除疲劳的能力。体力在人力资源总体能力中处于基础的地位。

所谓基础，有两层意义：其一，它是人们劳动、人体做工时能量消耗的物质提供者，也是能量补充的承担者；其二，它是人体获得智力、知识、技能和在劳动中发挥智力，运用知识、技能的基础。一般来说，没有健康的身体，难以从事正常的社会劳动，也难以继续提高智力、知识、技能水平。

从一般性的劳动来说，不同的人力资源个体，其体力水平一般相差不太大。与智力相比，体力这一因素显然是比较简单的。

2. 智力要素

智力是一个既非常重要又相当复杂的范畴。世界上关于智力的定义多达数百种。从总体上看，智力是指人认识客观事物、运用知识、解决实际问题的能力，也就是人的聪明程度。对于智力的内容和本质，人们有着不同的说法。根据现代脑生理学的研究，人的大脑可以分为四个功能区：感觉区、记忆区、判断区、想象区。心理学家在分析智力结构时，一般都承认包括感知力（特别是其中的观察力）、记忆力、思维能力、想象力四个方面。有的学者把思维能力分为判断力、思考力，或者称为逻辑思维能力、逻辑推理能力；有的学者还在这四种“力”之外再加上实践能力等。上述四种“力”具有科学实证的基础，比较全面地反映了人们认识事物、运用知识、解决问题的内容。这四种“力”可以说就是智力的内容或者要素，它们在人们头脑中搭配、组合成不同的智力结构。

现代心理学家提出了把心理活动过程看作一个信息加工过程的新见解。按照这种观点，智力就集中表现在人认识事物并且做出反应的正确性、机敏性、深刻性、广泛性上。因此，智力就应当体现在决策的正确性和输出的有效性上。

人的智力有高有低，反映了人力资源能力的不同。对智力水平的衡量，通常采用心理学智力测验结果的“智商”（IQ）指标。一般来说，人的智商水平呈正态分布状态，100分为标准平均状态，90～109分属于正常智力，分数越高，智力水平越高。

在知识经济时代，社会劳动的主要形态是知识劳动，但这种知识劳动不是被灌输和“死记硬背”知识以后“照葫芦画瓢”式的僵死的模仿性输出（这至多是个“模仿秀”），而是以智力为中心，具有创造性的、拓展自身的知识劳动，即智力性知识劳动。

3. 知识要素

知识，是指人们头脑中所记忆的经验和理论，或者说是头脑中储存的信息。知识分为“一般经验”和“理论”两种。一般经验是形成理论知识之前的东西，其特征是零碎的、片断的，其正确性往往较差；当知识带有逻辑性、体系性和科学性时，就成为理论或者学说。

从人力资源所具备的能力及其应用的角度看，知识可以分为三个部分：其一，一般知识或者普通知识。它反映了某个人力资源个体的一般文化水平。其二，专业理论知识。专业理论知识和一般知识的整体层次，基本上由一个人接受教育的等级所决定，这往往构成人力资源个体在人力资源市场上竞争力的主要决定因素。其三，工作知识。包括职业技能操作水平、工作经验知识、职业阅历等。

4. 技能要素

技能，用通俗的话说就是技术、技巧，其含义是人们从事活动的某种动作能力，是人经过长期实践活动所形成的顺序化的、自动化的、完善化的动作系列。一个人具有某项技能形成的标志，是从事劳动的动作准确性，它包括动作的方向、距离、速度、力量的准确。技能在劳动能力中极为重要，所谓“三百六十行，行行出状元”，各行各业的“状元”，即各种职业技能的出类拔萃者。

应当指出，对技能这一范畴，不能理解为只是“简单的、动手性、蓝领工人的技术”。从不同劳动者的角度看，技能有高低不同的层次，如有开机器的工业操作技能和一分钟录入 200 字的计算机操作技能，也有熟练地进行微雕的工艺美术师、使用电子显微镜的技术专家和在人的大脑中开刀治疗的妙手“华佗”。

（三）能力要素结构

人的各种能力要素的不同组合，形成人力资源的不同能力要素结构。如图 2-1 所示。

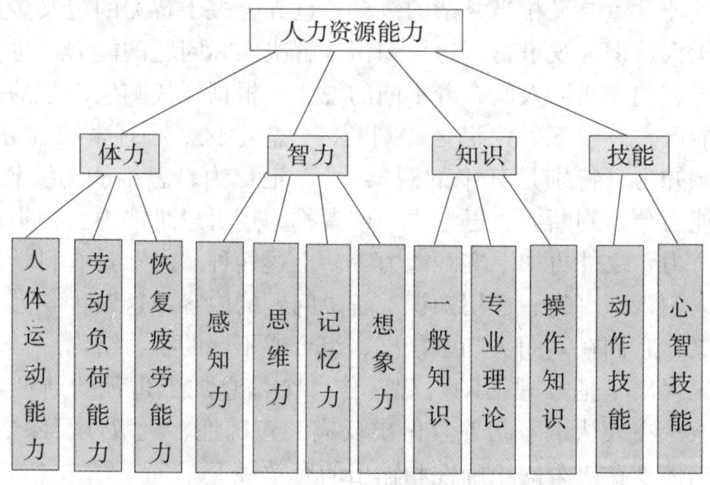

图 2-1　人力资源能力要素结构

进一步来说，人的能力要素可以从四大方面细化到十几个因素，还可以根据职业的不同进行更细的划分。

就能力要素总体而言，需要考虑两个问题：其一是冰山理论；其二是核心能力。冰山理论是指人的能力被认识的只是冰山一角，大部分能力尚处于潜在状态。核心能力是指要把握的最重要的能力。

人的体力，是人从事各项活动的基础，是智力、知识、技能得以存在的载体。

人的智力、知识、技能三者之间有紧密的联系，互相制约、互为影响：智力是一种能力、一种潜力；知识是对具体理论和现实经验的掌握，是思想的内容或者思维的材料；技能是行动方式，是操作技术。智力是掌握知识、技能的基础，智力水平在一定程度上制约着知识和技能的获得状况。一个人“聪明”，就能较快、较多、较高深地掌握知识与技能。智力的发展，又是在学习、运用知识和技能的过程中完成的。

二、胜任特征

（一）胜任特征的含义

胜任（competency）特征，是指能够胜任某一项工作或者活动并且突出高于他人的一

种能力或者素质。学者们也译为“核心能力”、“胜任能力”或者“素质”。胜任特征是现代管理学和人力资源管理实践中高度关注的一个新理念。

据斯宾塞的研究，最常见的、具有一定普遍意义的胜任特征包括以下6大类别、20个项目：

（1）成就特征：成就欲，主动性，关注秩序和质量；

（2）服务特征：人际洞察力，客户服务意识；

（3）影响特征：个人影响力，权限意识，公关能力；

（4）管理特征：指挥，团队协助，培养下属，团队领导；

（5）认知特征：技术专长，综合分析能力，判断推理能力，信息寻求；

（6）个人特征：自信，自我控制，灵活性，组织承诺。

学者们认为，胜任特征主要分为六个方面：表层部分的知识、技能和隐藏在内部的社会角色、自我概念、人格特质和动机。后四个是人的素质关键的因素，导致一个人比别人在某些方面的“出色”。学者们强调“不仅要看到表面，更应当看到作用更大的、隐藏在深层的内容”，这一思想被称为冰山理论。

（二）胜任特征的分析过程

在现实的人力资源管理工作中，对胜任特征的分析过程通常有以下三个步骤。

1. 发现胜任特征

寻找人力资源胜任特征的途径主要有两种：一种是从现有的资料中进行查询，在岗位分类资料中找到某岗位的关键胜任特征；另一种是对某岗位运用关键事件法，从中发现该岗位的关键特征。后一种方法在企业中比较常用。

2. 界定胜任特征内容与水平

一般来说，从员工及其上级那里获得的有关关键特征的信息通常是比较散乱的，这就需要人力资源管理人员对其再进行归纳。对胜任特征的界定，通常要包括该胜任力的定义和行为描述、行为描述的等级划分，以便于量化测量和统计。

3. 评估胜任特征水平

在前两个步骤的基础上，再通过相关的工具（如图形、表格）对胜任能力水平进行表示和界定，从而得到招聘和任职的依据，为成功地获取所需要的人才奠定基础。

从总体上看，胜任特征在人力资源管理实务中，实际上起着对工作分析“抓大放小”、有效解决重要的人力资源管理问题的作用。

第二节　人的个性

一、个性基本分析

（一）个性的含义

人的个性，即人在心理条件上的不同特点。个性，用通俗的话来说，即人的“脾气秉性”；用心理学的语言来说，是个体经常、稳定地表现出来的心理特征（如性格、兴趣、气质等）的总和。西方心理学则将其称为“人格”。个性心理特征，是在个体生理素质的基础上和一定的社会条件下，通过个人的社会实践活动，在教育和环境的影响下逐步形成和发展起来的。人的个性心理特征是通过心理过程形成的；已经形成的个性心理特征反过来又会制约心理过程，并在心理过程中表现出来。

（二）个性与人力资源

人的个性与其成为特定的资源和得到运用有着重要联系。一方面，个性中的性格、兴趣、气质等，制约着人们职业种类和就业单位的选择；另一方面，在一定的岗位上，人的个性不同，其资源运用效果也大不一样。例如，张三活泼好动，李四文静细心，同在公共关系岗位上，张三会比李四做得成功；若同在会计岗位上，李四会比张三做得出色。因此，人应当寻求适合自己的职业，在合适的岗位上发挥自己的才能，发展和完善自己的个性。

二、人格学说

（一）人格特性论

人格特性与职业因素匹配理论的基础，是人格特性理论。人格特性理论认为，人格可以划分为若干种特性，每一特性都是人所共有的，但不同的人在同一特性方面的强度或水平数值是不同的，不同的人有不同的人格特性结构，因而就有了人格的差异。

此理论最有代表性的是卡特尔的16种人格因素（16PF）理论[①]，它把人格特性分为表面特性与根源特性。根源特性是人格的基本特性，包括“乐群性、聪慧性、稳定性、好强性、兴奋性、有恒性、敢为性、敏感性、怀疑性、幻想性、世故性、忧虑性、实验性、独立性、自制性、紧张性”16个项目。根据一个人在这些项目上的不同水平，可以判断其人格的总体特征状况。

（二）人格类型论

人格类型方面的理论学说很多，主要是按照气质、价值观、兴趣等划分的学说。

最常见的划分是气质法，它把人的气质分为多血质、胆汁质、黏液质、抑郁质四种。这种方法由古希腊医生提出，被现代科学实验所证实。

人的气质以及人格特征与职业应当达到匹配。但是，这种匹配不是绝对的，人有一定的可塑性和代偿性，关键是个人的适应性。实际上，各种气质和各种人格特征的人都能够取得成功。

（三）五大人格论

比上述人格类型更简明、更常见、更实用的，是科斯塔和麦克雷提出的“五大人格”（five-factor model，FFM）理论。这一理论把人格分为五个大的因素类别，依此制成了五大人格测验工具。“五大人格”也称为“大五人格”，其具体内容有：

（1）亲和性（agreeableness），也称合作性、宜人性，其特征为具有亲和力、体贴和同情心。

---

① L. A. 珀文. 人格科学. 周榕，等，译. 上海：华东师范大学出版社，2001：16.

(2) 可靠性 (conscientiousness)，也称责任感，指注重细节、尽忠职守和富有责任感。

(3) 外向性 (extroversion)，也称外倾性，即有活力和主动性、社交性。

(4) 情绪稳定性 (emotional stability)，也称神经质，指针对情绪的控制力与对压力的容忍力。

(5) 经验的开放性 (openness to experience)，也称创新性，其特征为独立并能够包容不同的经验①。

我国心理学家孟庆茂认为，在个性人格方面，中国人的五大人格中最主要的是责任感、合作性和创新性三个方面。

三、情感学说

(一) 情感因素及其作用

情感或者情绪，是人们对待客观事物的态度体验（或感受）以及相应的行为反应。人的情感是一个非常复杂的范畴。一个人的喜怒哀乐、七情六欲，往往是让人难以捉摸、无法把握的，但它的重要性又日益为各界人士所认知。

从心理学的角度看待情感范畴，即人们对待客观事物的态度体验及相应的行为反应，主要是人的自我认识和评价、自己的动力因素和对待外界的反应。因此，在人格因素中的"情感"就包含自信心、需要与动机、耐冲击力以及情绪稳定性的内容。进一步来说，还有对待自己、对待自身活动、对待与他人关系的自觉看法。此外，人们处理自身与外部的关系，也属于情感因素的能动性问题。

据国内外的研究，一个人的情感因素状况，与其生涯的方方面面都有着重大的联系，情商在个人事业成功方面的作用大大高于智商的作用。美国学者小乔治·盖洛普在20世纪80年代的研究，就得出"成功的最主要因素是'知情达理'，而智力因素仅仅排在第四位"的结论。一个人的发展前途、功名利禄，甚至生老病死、婚姻聚散，都能够从情商中找到线索。

不少学者和管理实践者还关注和研究情感因素，尤其是情商在组织管理中的作用，以有效地解决开发与管理人力资源的问题。

(二) 情感智力

对情感因素的把握，很重要的问题就是对它的测量。为此，一些学者使用了情商的概念。所谓情商 (emotional quotient，EQ)，是指人们在情感方面的心理测试指标，正如同智商是人们智力方面的心理测试指标。

情商包含了丰富的内容，但它是一个界限并不清楚的模糊概念。如此复杂的内容，不仅是人力资源自身的狭义个性问题，还有人的社会品格和人与外部世界的关系问题。对这样复杂问题的指标，要完成科学的测量是极其困难的。

对此，该学说的发明人、美国心理学家戈尔曼指出，这种人们在情绪方面的特征是一种智力，因而称为情感智力或情绪智力 (emotional intelligence，EI)。但是，这种情感智

① 李诚. 人力资源管理的12堂课. 北京：中信出版社，2002：58-59.

力的各构成部分目前还不能够全部测量，因而不能计算出其得分水平即情感商或情绪商(emotional intelligence quotient)，而只能够计算情感智力或情绪智力，因而谈情感智力才是科学的。

从一般的角度看，人们的情感智力的内容包括：

（1）对自身情绪的体察；

（2）对自身情绪的把握；

（3）对他人情绪的认识；

（4）对人际关系的把握；

（5）对自身的要求和激励。

基于对情感智力的应用，心理学家还提出了“情绪胜任力”的概念。

四、个性与职业匹配

每一个人力资源个体都具有一定的个性特点，这种特点与使用该资源的职业岗位特点相适合，具有重要的意义。个性与职业之间的匹配问题不仅是社会实践领域，而且是科学研究的范畴。在劳动人事管理的社会实践推动下，个性与职业之间的匹配形成了人职匹配的理论。从心理学的角度看，人职匹配理论可以分为两个方面。

（一）人格特性与职业因素匹配

人格特性与职业因素匹配理论，是依据人格特性及能力特点等条件，寻找具有与之对应因素的就业岗位的职业选择与指导理论，也称“特性-因素匹配理论”。该理论是由职业指导领域的创始人、美国波士顿大学教授帕森斯所创立的，由著名职业指导专家威廉逊等人进一步发展而成。

人格特性与职业因素匹配理论认为，每个人都有自己独特的人格特性与能力模式，这种特性和模式与社会某种职业工作内容对人的要求之间有较大的相关度。个人进行职业选择时，以及社会对个人的选择进行指导时，应尽量做到人格特性与职业因素的接近和吻合。

（二）人格类型与职业类型匹配

人格类型与职业类型匹配理论，是将人格与职业均划分为不同的大的类型，当属于某一类型的人选择了相应类型的职业时，即达到匹配。社会对个人择业的指导，也是要达到人格类型与职业类型的匹配。人格类型与职业类型匹配理论同人格特性与职业因素匹配理论相比，优点是简单、应用方便，缺点是不够精细。

这一理论由著名的美国职业指导专家霍兰德提出，成为沿用至今、被公认为有效的重要理论。

霍兰德从心理学价值观理论出发，经过大量的职业咨询指导实例积累，提出了职业活动这种人力资源应用意义上的人格分类，包括现实型、调研型、艺术型、社会型、企业型、常规型六种基本类型。相应地，社会职业也分为六种基本类型，从而形成人职类型匹配理论。

1. 现实型

现实型也称实际型。现实型人格者，一般喜欢从事技艺性或机械性的工作，能够独立钻研业务、完成任务，长于动手并以“技术高”为荣；不足之处是人际关系能力较差。

属于这一类型的职业有木工、机床操作工（车工等）、农民、操作 X 光机的技师、飞机机械师、鱼类和野生动物专家、自动化技师、机械工人、电工、无线电报务员、火车司机、长途汽车司机、机械制图员、机器修理工、电器师等。

2. 调研型

调研型也称调查型、研究型或思维型。调研型人格者，喜欢思考性、智力性、独立性、自主性的工作。这类人往往有较高的智力水平和科研能力，注重理论；但不重视实际，考虑问题偏于理想化，且领导他人、说服他人的能力较弱。

属于该类的职业有科学研究者、技术发明家、计算机程序设计师、气象学者、生物学者、天文学家、药剂师、动物学者、化学家、科学报刊编辑、地质学者、植物学者、物理学者、数学家、实验员、科研人员、科技文章作者等。

3. 艺术型

艺术型人格者，喜欢通过各种媒介表达自我的感受（如绘画、表演、写作），其审美能力较强，感情丰富且易冲动，不顺从他人；其不足之处是往往缺乏文书、办事员之类具体工作的能力。

属于该类的职业有作曲家、画家、作家、演员、记者、诗人、摄影师、音乐教师、编剧、雕刻家、室内装饰专家、漫画家等。

4. 社会型

社会型也称服务型。属于社会型人格者，喜欢与人交往，乐于助人，关心社会问题，常出席社交场合，对公共服务与教育活动感兴趣；其不足之处是往往缺乏机械能力。

属于该类的职业有社会学家、导游、福利机构工作者、咨询人员、社会工作者、心理治疗医生、社会科学教师、学校领导、公共保健护士等。

5. 企业型

企业型也称决策型或领导型。属于企业型人格者，其性格外向，直率、果敢、精力充沛，自信心强，有支配他人的倾向和说服他人的能力，敢于冒险；其不足之处是忽视理论，自身的科学研究能力也较差。

属于该类的职业有厂长、经理、推销员、采购员、商品批发员、律师、政治家、市长、校长、广告宣传员、调度员等。

6. 常规型

常规型也称传统型。常规型人格者，喜欢从事有条理、有秩序的工作，按部就班、循规蹈矩、踏实稳重，讲求准确性（如数字、资料），愿意执行他人命令、接受指挥而不愿独立负责或指挥他人；不足之处是为人拘谨、保守，缺乏创新。

属于该类职业有记账员、会计、银行出纳、法庭速记员、成本估算员、税务员、核对员、打字员、办公室职员、统计员、计算机操作者、图书资料档案管理员、秘书等。

从理论上说，每一种类型的人都有自己的特点和长处，也有一定的短处。但从社会的角度来看，人的心理差异无所谓哪一种好些、哪一种差些，而只有与职业类型是否协调、是否匹配的问题。社会中的人是复杂的，往往不能用一种类型来简单概括，而是兼有多种性质，即以一种类型为主，同时具备他种类型的特点。

第三节 人的行为

一、行为链条

人，是一个蕴涵着一定的神秘色彩的客体。不同的人具有不同的脾气、个性；不同的人有着不同的价值取向、生活目标；不同的人对同样的事物有着不同的看法、反应和对策；不同的人有着不同的行为方式。我们研究社会人力资源问题，有必要对人的行为进行分析，进而把握人的意识这个根本方面。

按照行为科学家的研究，人的行为是由动机引起的，动机又是由人的需要决定的。这就形成了“需要—动机—行为”这样一个链条。进一步分析，这个链条还可扩充为如图 2－2 所示的状态。

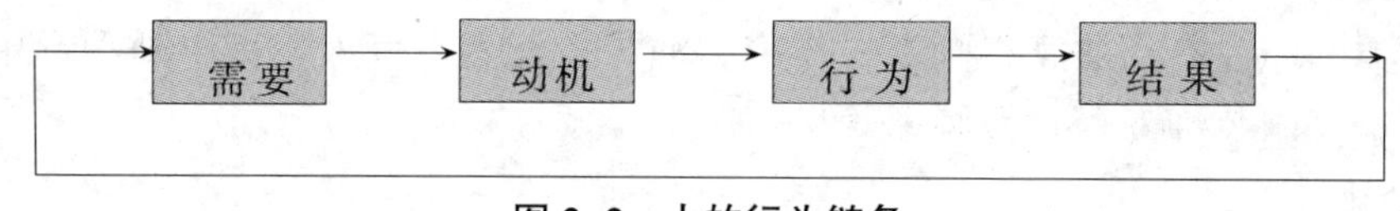

图 2–2 人的行为链条

二、需求分析

需求是一个非常重要的范畴，它不仅是人力资源管理的一项基本内容，也是管理学和行为科学的一个基本范畴，而且是经济学、社会学的重要内容。

所谓需求，是指人们缺乏某种东西而产生的一种“想得到”的心理状态，通常以对某种客体的欲望、意愿、兴趣等形式表现出来。

人的生理状态、个人的认知（思想）和外部环境在一定条件下均能引起需求。需求同人的活动紧密相关，是行为的基本动力。需求一旦被意识到，就以动机的形式表现出来，激发人去行动，驱使人从一定的方向追求一定的目标，以求得自身的满足。需求越强烈、越迫切，所引起的行动就会越有力、越迅速，人的潜能调动也会越多。

人的需求多种多样。按其起源，可分为自然需求和社会需求；按其对象，可分为物质需求和精神需求等。人的不同需求造成需求结构的千差万别，每一个人都有自己独特的需求结构；在不同的时期和不同的社会条件下，同一个人的需求结构也不同。西方行为科学家们提出了多种理论，其中最著名的是需求层次理论、成就需求理论、双因素理论等。

（一）需求层次理论

马斯洛的需求层次理论原本是五层次论，他在晚年又将之扩展为更加全面的七层次论。这七个层次为：

（1）生理需求，即对维持生命所需要的衣、食、住等方面的需要。

（2）安全需求，即希望得到安全保障，以免遭受危险和威胁的需要。

（3）社交需求，即归属感，希望得到伙伴、友谊、爱情以及归属于某一组织的需要。

（4）尊重需求，即自尊心，希望他人尊重自己的需要。

（5）求知需求，即好奇心、求知欲、探索心理和对事物的认知和理解。

（6）审美需求，即追求匀称、整齐、和谐、鲜艳、美丽等事物而引起的心理上的满足。

（7）自我实现需求，即希望施展个人抱负和有所成就的需要。

上述七个需求层次，构成一个由宽到窄的塔形结构。马斯洛认为，某一层次的需求得到满足以后，下一层次的需求就会产生，而已经得到满足的某种需求也就不再成为行为的诱因。

（二）成就需求理论

麦克利兰提出成就需求理论，该理论认为，在人的生理需求基本得到满足的前提下，人的基本需求有三种：成就需求、权力需求和友谊需求。这三种需求中，成就需求的高低对一个人、一个企业、一个国家的发展和成长起着特别重要的作用。高成就需求的人一般都较为关心事业成败，喜欢挑战性的工作，愿意承担责任，敢冒风险，并且希望得到对他们所做工作的具体反馈。

不同的人对成就、权力和友谊三种需求的排列顺序和所占的比重各有不同，人们的行为主要取决于被环境激起的那些需求。

决定一个人成就需求水平的因素有两个：直接环境和个性。人们的成就需求可以通过教育和培训得到提高。

三、动机分析

动机是指个人从事某种活动的心理倾向，是人的行为发生的内在驱动力和直接原因。动机通常以愿望、念头、理想的形式表现出来，并将人的活动引向一定的、能满足某种需要的具体目标。人的动机有不同的分类：根据动机的起源，可分为内部动机和外部动机；根据动机的性质，可分为高尚动机与低级动机；根据动机作用的强弱，可分为主导动机和次要动机等。

动机在需要的基础上产生。当某种需要被意识到并成为推动和维持人们活动的动力时，这种需要就成为行为的动机。除了需要外，动机的产生还受到外在条件的影响。影响动机的个人心理因素有：个人的兴趣、爱好、价值观和抱负水准。个人兴趣和爱好决定人的行为方向，价值观和抱负水准影响动机强度和行为调动的程度。

动机是一种主观状态，具有内隐性的特点。只有通过一个人的言论、情绪、行动等外在活动，才可能间接地了解个人的真实动机。

四、行为分析

行为是指人们去做某种事，即人们的某种有意识、有目的的活动。行为是个体与环境相互作用的结果。用公式表示为：

$$B=f(P \cdot E)$$

式中，B 为人的行为；P 为个体；E 为环境；f 为它们之间的函数关系。这一公式的含义是：人的行为是在人的生理、心理等内部身心状况基础上，因时、因地、因所处环境的不同而表现出的不同反应。

人的行为受动机支配，动机又以需要为动因、以目标为诱因而形成。个体内在的需要、愿望、紧张、不满等构成动因，是人产生行为的内部原因；目标构成行为定向的诱因，是行为产生的外部原因。影响人的行为的主要因素有：

（1）个人因素。包括个人的家庭、教育、生活经验与工作经验、身心健康状况、个人心理特点等。

（2）环境因素。包括自然环境和政治、经济、法律等社会环境。

（3）文化因素。包括一般的社会文化因素和具体的组织文化因素。

（4）情景因素。即通过制造一种情景使人改变行为，如利用组织赋予个人的权力影响人的行为或威胁他人以改变其行为。

五、价值观

所谓价值观，是人们的最基本的理念，是从事活动起决定作用的个人心理倾向，是把握人们的社会意识、决定人们社会行为的最基本心理动因。“价值”一词，是指对个人有用的或重要的东西，并往往是个人所追求的东西。因此，人的价值观有助于形成人的特定行为。

美国心理学家斯普兰格提出六种价值观的学说，包括：理论型、经济型、艺术型、社交型、权力型和宗教型。

第四节　人的复杂性

人是一个相当复杂的范畴，人力资源则是一种主体、客体兼于一身的颇为复杂的生产要素。下面就人的复杂性进行具体分析。

一、个人条件的多样性

个人条件的多样性，包括人的能力状况、人生的经历与职业的具体履历、教育背景（就学年限、等级和专业）、家庭背景、工作潜力、对用人单位的重要性等，而这些又决定了这个人的工作态度、工作满意度、工作目标、工作需求等诸多方面。这就构成理论上的个人条件多样性。

举例来说，一个家境良好、受过高等教育的人，与一个在农村长大、连中学都没有机会上的人，在能力、人格、潜力方面都是绝对不同甚至有着天壤之别的，其个人发展前途必然差异悬殊，他们对一个组织的效用和社会的价值效用更是大相径庭。

二、个性人格的差异性

人的个性心理特征不尽相同，甚至相差极大。例如，有的人感知能力强，有的人思维能力强；有的人观察细致，有的人工作马虎；有的人性情平和，有的人脾气急躁；有的人喜欢读书写作，有的人喜欢体育运动……能力、性格、气质、兴趣等多方面特点的总和，构成了人们不同的心理特征。

人是具有情感性的动物，对于组织来说，个人条件相同的人具有不同的人格，就使组织的管理乃至组织本身相当复杂；员工个人条件不同，人格也不同，这使组织的人员结构和组织的人力资源开发与管理变得更加复杂。

对人力资源个性人格的认识，是一个非常复杂的问题。对社会人群和组织成员人格的测量和鉴别，成为人力资源学科的重要研究与实践内容。

三、人际关系的复杂性

就一个组织内部而言，人际关系是一个很广泛的范畴，它包括上下级关系、同事关系、老乡关系、血缘关系、朋友关系、矛盾关系等。人与人之间有很多很复杂甚至交织在一起的关系，这使整个组织的关系具有很大的复杂性。广而言之，一个人在组织外的社会关系，也会影响到组织中的人力资源开发与管理。

在中国，人际关系的复杂性体现为不少组织的家族化色彩较浓、规范化管理与法制思想淡漠，加之产权制度方面的问题，使组织的运作和人力资源开发与管理增加了不少“顾忌”因素。从一定意义上讲，东方的亲情文化与西方的（相当于现代的）法制原则、效率文化是冲突的。

四、人文背景的广阔性

人文背景的广阔性体现在文化的多元上，这要求人力资源的开发和管理要有更开阔的视角和更具弹性的措施。东方和西方的文化差异、西方各国之间的文化差异、东方各国之间的文化差异、城市农村之间的文化差异等，都给我们揭示了人力资源开发与管理复杂性的新趋向。在经济发展全球化、组织成员多来源的格局下，跨文化管理已经成为当代最为热门的组织管理实践与人文研究领域。

改革开放以来，我国大量引进外资，国外先进技术、国外组织模式、国外管理思想和国外文化随之大量进入中国，造成相当大的文化融合与冲突。随着我国加入 WTO，这种文化的融合与冲突不断增加。当前，许多外资、合资企业实行高层管理人员本土化，这意味着跨国公司要减少组织的人力资源成本，加强在本土的业务拓展，要更加容易地用自己的基本价值观和文化塑造本土的组织。

据德国学者派尔-舍勒的分析，中国与欧洲文化有着不少差异，这是我们在看待文化差异与融合时需要加以把握的。详见表 2－1。

表 2-1　　中国与欧洲文化对比

中国文化	欧洲文化
横向、直觉型思维	纵向、理性思维
完美化原则	最优化原则
顺应大潮流	乐于接受批评
怕变动	怕限制
中庸之道	“最佳”原则
无时间束缚	时间就是金钱
团队意识	自我意识

资料来源：帕特里希亚·派尔-舍勒．跨文化管理．姚燕，译．北京：中国社会科学出版社，1998：5.

人文背景的复杂性不仅使组织对人力资源的管理有极大影响，对人的职业生涯有重大影响，还通过人的能动性选择对组织本身产生巨大影响。例如，曾经在微软中国公司任总裁的吴士宏，从一定意义上说就是由于文化冲突而离开此高位；她选择了诸家“求贤者”中工资薪酬最低的民族产业 TCL 公司去任职，是要按照自己的意图做事，真正实现自己的价值。

本章小结

本章从人力资源个体的角度，对人的体力、智力、知识、技能的具体内容及其结构，对人的个性、需求、动机问题和行为、价值观问题进行详细分析，并综合阐述了人的复杂性问题。通过本章的学习，学员可以对人、人性和人的行为有一个比较全面的了解。

关键概念

能力　能力要素　体力　智力　感知力　知识　技能　个性
胜任特征　人职匹配　卡特尔 16PF 理论　人职类型匹配理论　需求
动机　行为　价值观　五大人格

复习题

1. 人的能力包括哪些要素？什么是胜任特征？
2. 个性与岗位匹配的理论有哪些？
3. 霍兰德将人格分为哪几种？不同人格类型所对应的职业类型是什么？
4. 简述人的复杂性。

讨论提高题

1. 你如何认识人的能力、能力结构和潜能之间的区别？
2. 人的个性主要包括哪些方面？试分析自己的个性心理特征。
3. 价值观在人力资源开发与管理中有哪些作用？
4. 试运用五大人格学说对一个人进行分析。
5. 结合实例分析人的复杂性的表现，并讨论在现代人力资源开发与管理中如何把握

和处理。

本章学习案例

史玉柱："巨人"起死回生的根源
——造就成功的执着个性与商业智能

史玉柱巨人网络公司在纽约股票交易所上市，而且纽约股票交易所特批史玉柱着便装敲钟，这的确令我感到钦佩。当记者穷追猛打、津津乐道地总结他的发家史和奋斗史时，我钦佩的是他那种执着和凤凰涅槃、死而复生的精神，敬仰的是他那种认准了事业，敢于从最平常的事物中发现平常人捕捉不到的商机和先机的睿智。

较早听说的南方沿海的商人是万象集团的鲁冠球，后来我知道了脑黄金，通过妇孺皆知的广告。大江南北铁路沿线，从墙体广告遍布的广阔农村，到中央电视台黄金频道和时间，无一不在宣传这个曾经创造商界奇迹的产品和企业。而幕后的掌门人，则依然在低调甚至超低调地掌控着这个超级膨胀的商业王国。"成也萧何，败也萧何"，沉重的债务压垮了企业，这个商业巨擘轰然倒地。树倒猢狲散，倾巢之下岂有完卵乎？但是史玉柱是个例外，当媒体在连篇累牍总结巨人商业王国倾覆得失教训的时候，当世人在关注史玉柱会不会一蹶不振的时候，据说史玉柱壮士断腕地说，他会还清债务，重新站立和发展起来。从此，这个名噪一时的商业骄子逐渐淡出了人们的视野。

等人们再次将镁光灯对准史玉柱的时候，这个"今年过节不收礼，收礼就收脑白金"的策划诉求以其不同凡响的方式征服了全国亿万消费者的心，健特生物公司从此浮出水面。史玉柱以这个产品稳居全国同类产品之首，让无数保健品厂商望洋兴叹，他再一次以无与伦比的优势昂首站立在时代的前沿。当人们津津乐道他的再次成功之道的时候，也就不愿去了解他成功背后的艰辛和心酸。就像如今说起挣钱，很多年轻人显得很不以为然的样子，好像随手挥一挥，就会像哈利·波特一样有了魔法把钱装进自己的腰包！

就在人们热议传统所谓夕阳产业的利弊的时候，这个出牌无定则的史玉柱，在与别人闲聊的过程中，在玩盛大网络游戏的过程中，敏锐把握了网络游戏的先机，孤注一掷地投身网游研发推广。如今《征途》网游每天的日进斗金和巨人网络的纽约上市，再次使得人们大为惊叹。

能够战胜自己的惰性，敢于冲破来自各方有形和无形的压力，执着地按着既定的方针走下去，上苍将沉甸甸的硕果最终给予了这个有所准备的英雄。如果说让我海选英雄，虽然没有见过这个睿智的南方汉子，我也当仁不让地会投他一票。

资料来源：张康宁．很佩服史玉柱的那种执着．新浪博客，2007-11-05.

思考题：

结合本章所学知识分析案例中史玉柱成功的原因。

第三章

人力资源宏观分析

本章要点

◇人力资源开发与管理的四大宏观环境因素
◇人力资源经济结构的几种类型
◇人力资源供给与需求
◇人力资源供求关系的三种类型

本章引例

供需矛盾与“刘易斯拐点”

自2013年5月1日起，广东省开始执行新的最低工资标准，此次广东省新最低工资标准实施后，全省最低工资标准平均提高19%。此外，上海最低工资标准4月1日起调高到1 620元/月，领跑全国；北京最低工资标准由每月1 260元上涨至1 400元，增幅为11.1%。尽管绝大多数大城市在薪资标准上有了一定的提升，但是，仍然没能很好地解决我国劳动力供需矛盾，目前我国人力供需问题依然严峻。

“刘易斯拐点”是由诺贝尔经济学奖获得者、发展经济学的领军人物、经济学家阿瑟·刘易斯提出的。

刘易斯的“二元经济”发展模式可以分为两个阶段：一是劳动力无限供给阶段，此时劳动力过剩，工资取决于维持生活所需的生活资料的价值；二是劳动力短缺阶段，此时传统农业部门中的剩余劳动力被现代工业部门吸收完毕，工资取决于劳动的边际生产力。

由第一阶段转变到第二阶段，劳动力由剩余变为短缺，相应的劳动力供给曲线开始向上倾斜，劳动力工资水平也开始不断提高。经济学把连接第一阶段与第二阶段的交点称为“刘易斯转折点”。

中国在依靠丰富的资源飞速发展了三十年后，正在面临各种资源的强烈约束。中国经济将会长期处于劳动力过剩阶段还是现在已经面临“刘易斯拐点”，成为一个争议不断的议题。

“刘易斯拐点”是一个经济发展概念，但是，对这个转折点本身进行判断，却与中国的经济发展息息相关。一般来说，当一个国家经历“刘易斯拐点”的时候，经济发展即将进入一个崭新的阶段。

尤其是对于长期依赖丰富人力资源的中国，可能的转折点的到来必然提出一系列与劳动力市场政策有关的深层问题。

“刘易斯拐点”说法产生于20世纪60年代，意思是：发展中国家二、三产业不发达，农村存在大量剩余劳动力，务农收入低，只要城镇务工收入略高一些，大批农民就会涌入城镇，资方不愁招不到人，开出的工资当然不会太高，直到农村剩余劳动力转移完毕而新增劳动力满足不了不断膨胀的需求时，这个区间就叫“刘易斯拐点”。“拐点”以后，劳方在劳资博弈中逐渐占有优势，他们的收入可望有较大的提升。

最近几年，的确存在工资上升而劳动力供给未见同步上升的现象，很多人就此认为“刘易斯拐点”已经或者即将到来。

但这一论断依然不无可质疑之处。

首先，“刘易斯拐点”是否必然存在是个问题。这个论点虽然看似简单而逻辑清晰，但其实需要的前提假设不少。它要求在农业向工业进行人口转移的过程中农民的收入水平变化不大；它要求劳动供给是相对连续的；它要求所谓的最低工资水平变化不大；它要求劳动力流动至少是不存在较大的阻力。

因而近来其实有不少从这些方面出发对“刘易斯拐点”是否出现的质疑声。比如上半年《中国社会科学》有一篇文章认为劳动供给是不连续的，2009 年《经济研究》范剑勇有一篇文章认为存在较大劳动力流动阻力。简单来说的话，这些观点认为当前工资上升和劳动力供给不足的情况只是某些非经济因素导致的表面现象，而不能被认为是“刘易斯拐点”出现的证据。

户籍制度、身份歧视、地区间价格水平差异等阻碍劳动力流动因素的存在，使得工资上涨不足以弥补农民工因此而带来的效用损失，从而阻碍了劳动力的转移进程，使得劳动力供给未能随工资上涨而增加。通俗地说，涨工资也解决不了的民工荒不是因为民工不够了，而是因为民工到了城里就要整天被查身份证、暂住证，被歧视、被另眼相看，城里高得多的消费水平尤其是房租的支出又使得工资上涨意义不大，因而他们不愿意来了。

资料来源：刘小凤．解决目前我国人力资源供需矛盾的根本：户籍制度改革．前瞻网，2013-05-13；王盈盈．中国是否会出现刘易斯拐点?．BWCHINESE 中文网，2014-09-26.

第一节　人力资源开发与管理的宏观环境

从一般意义上看，人力资源开发与管理是处于社会大环境或者公共环境中，有着多方面的因素。从总体上看，人力资源开发与管理面对的环境可以分为公共环境和组织环境，下面分别进行分析。

按照 PEST 分析法，从总体上把影响人力资源开发与管理诸多的社会大环境因素即宏观环境，可以归结为政治（politics）、经济（economy）、社会（society）、技术（technology）四个基本方面。

一、政治因素

一个国家的政治制度、经济社会发展规划、经济政策和产业政策、社会法制状况、国家的劳动立法、政府人力资源开发与管理及有关方面的规章制度、工会发展状况等，对组织的人力资源开发与管理都有一定的影响。

二、经济因素

经济因素对人力资源开发利用与管理的影响是直接的，也是非常重大的。具体来说，一个国家的经济增长水平、各个产业的发展状况、社会投资状况、就业状况、通货膨胀状况、进出口状况、社会工资水平与收入差距情况、市场与居民消费状况等，都对人力资源开发与管理有着影响。特别是经济竞争因素对人力资源开发与管理影响更大，因为竞争状况直接决定了各个组织的人力资源开发思想理念与用人模式。

三、社会因素

人是生活在社会中的，社会的文化价值观与人的职业观念、道德水平等，都会对人力资源开发与管理产生影响。例如，具有“忠”文化的日本，在组织管理中就有终身雇佣、年功序列工资、家族主义和企业工会的体制。

四、技术因素

一个社会的技术水平因素，对人力资源开发与管理也有着一定的影响。首先，技术本身就和人力资源一起构成生产要素，在组织的资源配置中成为相互关联的一对，组织可以就此进行选择与替代。其次，技术对人力资源也有一定的要求。技术的进步要求组织提供教育培训，以提高现有人力资源的素质，或者对其个体进行更新。在技术更新速度快的情况下，还会导致人力资源的较大流动。此外，现代技术的发展，直接为人力资源开发与管理提供了先进的手段。

第二节　人力资源经济分析

一、人力资源经济结构

（一）人力资源产业结构

人力资源产业结构的第一个层次是三大产业的结构，第二个层次是包括 16 个部门大类的结构。

产业结构的转移是一种历史趋势，在经济社会迅速发展的情况下，各国的产业结构都有明显的变动。这决定了经济社会发展的大格局，也决定了各国人力资源开发与管理的基本面貌。自觉地进行产业结构的调整，是开发与管理好人力资源最基本的任务之一。

1. 第一产业人力资源的结构变动

产业结构变迁的一般规律，首先是由第一产业（广义农业）流向第二产业和第三产业，然后由第一产业、第二产业流向第三产业。

第一产业人力资源向第二产业、第三产业结构转移的途径主要有两种：一种是脱离农村，向大中型城市（特别是工业城市）流动，这是世界上大多数国家的道路；另一种是在农村“就地消化”或者转移到小城镇。在农村“就地消化”，可以从事农业机械修造，对农产品综合加工，利用当地资源进行工副业生产，发展农村服务事业、文化教育事业等。

2. 第二产业人力资源的结构变动

人力资源在第二产业就业的比例是与工业的迅速发展相联系的，一般经过相当长时间的增长，达到 40%～50%的高水平后又有所下降。这是因为，随着工业部门技术水平的提高、新技术的应用和传统工业部门的淘汰等，工业劳动生产率大幅度提高，工业物质产品数量极大，从而在工业部门就业的人力资源人数减少，工业就业的比重由提高到逐步下降。

3. 第三产业人力资源的结构变动

从世界各国发展规律的角度看，第三产业人力资源的比重，是一直呈现上升趋势的。第一产业、第二产业的劳动生产率提高，具备人员富余和向第三产业转移的可能。实际上，第三产业就业比重的增加，在第二产业就业比重还在增加的时候就已经开始了。随着人力资源在第一产业比重的大幅度下降和在第二产业的比重由增加到减少，在第三产业就业的比重就大大提高。在经济发达国家，第三产业就业的比重已经达到50％以上，有的甚至高达70％以上。

一般来说，第三产业就业比重高是一国经济发达的表现。因为流通、消费事业发展，科学、文教、卫生事业发展，服务性部门增加，人们社会活动增加和政府管理职能加强等，都是第一产业、第二产业部门发展带来的结果。

（二）人力资源地区结构

人力资源地区结构，即人力资源在不同地区的分布，可以从行政区划、经济区划和自然地理区划等不同方面区分。人力资源的地区结构，基本上取决于人口的地区分布。研究人力资源的总况及其年龄结构、性别结构、质量结构等，都要以人力资源的地区分布为基础；实现人力资源年龄、性别、质量结构的合理化，也都离不开人力资源的地区合理分布。

开发中西部是我国的战略性举措。国家对中西部的投资迅速增加，强化对中西部地区的人力资源、人才资源配置，就成为我国重要而紧迫的任务。

（三）人力资源城乡结构

人力资源城乡结构也是人力资源经济结构的一个重要方面。人力资源城乡结构由人口的城乡分布所决定，并且受到城乡间人口流动的影响，它反映了一个社会经济发展的总体水平，以及该社会农业部门和非农业部门发展的状况。

农村以从事农业经济活动为主，城镇以从事非农业，即第二产业、第三产业为主。城市和农村的人力资源供给，是满足城市和农村经济活动所需要的条件；人力资源在城乡间的流动，则是调节人力资源在城乡分布的途径。

人力资源城乡结构的变化，以农村人力资源进入城市为主要流向，这是历史的大趋势。我国自20世纪90年代以来，出现了大规模农村人力资源向城市流动的现象，且存在较大盲目行为的“民工潮”问题。为此，国家进行了多方面的调节，以促进城乡人力资源结构的合理化。2004年和2009年，我国两度出现“民工荒”问题，城市和工业即使有对农村人力资源的需求，也不能有效地把农村剩余人力资源吸纳进去。这说明人力资源结构变动的复杂性。

十九大报告在回顾过去5年工作和历史性变革时指出，我国城镇化率年均提高1.2个百分点。我国对新型城镇化高度重视，这是在进一步促进人力资源向城镇转移的结构变动，并要解决好根本性的“人”的问题，促进农民较好地进入二、三产业工作和能够融入现代社会。

二、人力资源供求关系

（一）人力资源供给

人力资源供给，是指就经济运动而言，已经开发的、马上可以投入经济活动的人力资

源，是一个国家或地区社会劳动者与正在谋求职业者所具备的劳动能力的总和。它又分为微观供给和宏观供给。

1. 人力资源微观供给

从个人的角度看，人力资源供给是以自己“勤劳”的付出或“闲暇”的牺牲为代价的。对于这种付出或牺牲，人们要以工资收入作为报偿。这就是说，个体人力资源供给取决于工资，工资是“劳动”要素的报酬，人力资源供给数量与社会工资水平之间存在着一定的相关关系，如图 3-1 所示。在这里，人力资源供给不仅是全社会劳动力的人数（就业者+失业者），还包括人们从事劳动的时间因素。

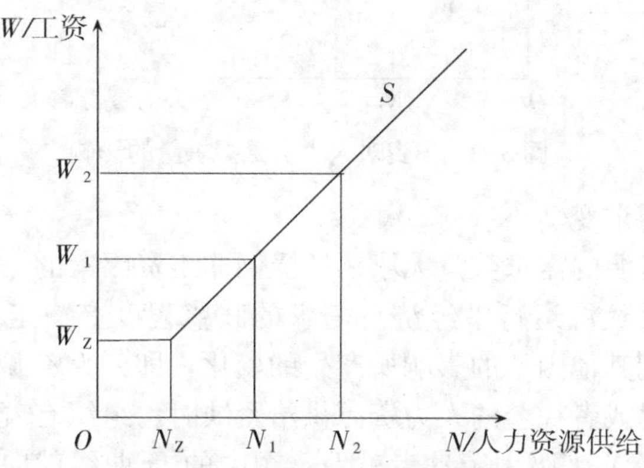

图 3-1　人力资源供给与工资的关系

当工资水平处于 W_1 时，社会上相应就有人力资源供给 N_1；工资水平提高，W_1 上升，N_1 则右移，即增加供给量；工资水平降低，W_1 下降，N_1 则左移，即减少人力资源供给量。当 W_1 下降到 W_Z 极点时，即工资仅仅处于人们维持基本生活的低水平时，人力资源供给就处于一个很低的维持量 N_Z。

2. 人力资源宏观供给

从宏观的角度着眼，全面研究人力资源供给更为重要。宏观人力资源供给的基本数量特征，与微观人力资源供给的特征完全对应，即“人力资源供给与工资的对应关系”：工资水平越高，人力资源供给也越多；工资水平越低，人力资源供给也越少。

进一步来说，全社会人力资源的素质总体状况及其结构，并加上其自由选择的总体结果，构成了宏观人力资源供给的数量和方向。

(二) 人力资源需求

1. 人力资源需求的性质

所谓人力资源需求，即一定范围的用人主体对人力资源所提出的需求。从理论上讲，人力资源需求是一种派生需求，也称为“引致需求”，它是由人的消费所引起、所派生出来的。当社会存在着购买力，即有了一定真实的、具体的、有效的消费要求，才会有社会生产；有了生产的组织活动，才有对人力资源的需求（即进行雇佣）。

2. 微观人力资源需求分析

（1）工资水平对人力资源需求的影响。

这里以企业为代表，进行微观分析。假定物质要素不变，人力资源需求的数量就是由用人单位购买这一要素的成本——工资水平变动所决定，如图 3－2 所示。在通常情况下，工资水平越高，企业所需要的人力资源数量就越少，即 W_1 时，人力资源的需求量为 N_1；工资水平越低，企业所需要的人力资源数量就越多，即当 W_1 移到 W_2 时，人力资源的需求量就从 N_1 扩大到 N_2。

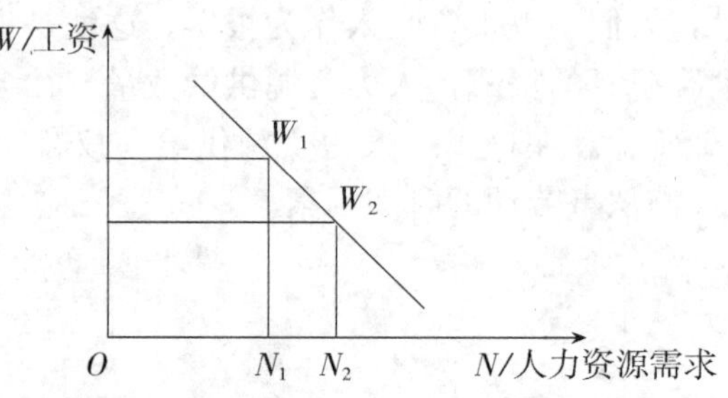

图 3-2　工资对人力资源需求量的影响

（2）人力资源的需求变动。

用人单位对人力资源的需求数量大小，还受到非工资因素的一定影响，特别是与社会的人力资源供给、社会经济运行中经济总需求的旺盛程度有一定关系。工资不变的情况下，人力资源需求受到其他因素的影响所产生的变化，即人力资源的需求变动，如图 3－3 所示。当经济较繁荣时或者社会的人力资源供给紧缺时，组织有着较大的雇佣愿望，就要以比以前高的工资（W'）来吸引劳动者就业，图中的 D 曲线就向右移动，形成 D'曲线；当经济萎缩或人力资源供给相对富余时，企业的雇佣意愿就较小，从而会以较低的工资（W''）雇人，图中的 D 曲线就向左下方移动，形成 D''曲线。

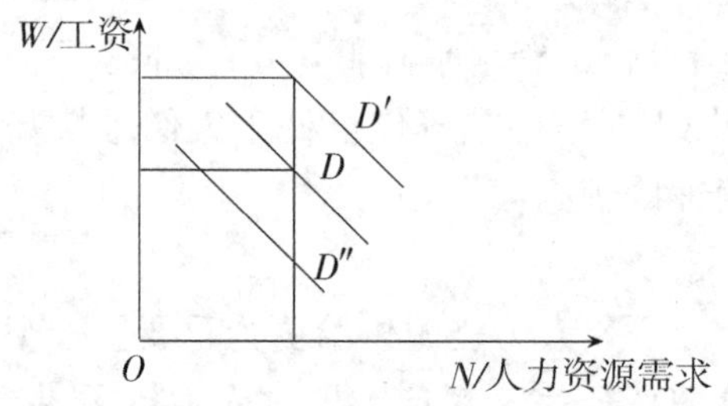

图 3-3　人力资源的需求变动

3. 宏观人力资源需求分析

从全社会的角度看，人力资源的总需求不是由社会上所有企业的人力资源需求简单地加总而成；边际生产率理论虽然是各用人单位人力资源需求的科学反映，但它不能说明社会劳动总需求。从宏观角度看，一个社会的经济发展水平，决定了其居民总体消费水平和经济总需求水平，这从根本上决定了所引致的人力资源总需求数量，也与人力资源需求的质量有关。工业化、自动化、信息化程度高的发达国家，主要需要具有较高文化科技素质、受教育时间长的“白领工人”，需要大批具有较强技术创新能力和经营管理能力的科技专家与管理人员。

（三）人力资源供求关系类型

1. 供过于求类型

人力资源供过于求类型，即人力资源的供给数量大于社会对它的需求数量。这种类型

表现为一个社会的就业不足，存在着相当数量的失业人员或求业人员，此外还有“在职失业”“停滞性失业”“潜在失业”等形态。这是对社会人力资源的闲置浪费。

造成人力资源供过于求的原因，可能是资本缺乏、物质资源供给不足，人口和人力资源数量过多、增加过快，生产下降，或者技术进步、资本集约而排斥已经吸纳的人力资源。

2. 供不应求类型

人力资源供不应求类型，即人力资源供给的数量小于社会对它的需求数量。这种类型表现为一个国家或地区缺乏劳动力，结果影响其正常的经济活动，使经济增长受到一定限制。人力资源的供不应求，通常产生于生产持续发展、经济持续增长的情况下。当生产大幅度发展，而人口、人力资源增加速度却比较慢时，就可能出现人力资源供不应求的现象。

当某个地区、部门或用人单位感到人力资源供给趋紧，即人力资源供给赶不上对人力资源的需求增量时，应该分析这种扩大的人力资源需求能否通过各单位劳动效率提高，或者“物”对“人”的替代，即提高资本-劳动的比例和采取自动化技术来满足。

3. 供求均衡类型

人力资源供求均衡类型，即人力资源供给与社会对人力资源需求达到基本一致的状态。这种平衡应当包括数量、质量、职业类别等方面的内容。人力资源供求平衡，除了宏观上的平衡，还要在结构上和微观上达到平衡。

一个社会人力资源的供求关系，也表现为这个社会人力资源与物质资源两种资源供给的数量、质量、种类等方面的关系。这样，人力资源供求平衡与否，就表现为“人”的供给与“物”的供给是否平衡。

第三节　人力资源社会分析

一、人力资源社会结构

（一）人力资源教育结构

一般来说，人力资源在体质方面的差异不会过大，因此，人力资源的质量结构主要在于“智力”方面，这体现在劳动力人口，特别是经济活动人口的受教育水平上。通常来说，人力资源的质量结构是以文化程度划分的“文盲、小学、初中、高中、中专、大学以及大学以上”各个等级劳动力人口的比例。此外，社会劳动者的职业技能不同等级的比例，也是人力资源质量结构的一个方面。

由于高质量人力资源不同类别之间的替代性较差，合理的人力资源质量结构不仅要求不同等级的人力资源形成一种适宜的比例，而且要求各个等级人力资源内部从事不同类型职业劳动的人力资源比例也比较协调。否则，此长彼短，就可能造成人力资源结构性失业的浪费。

（二）人力资源职业结构

职业是人们所从事工作的种类，是人力资源的生活方式。职业有着不同的门类。我国古代将职业分为“士、农、工、商”四大阶层，人们所说的“三教九流”“三百六十行”也是对职业结构的形象概括。职业因其不同的劳动内容、不同的劳动工具、不同的劳动方法、不同的劳动对象以及不同的劳动条件和环境，而存在着很大差异，因而也就有了职业的分类，有了人们的社会职业评价和对职业的不同选择。

职业的社会阶层结构如下。

1. 从社会角度分类

从社会的角度看，职业分类是根据工作内容、工作方法、工作对象和工作环境的特点而划分的。按照国际劳工组织的标准，职业分为八个大类，在八大类下面还分为若干层次和不同种类。这种职业结构反映了人们的社会选择，也反映了一定的经济、社会、文化发展状况。我国参考国际标准编制了《中华人民共和国职业分类大典》，其八个大类如下：

（1）国家机关、党群组织、企业、事业单位负责人；

（2）专业技术人员；

（3）办事人员和有关人员；

（4）商业、服务业人员；

（5）农、林、牧、渔、水利业生产人员；

（6）生产、运输设备操作人员及有关人员；

（7）军人；

（8）不便分类的其他从业人员。

这八类职业，可以进一步归结为体力劳动和脑力劳动两大类别。在社会的发展过程中，脑力劳动性职业比重不断加大。而且在体力劳动内部，生产性人员逐渐减少，服务性人员比重有所增加，体力劳动中的技术性、含有脑力性成分的职业增多，并出现大批工人技师性的工作，“蓝领”的颜色正在“变浅”。

2. 从社会地位和社会关系分类

从社会地位和社会关系的角度，职业可以分为以下七类：

（1）专门职业人员、政府官员、高级经理阶层；

（2）雇主、一般经理与管理人员；

（3）白领人员；

（4）熟练工人，即技术性较强的工人与领班；

（5）半熟练工人，即技术程度略差的机器操作工人、司机等，农民、商业服务业人员一般也属于这个类型；

（6）非熟练工人，即一般从事无技术工作，尤其是重体力劳动和脏差环境工作的人员；

（7）家庭服务与个人服务人员。

二、市场经济体制下人力资源与国家、市场、企业的关系

人是社会生产者，也是社会消费者。人构成社会发展的终极目标，更是经济运作的主

体和主角，如企业家有配置资源方面的作用，劳动者本身就是创造财富的人力资源，个人创业也有解决就业问题的作用。这就成为一个客观实在的经济运动主体。

在市场经济体制下，存在着国家（即政府）、市场（尤其是市场机构）、用人单位、劳动者个人四种要素和四个主体。企业不仅是最主要的用人单位，也是各种用人单位的典型和代表。这四个市场经济主体之间相互联结，形成六对关系。这四个主体和由之所形成的六对关系，构成现代市场经济体制的社会结构。具体包括以下内容：

（一）国家调控市场

第一，国家运用经济杠杆（如税收、银行利率、信贷等）、法律、法规、经济政策、自身经济实力（国有企业和国有控股企业）、经济组织（如商会）和行政机构（如工商行政管理局、税务局），对市场运行进行引导、控制、服务、监督，以调节宏观经济的运行。

第二，国家对人力资源配置的基本原则、方向做出规定和指导，从根本上决定劳动市场的格局。值得注意的是，市场不仅是经济概念，劳动市场更有其社会内容。

第三，国家对市场体制下人力资源的运作制定规则，如就业资格、雇佣制度（如订立合同）、最低工资标准、职业介绍管理规定、劳动安全卫生标准、雇佣工资指导线等。

第四，国家直接从事基础性的即低层次劳动市场的运作，如政府举办公益性劳动市场机构，提供免费的就业服务、就业指导等。

（二）市场引导企业

第一，企业作为经济单位，它的收益取决于市场。市场需求是企业取得收益的动力（市场上有某种产品或劳务的需求，企业进行生产，就可以取得利润），市场上需求的变化、竞争对手的状况、人力资源的择业标准和倾向，都构成企业的压力。

第二，企业的行为总目标是在市场上寻求利益最大化。企业在提供市场需要的产品和劳务、可以取得盈利的条件下，还考虑尽力节约各种成本和人力资源的使用。

第三，在健全的市场经济体制下，企业的择员行为是由市场直接引导的。企业自由选择各项生产要素包括人力资源要素，市场（包括各种要素市场）的变化会影响企业的活动，影响企业对要素的选择。市场上求职者的择业意愿、价格要求（即对工资的要求）和素质状况等，对企业的择员也产生一定的影响。

第四，企业经营者在社会经济生活中具有重要作用，甚至对整个市场也产生重要影响。“企业经营者与产权所有者的关系”本身就是一种体制因素，解决好企业经营者（以至各种经济单位、社会组织的经营者）方面的问题，是有效地协调和整合各种生产要素的重要内容。

（三）“国家-企业”的关系

从理论上讲，理想的国家与企业关系是“国家调控市场、市场引导企业”，国家是不直接管理企业的。在理想的市场经济状态下，国家主要管经济政策、产业发展方向、宏观总供求、经济环境、发展战略，并直接管少量关键部门和企业。即使是在国家“管企业”时，市场制度也不是像我们过去的“计划-行政”模式那样对企业进行全面控制，而是将人力资源的使用权交给企业，使它们成为真正的经营活动主体、资源配置主体和人力资源雇佣主体。

不同的体制，有着不同的“国家-企业”关系，也有着不同的企业权利义务。在我国过去的计划体制下，国有企业和大集体企业是隶属于政府的、完成其经济职能的行政单位，由计划部门和劳动人事部门决定分配给其生产要素、安排人力资源。国有、大集体企业作为政府计划的执行部门，没有自己决定雇佣数量、择员标准的权力。在目前的经济体制改革中，国家与企业之间的关系正在发生变化，目标是在尽量短的时间内使公有制企业全面走向市场，大力发展从市场中成长起来的各类非公有制企业。

（四）国家对个人的保障

第一，国家要保证每一个社会成员的生存权，保证每一个成员基本生活需要的满足，这一般通过最低工资和社会救济等途径来实现。我国曾实行的“下岗职工基本生活保障”制度，其性质实际上是变相的失业救济。国家要保证有就业要求者就业的实现，要通过调节社会的劳动要素供求、提供就业门路、进行工作安置、从事就业服务、限制企业解雇等途径达到。教育培训是国家提高人力资源个体就业能力的重要手段。

第二，国家通过法律和社会管理活动，达到平等的社会目标。平等，意味着个人发展的障碍、不同的个人在身份上的歧视和“等级”性都不存在。与各种用人单位相比，劳动者，尤其是求职者一般是弱者，国家则通过劳动法、有关的法律法规、方针政策和行政管理活动等途径来保障他们的合法权益。

第三，国家通过经济体制的选择、经济政策和社会政策的运用，特别是工资政策与福利政策，刺激和调动人力资源的工作动力、就业动力，尤其是自我配置和自我创业的动力。

（五）市场对人力资源的配置

第一，健全的劳动市场或人力资源市场，是公开、平等、全面、高效的市场，它应当具有完善的劳动就业服务功能和较高的求职实现率。

第二，人力资源市场是有着不同层次的。从国内外的情况看，总体上可分为一般的劳动力市场或普通劳动力（尤其是技工）市场与高级人员市场（或人才市场）。一般来说，人才资源有着比一般的人力资源大得多的竞争优势，是有一定的“卖方垄断”倾向的；而普通的劳工阶层，则往往处于相对不利的和被雇佣单位“买方垄断”的地位。

第三，市场体制是竞争体制，它不仅给人以机会，而且导致优胜劣汰和两极分化。人力资源市场体制要求求职者个人素质与观念的提高，它鼓励人向上，鞭策不努力、素质低的人上进。

（六）“企业-个人”的关系

第一，企业与作为人力资源主体的个人之间，存在着平等关系。首先，双方在市场中的相互选择地位是平等的；其次，企业录用求职者就业后，在劳动过程中个人与所在组织具有平等的地位与权利、义务；最后，企业与个人进行平等的价值交换，即劳动付出与工资报酬相交换。

第二，企业与人力资源个人之间具有法律关系。双方通过法律契约关系连接在一起（这体现为劳动合同），双方的矛盾、争议、冲突，以法庭为最终裁决机构。

第三，人力资源个体对所在的企业负责，承担应完成的工作，承诺有关的义务（如对企业商业秘密和知识产权的保护），并要有一定的职业道德。

第四，企业对人力资源个体负责。企业对所雇佣人员的劳动条件与安全、生活福利等方面负有一定的责任，并担负社会保险的责任。

第五，企业的发展目标和组织文化对用人类型和用工模式有着决定性的影响，各层次

管理者的人性观、用人理念和管理风格对劳动关系也有很大影响。

本章小结

本章从经济、社会的角度对人力资源概念进行深入分析。从经济学角度分析了人力资源的经济结构与供求关系；从社会角度分析了人力资源的社会结构、市场经济体制下人力资源与国家、市场、企业的关系。这是对人力资源宏观环境进行的分析。

关键概念

人力资源产业结构　　人力资源城乡结构　　人力资源职业结构　　人力资源供给　　人力资源需求　　供求关系　　市场体制六对关系

复习题

1. 人力资源经济结构和社会结构分别包括哪些具体内容？
2. 人力资源供给的含义是什么？
3. 如何理解人力资源需求的性质？
4. 存在哪几种人力资源的供求关系？
5. 市场中有哪些社会关系？简述其内容。
6. 市场经济体制下，经济活动有哪些主体？它们之间的关系是什么？

讨论提高题

1. 联系实际，试述我国人力资源开发与管理的宏观环境。
2. 结合实际，分析我国的人力资源供求关系。
3. 怎样看待我国的人力资源过剩问题？试提出几条解决的途径。
4. 管理者对员工管理，有“经济人、社会人、自我实现人和复杂人”的不同看法。如果你是管理者，你属于哪一种？为什么？如果你是雇员，你喜欢哪一种管理者？为什么？
5. 你认为，能否兼顾雇主与员工的利益？为什么？对此应当如何做？

本章学习案例

新常态下的中国宏观人力资源何处去

究竟什么是新常态，其主要特征是什么？应怎样正确看待新常态？该如何适应新常态？

“这次，恐怕是回不去了！”国家统计局中国经济景气监测中心副主任潘建成指着电脑上的一幅经济增速曲线图说。这条波动起伏的曲线显示，中国改革开放30多年来，GDP增速只有3次连续2～3年低于8%：第一次是1979—1981年，第二次是1989—1990年，第三次是1998—1999年，这3次回落主要是受到外部短期因素的干扰，每次过后又回到了高速增长的轨道上。这次，也就是第四次正在出现：2012年、2013年，我国GDP均增长7.7%，2014年预期目标是7.5%，上半年为7.4%。“这次不是景气循环周期的下行区间，而是经济增长阶段的根本性转换，中国经济可能要告别过去的高速度了。”潘建成说。

中国经济的这一变化，带来了“新常态”这个名词。

新常态，新特征

何谓新常态？新常态意味着中国经济已进入一个与过去30多年高速增长期不同的新阶段，实质上就是进入高效率、低成本、可持续的中高速增长阶段。

多数专家认为，新常态主要有四个特征：

——中高速。

“从速度层面看，经济增速换挡回落、从过去10%左右的高速增长转为7%～8%的中高速增长是新常态的最基本特征。”国家发改委副秘书长王一鸣说。

“不少国家的经济增速都是从8%以上的‘高速挡’直接切换到4%左右的‘中速挡’，而中国经济有望在7%～8%的‘中高速挡’运行一段时间。”国家信息中心首席经济师范剑平分析，这是因为中国是一个发展很不平衡的大国，各个经济单元能接续发力、绵延不绝，导致发展能量巨大而持久。“比如，当服务业在东部地区崛起时，退出的制造业不会消失，而是转移到西部地区，推动西部经济快速增长。”

——优结构。

从结构层面看，新常态下，经济结构发生全面、深刻的变化，不断优化升级。

产业结构方面，第三产业逐步成为产业主体。2013年，我国第三产业（服务业）增加值占GDP比重达46.1%，首次超过第二产业。“美国等发达国家服务业已占GDP的80%以上，新常态下，我国服务业比重上升将是长期趋势。”王一鸣说。

需求结构方面，消费需求逐步成为需求主体。2012年，消费对经济增长贡献率自2006年以来首次超过投资。

城乡区域结构方面，城乡区域差距将逐步缩小。2011年年末，我国城镇人口比重达51.27%，数量首次超过农村人口。随着国家新型城镇化战略的实施，城镇化速度将不断加快，城乡二元结构逐渐被打破，区域差距也将逐渐拉近。

收入分配结构方面，居民收入占比上升。改革开放以来，我国GDP年均增长9.8%，国家财政收入年均增长14.6%，而城镇居民人均可支配收入和农村居民人均纯收入年均增长分别仅为7.4%和7.5%。在新常态下，这种情况将发生改变，居民会更多分享改革发展成果。

在这些结构变迁中，先进生产力不断产生、扩张，落后生产力不断萎缩、退出，既涌现一系列新的增长点，也使一些行业付出产能过剩等沉重代价。

——新动力。

从动力层面看，新常态下，中国经济将从要素驱动、投资驱动转向创新驱动。

1998年至2008年，全国规模以上工业企业利润总额年均增速高达35.6%，而到2013年降至12.2%，2014年1月至5月仅为5.8%。“制造业的持续艰难表明，随着劳动力、资源、土地等价格的上扬，过去依靠低要素成本驱动的经济发展方式已难以为继，必须把发展动力转换到科技创新上来。”国务院发展研究中心对外经济研究部部长赵晋平说。

——多挑战。

从风险层面看，新常态下面临新的挑战，一些不确定性风险显性化。

如楼市风险、地方债风险、金融风险等潜在风险渐渐浮出水面。这些风险因素相互关联，有时一个点的爆发也可能引起连锁反应。

新常态，新因素

谈到新常态的成因，就不得不提到一个经济学概念——潜在增长率。未来一段时间，我国潜在增长率下降将成必然趋势。

这是因为，潜在增长率主要由劳动投入、资本投入和全要素生产率等因素决定。从劳动投入看，2012 年，我国 15～59 岁劳动年龄人口第一次出现绝对下降，专家预测从 2010 年至 2020 年，劳动年龄人口将减少 2 900 多万人，这意味着全社会劳动投入增长将逐步放缓。从资本投入看，劳动年龄人口减少的另一面，是被抚养人口增加，抚养支出上升，过去我国人口负担轻，可以维持高储蓄率，从而带来高投资，今后随着储蓄率的下降，可用于投资的资本增长也将放缓。而代表效率的全要素生产率也难以大幅提高。更何况，当一个经济体成长起来后，总量和基数变大，GDP 每增长一个百分点，其绝对值要比过去大很多，所以维持“永动机”式的长期高速增长是不可能的。

说清了潜在增长率，也就明白了新常态因何而生——

从速度层面看，由于潜在增长率下降、资源环境压力加大，中国经济“做不到”“受不了”像过去那样高速增长，必然会换挡回落。

从结构层面看，随着资本、土地等生产要素供给下降，资源环境约束强化，耗费资本和土地等要素较多、能耗较高、污染较大的一二产业比重将下降，较少依赖资本和土地等要素、消耗较低的服务业将驶入发展快车道，从而带来产业结构的优化。

由于劳动力、资源等制造业成本上涨，出口竞争力将减弱；由于劳动年龄人口减少和储蓄率降低，投资能力也将降低。而随着居民收入水平提高和社会保障完善，消费需求将持续较快增长，从而带来需求结构的优化。

“当东部土地稀缺、劳动力匮乏之后，相关产业会转移到中西部地区，最终实现区域协调发展、优化区域结构。”范剑平说。而城镇化提速、大量农业转移人口市民化，有利于缩小城乡差距、优化城乡结构。

随着劳动力供给减少，劳动者在就业市场上越来越成为“稀缺品”，而在服务业占主导的经济结构中，人力资源更为重要，这些因素都将推动劳动工资提高、收入分配结构优化。

从动力层面看，过去，低廉的生产要素价格成为驱动中国这一“世界工厂”快速运转的重要动力，时至今日，这些要素价格都发生了质的变化，倒逼中国经济转向创新驱动。

从风险层面看，风险显性化并非经济本身出了问题，而是因为随着经济增速放缓，很多原来在高速增长期被掩盖的风险暴露出来。比如，经济下行压力加大会削弱人们的投资信心，过去积累的楼市泡沫和风险就凸显了出来；由此房地产商会暂停购买新的土地，导致以土地财政为重要来源的地方财政紧张，地方债风险就会显现；房地产市场不景气，银行贷款就会埋下金融风险的隐患。

新常态，新风景

“我就想知道新常态后，咱老百姓的日子过得咋样，能不能比以前更舒坦?”上海退休职工张文进坦言。可以让张文进欣慰的是，新常态将有利于民生改善：

——就业将更充分。服务业吸纳就业能力高于制造业，2012年，第二产业每亿元GDP吸纳就业980人左右，而第三产业可达1 200人。新常态下，服务业占比上升、GDP总量增加，就业状况也将明显改善。

——收入将更均衡。就业充分，劳动者收入提升也就有了保障。另外，新常态下，要扩大消费就应增加居民收入，特别是增加边际消费倾向更高的低收入者收入，收入分配将渐趋合理。

——社保将更完善。新常态下，要消除居民消费的后顾之忧，就应精心编织世界上最大的社会保障网。

新常态也将有利于经济发展：

——增长将更平稳。“旧常态”下，经济增长更多依赖投资和出口，出口需求受外部环境影响会经常变化，投资需求也会随着经济周期出现过热过冷的波动。而新常态下，更多依赖消费拉动的经济增长将相对稳定，周期性波动的波幅会明显缩小。

——物价将更稳定。经济平稳增长带来的后果之一就是物价相对稳定。比如，物价在2012年和2013年仅上涨2.6%，2014年上半年更是仅为2.3%。

——质量将更提升。新常态下，随着资源环境约束强化、中国经济转向创新驱动，经济增长的质量和效益将成为企业和社会追求的更高目标。

新常态，新风景。总体来看，新常态对中国经济社会发展的影响是正面、积极的，有利于中国经济加快转变发展方式，跨越“中等收入陷阱”，继续保持较长时期的中高速增长。

资料来源：田俊荣，吴秋余．新常态，新在哪?．人民网，2014-08-04.

思考题：

结合案例分析我国人力资源开发与管理的发展方向。

第四章

人力资源养护

本章要点

◇人力资源自然养护
◇职业病与意外事故的预防，工作压力的克服
◇人力资源社会养护的内容
◇人力资源组织养护的方法
◇工作满意度
◇员工参与的主要方式

本章引例

保护员工

在企业生产中员工职业病与意外事故时有发生，普遍存在着员工合法权益难以保障的问题，尤其是社会保险方面的问题更为普遍，也更为突出。其原因，既有社会大环境的、政府方面的，也有企业主方面的，还有员工个人方面的。因此，制定人力资源养护规范十分必要。保障员工的人身权利、协调经济利益、加强社会环境的养护、全面提高工作生活质量、使社会保险落到实处等，是实现人力资源养护的重要方面。

美国政府根据《岗位安全和健康法》(*Occupation Safety and Health Act*)，设置了岗位人身安全和健康署（The Occupational Safety and Health Administration)，以贯彻该法律的条款。根据法律规定，企业有责任了解和向员工通报该法律所确定的安全和健康标准，并有责任在明显的地方张贴岗位人身安全和健康署所制作的布告。另外，企业还必须强化使用个人安全防护设施，并通过信息传播使员工了解安全的重要性。该法律还规定，企业不得惩罚和解雇那些向岗位人身安全和健康署报告企业违反安全情况的员工。基本条款包括：(1) 员工可以拒绝不安全工作。(2) 工作任务不能损害生殖健康。(3) 制定一系列规范企业设备和工作环境的具体标准。(4) 岗位人身安全和健康署负有实施联邦危险通报准则的责任。

第一节　人力资源自然养护

一、人力资源自然养护的含义

人力资源自然养护是指对作为经济资源的人体方面的健康保护，尤其指劳动者在职业安全健康方面的保护，也称为劳动保护。人力资源自然保护的对象是从事社会经济活动的各种劳动者，包括对蓝领人员、白领人员和其他人员的保护。

人力资源自然养护的范围除了职业安全健康外，还延伸到员工身体健康素质的改善、对抗疾病能力的提高和精神健康方面，从自然性的角度使人力资源的能力得以维持和扩大。

对人力资源自然养护所涉及的即组织管理中的职业安全卫生内容，一般包括职业病的预防、意外事故的预防以及更广泛的安全健康内容。其具体内容包括防范普通的、传统的工作地的物理条件因素所致的身体疾病（职业性疾患），防治工伤事故等造成的身体的急

性损伤，以及人的精神与情感等内容，如工作压力。基于人力资源自然养护内容的广泛性及复杂性，需要许多领域的专门知识，如工业卫生、职业医学、安全工程学、环境科学、心理学和生态学等。

二、职业病预防

（一）职业病预防的法律制度

与职业安全健康有关的制度有职业安全卫生责任制度、技术措施、检查制度、劳动卫生监察制度、职业病防治和处理制度。我国现行的职业安全健康法律制度主要有《中华人民共和国尘肺病防治条例》《工业企业噪声卫生标准》《工业企业人工照明暂行标准》。上述法律制度的主要内容有：防止有毒、有害物质的危害；防止粉尘的危害；防止噪声和强光刺激；防暑降温和防冻取暖；通风和照明；个人防护用品和生产辅助设施；职业病防治等。在《中华人民共和国劳动法》中，还规定了对女职工和未成年工实行特殊劳动保护的条款。

据此，各用人组织应建立完善的内部劳动安全卫生管理制度。

（二）职业病预防的技术措施

预防职业疾病因行业、工种、工作条件不同而采取不同的技术措施，主要有以下方面：

（1）直接的技术措施。包括防止粉尘的危害，防止有害物质的危害，防止噪声和强光的刺激，降低劳动操作对人体器官的伤害，妥善处理危险品等。

（2）相关的其他措施。包括改进工艺和采用新技术，尽量采用仪表控制，远距离操作，使有毒、有害因素与操作者隔离。

（3）技术管理措施。要以预防为主，对患职业病职工及时治疗；提供本组织所有有害物质的手册和安全数据档案，手册的内容包括关于一般和特殊的危险、防护程序、正确的储存和销毁方法。

三、意外事故预防

职业安全工作的核心，在于预防事故。为此，需要建立健全以下制度。

（一）安全生产责任制度

将安全生产责任与完成一定数量和质量的经济责任联系起来，实行权、责、利的统一。建立、健全安全保障网络，采取措施，建立安全专业管理组织与群众性组织。

（二）安全生产教育制度

其主要内容是：思想教育、劳动保护方针政策的教育、规章制度教育、劳动纪律教育、安全技术知识教育、典型经验和事故教训的教育等。

（三）安全生产检查制度

其内容分为查思想、查现场、查隐患、查管理、查制度等几方面，以及建立伤亡事故报告制度。这是在工作人员发生伤亡事故后，进行报告、登记、处理和统计分析等具体工作程序的一种法定制度。实行这一制度，意味着要对事故责任人进行追查，以督促管理者和员工树立安全责任意识，有效防止事故的发生。

四、工作压力克服

（一）压力的产生

所谓工作压力，是指劳动者预见工作中的身体或情感方面的危险而试图摆脱的高度心理紧张状态。个体面对与其期望密切相关的机会、限制或需求，且其结果重要而不确定时，人的压力就会产生。一般来说，当工作环境的要求超出个人所能达到的限度时，就会产生对工作的压力感。

尽管人们习惯于从消极的方面来看待压力，但压力本身并不一定是坏事，特别是它能够为组织的获利提供一种氛围和可能性时，也具有一定的积极意义。

（二）压力的症状

一般情况下，这些症状可以归纳为三类：生理症状、心理症状和行为症状。

压力的早期研究大多关注的是压力的生理症状。医学专家对压力问题进行研究的结果表明，压力可以导致新陈代谢的改变、心脏跳动和呼吸的频率加快、血压升高、头痛，并会引起心脏病发作，胸部、脖颈和后背肌肉收缩，胃炎和消化道溃疡，便秘，支气管哮喘，风湿性关节炎，月经失调和性功能障碍等。

心理症状是指与工作相关的压力可以导致与工作相关的不满。这是由压力所产生的最简单、最明显的结果。压力也可以以其他心理形态表现出来，如紧张、焦虑、易怒、厌倦、拖沓等。

行为方面的压力症状包括生产率的变化、迅速增长的旷工现象、频繁跳槽、工作中的错误、缺勤、离职以及饮食习惯的变化、吸烟的增多或嗜酒、说话速度加快、烦躁和睡眠紊乱等，进而使人产生一定的疾病，造成伤害。

（三）减轻压力的方法

减轻员工工作压力的方法主要有：其一，重新设计工作。员工身处力所不能及的工作环境下时，通常会感到很大的压力。通过对工作进行再设计，可以增强工作的挑战性或减轻工作负担。其二，明确工作期望。在甄选过程中，通过对工作客观的预先介绍，可以减少对工作认识的盲目性，从而减轻压力。其三，改善工作环境。如果压力是直接来自对工作的厌倦和工作过于繁重，那么可以采取措施改善工作环境。其四，对员工进行培训。

此外，帮助员工解决个人生活方面的问题，也有利于减轻其工作压力。具体而言可以采用以下方法：其一，员工咨询。给员工提供向他人倾诉的场景。其二，施加压力。使那些对个人生活缺乏计划性的员工，分清生活中的轻重缓急。其三，身体活动方案。有些大公司雇用健康专家向员工提供锻炼身体的建议，教授身心放松的方法，以保持良好的状态。

第二节　人力资源社会养护

人力资源的社会养护，主要包括社会制度养护、法律保护和社会环境养护①。

社会制度对人力资源的保护是人力资源社会性保护的基础和核心。制度体现在政府方面，即政府要对人力资源的社会保护措施承担责任，负责制定政策范围内的具体实施办法并组织实施。人力资源的各项保护措施通常以法规、政策等制度形式表现出来。法律作为具有强制性和稳定性的制度形式，可以为人的社会养护创造良好的环境，使社会养护得以推行。我国目前对人力资源提供的社会制度养护即社会保险制度，包括医疗保险制度、失业保险制度、养老保险制度、生育保险制度及工伤保险制度五种。

一、医疗保险制度

医疗保险是指个人生病或非因工负伤时，由国家和社会给予一定的经济补偿与医疗服务的一种社会保障制度。医疗保险的根本功能是使受到疾病侵害的人力资源的工作能力得到恢复。医疗保险通常是由国家建立基金制度，强制实施，我国的保险费用由用人单位和个人共同缴纳，通常各省市的具体政策及报销方式等有所区别。医疗保险能够将集中在个体身上的由疾病风险所致的经济损失分摊给所有参加保险的社会成员，并将集中起来的医疗保险资金用于补偿由疾病风险所带来的经济损失。

我国现行的企业职工基本医疗保险制度，覆盖了城镇所有用人单位及职工，并实行社会统筹和个人账户相结合的模式。同样，大部分农民目前也能享受新农合医疗保障，医疗水平较之以前已有了大幅提高。

我国用人单位所缴纳的基本医疗保险费分为两部分：一部分用于建立统筹基金；另一部分划入职工个人账户。个人账户的本金和利息归个人所有，但通常只能用于支付本人的医疗费。在这种体制下，统筹基金主要用于支付大额和住院医疗费用，个人账户主要支付小额和门诊医疗费用。统筹基金支付时，由各地根据当地情况和基金的承受能力，确定起付标准和最高支付限额，因此个人也要负担一定的比例。统筹基金起付标准以下的医疗费用由个人账户支付，不足部分由个人自付。超过最高支付限额以上的医疗费用，主要通过大额医疗费用补助、企业补充医疗保险等途径解决。

以北京为例，在职职工每年医疗保险门诊费用的起付线为 1 800 元，即当年门诊费用不足 1 800 元的医药费用以及全部自费医药费用完全由职工个人负担；超出 1 800 元以上的医药费则由医保中心给予一定比例的报销，超出报销比例的部分仍由个人负担；住院费用有单独的起付线及报销标准。

---

① 沈荣华. 第一资源论. 上海：上海三联书店，1993：282.

二、失业保险制度

（一）失业保险的作用

所谓失业保险制度，是国家和社会为保证劳动者在等待重新就业期间的基本生活而给予的一种物质帮助制度。实行这种保险，可以较好地维持人力资源的工作能力，在社会有需求时能够马上就业和投入使用，也为在岗位工作的人力资源提供了一种心理上的保障。

对暂时无法就业的社会成员提供经济帮助是各国政府的责任，也是全社会的责任。建立失业保险基金，使人力资源在职业中断期间从国家和社会得到必要的经济帮助，有利于很好地维持其工作能力，进而通过转业培训、生产自救、职业介绍等途径为其重新实现就业创造条件。

我国现行的失业保险制度，覆盖了城镇所有企业事业单位及其职工，包括国有企业、城镇集体企业、外商投资企业、城镇私营企业和城镇其他企业及其职工，事业单位及其职工。

（二）失业保险管理

1. 失业保险金的筹集

在费用筹集方面，实行国家、用人单位、职工本人三方负担即三方均出资的筹集原则。城镇企业事业单位按照本单位工资总额的2%、职工按照本人工资的1%缴纳失业保险费，在失业保险基金入不敷出时，政府财政给予一定的补贴。

2. 失业保险金的支出项目

失业保险金的主要支出项目有：（1）失业保险金；（2）领取失业保险金期间的医疗补助金；（3）领取失业保险金期间死亡的失业人员的丧葬补助金和其供养的配偶、直系亲属的抚恤金；（4）领取失业保险金期间接受职业培训、职业介绍的补贴。

3. 领取失业保险金的规定

失业保险金的标准一般高于当地城市居民最低生活保障标准，低于当地最低工资标准。失业人员领取失业保险金的期限，根据失业人员失业前所在单位和本人累计缴费时间长短不同，享受失业保险的上限分别为12个月、18个月和24个月。享受失业保险待遇必须符合以下三个条件：第一，按照规定参加失业保险，所在单位和本人已按照规定履行缴费义务满一年；第二，非本人意愿中断就业的；第三，已办理失业登记并有求职要求的。

三、养老保险制度

养老保险，亦称“老年保险”，是指劳动者在达到国家规定的解除劳动义务的劳动年龄界限，或因年老丧失劳动能力的情况下，能够依法获得经济收入、物质帮助和生活服务的社会保险制度。养老保险是对人力资源过去劳动的承认，同时表现了对人力资源的人文关怀，是对人力资源到达退休年龄后给予的生活保障。

养老保险可分为基本养老保险、补充养老保险和个人储蓄性养老保险，国际社会通常称之为养老保险的第一支柱、第二支柱和第三支柱。基本养老保险是由国家立法强制实行的政府行为，全体劳动者都必须参加。补充养老保险是在国家法律、法规和政策的指导下，在企业和员工已经参加基本养老保险的前提下，由企业与员工视经营状况，通过民主协商，自主确定是否参保，自主确定保险水平，自行选择经办机构。个人储蓄性养老保险完全是一种个人行为，公民和劳动者均可按照自己的意愿决定是否投保以及投保的水平和选择经办机构。这里所阐述的养老保险主要是指基本养老保险，当然，随着人民生活水平和保险意识的提高，后两种保险形式也越来越普及。以北京的养老保险为例，通常以职工本人上一年的平均工资作为缴费基数，由公司和个人共同按比例缴纳养老保险金。在职工退休后的第二个月起每月由社保中心为其发放养老金，每个人的养老金标准是由社保中心根据个人缴纳费用、年限及个人基本情况等多种因素综合计算出来的。

建立基本养老保险制度，通过社会统筹的方式统筹基金，参与国民收入的再分配，解决劳动者的养老问题，对调节劳动者之间的收入分配差距、实现互助互济、保障劳动者的基本生活和促进社会稳定等都具有积极作用。我国养老保险费用的征收实行国家统筹与个人账户相结合的方法，并且根据不同的经济组织实行不同的养老保险制度。

四、其他保险制度

除上述三个保险制度外，社会保险制度还包括生育保险制度及工伤保险制度。生育保险是通过国家立法规定，在劳动者因生育而导致工作中断时由国家给予的一定物质帮助，包括生育津贴和生育医疗待遇。需要注意的是，生育保险的缴纳群体是全体职工，既包括女职工，也包括男职工。工伤保险是为保障因工作遭受事故伤害或患职业病的职工获得医疗救治和经济补偿的一种基本保险，我国自 2011 年 1 月 1 日起施行修订后的《工伤保险条例》。

第三节 人力资源组织养护

一、组织的发展趋势

知识经济、网络经济时代的来临，经济全球化的进一步发展，市场需求的变化，使现代组织所面临的经营环境发生了很大变化，这无疑对组织的人力资源开发与管理提出了新的要求，现代组织形式也随之出现了一些新的变化。

（一）扁平化

扁平化是当代组织变化的一种新趋势，指组织的阶层减少和管理跨度加大。人性化、人本化是一种社会潮流，具有人性化和人本化特征的组织因而会有无限的生命力。与此相对比，传统金字塔形结构的组织具有不可忽视的缺陷，其众多的层次、严密的分工是以“事”为本、以“权力”为灵魂，对信息沟通造成障碍，对人的能动性造成压抑。组织结构走向扁平化，不仅减少组织内部的沟通环节，提高管理效率，而且也符合人性特征，因此，扁平化组织应运而生并逐步发展。

（二）团队化

所谓“团队”，就是让职工打破原有的部门界限，绕过原来的中间管理层次，直接面对顾客，为达成公司总体目标，以群体和协作的优势，赢得组织的高效率。团队组合的类型一般有两类：一类是“专案团队”，其成员主要是来自公司各单位的专业人员，为解决某一特定问题而组织在一起，如为新产品的开发、新技术的推广与应用、解决市场危机等而组成的团队；另一类是“具体工作团队”，他们一般从事日常业务工作，长期存在于企业内部。

（三）精干化

随着计算机及网络技术的广泛应用，组织形式发生了巨大的变化。由于信息能够在许多地方和许多人之间快速而低成本地流动，所以决策和管理的集权化价值下降。人们可以通过计算机网络进行联系，协调工作，企业组织不需要控制众多的业务和功能，也不需要聘用大批的生产和管理人员。例如，美国拓普赛·泰尔时装饰品公司的年销售收入达8 000万美元，它却只有三名雇员，而且其供应链自始至终都不与其产品直接接触。它与注塑公司签订合同，以制造其产品，聘用设计公司进行包装设计，并通过独立承包商、分销商和销售代表组成的网络来分销其产品。

（四）柔性化

与扁平化组织同时出现的还有各种“柔性化组织”。所谓柔性化，是指工作组织及其工作内容的强制制度减少的趋势。这是当代组织变化的一种新趋势。柔性化组织所强调的柔性，包括组织结构的柔性、管理的柔性和工作时间的柔性等。柔性化组织中有一种“变形虫”组织，它强调组织成分的随机组合，打破单位内的组织壁垒，吸收组织外最适合做某种工作的人一起组成临时性的组织，在完成工作任务后即自行解散。

（五）可塑性

可塑性更加侧重组织目标与组织发展，组织结构本身随着组织目标与组织发展而会被塑造。组织的可塑性包括三种要素：一是广泛的内部跨单位网络；二是用市场机制来协调大量以盈利为中心的内部单位；三是通过与外部协作伙伴的合作，创造新的优势。

（六）灵活性

灵活性是高度竞争条件下的现代组织非常重视的内容。“变色龙组织”在此方面具有代表性。道格·米勒认为，变色龙组织具有以下五大特征：极大的灵活性、个人的承诺、充分运用团队、扎实的基本功和尝试多样性。变色龙组织的最大特点是它能不断地适应环境而随时变化自身。

（七）虚拟化

虚拟组织是在当代社会向信息社会发展的背景下，“由若干项技术的会聚产生的功能特征而形成的公司结构……是技术加速融合的结果”①。虚拟组织有“人员、目标、联结”三要素。在虚拟组织的形式下，组织的员工由“组织内部”变为“跨组织”；工作方式由“当面沟通”变为“网络沟通”；管理方式由“奖罚控制”变为“目标导向”。

---

① 丹尼斯·洛克. 高尔管理手册. 丁明安，译校. 北京：商务印书馆国际有限公司，1999：19.

二、现代组织的人力资源养护原理

现代组织结构下的人力资源开发与管理，要求组织与员工之间不但存在基于劳动合同的劳动关系，还应该存在基于人性化、基于员工心理需求的心理契约，通过构建良好的心理契约关系，进一步提高员工的工作满意度，最终提高员工对组织的归属感。

（一）建立心理契约

人力资源个体与组织之间的心理契约主要是指双方的相互认同与承诺。艾齐奥尼认为，当组织运用某种权力手段对员工进行管理时，员工会表现出与之相对应的态度和行为（积极的或消极的）作为回应，从而在管理者和员工之间形成某种特定的契约关系。基于这种力量，艾齐奥尼将组织管理方式和员工态度分别划分为三种类型，并根据它们的一一对应关系将组织与员工间的心理契约归结为三种类型，如图 4-1 所示。在矩阵图中，组织基于权力的管理方式作为一种管理诱因，将反映为员工对组织的特定态度，从而形成一种因果关系。组织的权力管理方式包括强制型、实用型和规范型三种，员工对组织的态度表现为离心型、计较型和道德型三种。当组织采取强制型管理手段时，员工表现出对组织的反抗和离心离德（离心型）；当组织采取自愿基础上的劳动合同关系，以合理的薪酬与激励换取员工工作时，员工表现出“按劳动合同的约定行事，维持经济性交换关系”的态度（计较型）；而当组织采取规范型的管理模式，通过以人为本、双赢的管理宗旨、目标与价值观进行管理时，员工则报以“不计报酬，全心奉献”的努力工作精神（道德型）。

组织的权力管理方式：因

员工对组织的态度：果		强制型	实用型	规范型
	离心型	●	×	×
	计较型	×	●	×
	道德型	×	×	●

图4-1　艾齐奥尼管理矩阵

从艾齐奥尼的管理矩阵理论可以看出，组织只有以良好、规范的方式进行管理时，才能形成良好的组织文化，与员工之间形成一种良好的心理契约关系，让员工得到回报，同时也促进组织实现高绩效目标。

（二）增加工作满意度

1. 工作满意度的含义与重要性

工作满意度通常是指个体在组织内工作的过程中，对工作本身以及工作环境、工作状态、工作方式、工作压力、工作中的挑战性与人际关系等工作相关因素产生的主观感知。

员工工作满意度的高低源于员工的需求及组织对员工需求的满足程度，反映的是员工的一种心理状态。但是，员工的这种心理状态（即工作满意程度的高低）在很大程度上影响着员工的工作积极性和工作绩效。员工的满意程度包括不满意、没有满意也没有不满意和满意三个等级。不同等级的员工满意程度伴随着不同的员工行为（如图 4-2 所示）。如果员工表现出不满意，就会消极怠工、不遵守公司纪律甚至主动离职，公司就会由于岗位空缺、重新招聘新员工、失去绩优员工而蒙受高成本及低效率的损失。如果员工没有不满意也没有满意，就会按照组织及岗位要求，按时、保质、保量地完成日常工作任务，但不主动也不进行创造性的工作。如果员工感觉满意，还会积极、主动、高绩效地为组织目标实现付出努力，会高度忠诚于组织。对组织而言，员工满意度管理的目的就是要“消除员工不满意，提升员工满意度”。这有助于培养员工对企业的认同感、归属感，不断增强员工对企业的向心力和凝聚力，产生高绩效行为。

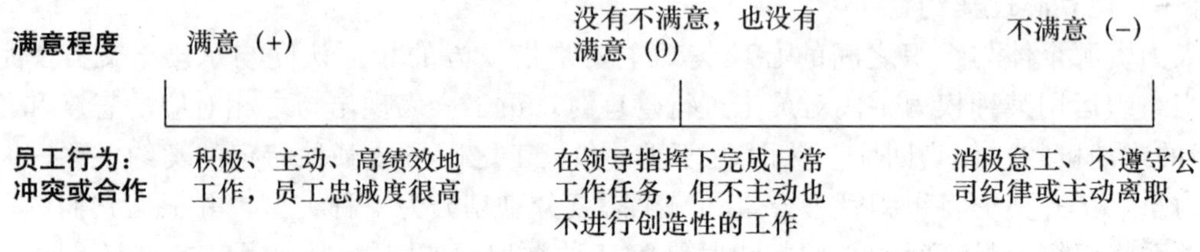

图4-2　员工满意度－行为对应关系

2. 工作满意度的影响因素

工作满意度受到主客观多方面因素的影响，比如职位、薪酬水平、上下级关系、组织文化、工作氛围等。美国心理学家戴维·坎贝尔指出，工作的差别、工作对人的意义的三个主要方面是工作本身的内容、合作共事的有哪些人、工作所提供的回报①。卡茨等人将戴维·坎贝尔工作满意度的这三个方面中的第一方面归结为内在因素，第二、三方面归结为背景性因素，认为这三个方面都是“工作满意度的激发点”②。

哈克曼、劳勒等学者在研究分析的基础上，提出了工作的五核心要素学说。这五项核心要素分别是技能多样性、任务完整性、任务重要性、工作自主性和工作结果反馈。其中，前三个方面能让员工体验到所从事工作的意义；工作自主性使员工体验到对工作结果需承担的责任；工作结果反馈使员工了解到自己工作的真正结果与成果状况。在管理实践中，要发挥高度的内在工作激励效应，提高员工对工作的满意度，进而降低缺勤率与离职率，带来高质量的工作绩效，这五项要素还受到工作人员的能力与技术、个人成长需要的强烈程度和背景条件的满足三项调节因素的影响。

三、组织的人力资源养护方法

（一）提高员工地位

提高员工地位是指让员工在一定程度上参加组织的决策过程及各级管理工作，让下级和员工与企业的高层管理者在平等地位的基础上来研究和讨论组织中的重大问题。其核心是员工有权参与涉及他们自身利益问题的决策和管理。通过参与管理，员工可以感知上级主管的信任，从而体验出自己的利益与组织发展密切相关而产生强烈的责任感；同时，参与管理为员工提供了一个赢得他人重视的机会，从而给人一种成就感。员工因为能够参与商讨与自己有关的问题而受到激励。可以说，参与管理既对员工个人产生激励，又为组织

① 戴维·坎贝尔．人生道路的选择．陈望衡，译．长沙：湖南人民出版社，1987：83-84.

② E.H.薛恩．组织心理学．余凯成，等，译．北京：经济管理出版社，1987：110.

的目标实现提供保证。

在我国企业中，常见员工参与形式包括职工代表大会、厂务公开等。

1. 职工代表大会[①]

在我国，职工代表大会是最常见的一种员工参与管理形式，也是我国国有企业实行企业民主化管理的基本形式，是员工行使民主管理权力的机构。按照我国的有关规定，企业要建立和健全职工代表大会和其他民主管理制度，保障工会组织和员工代表在审议企业重大决策、监督行政领导、维护员工合法权益等方面的权力，发挥其应有的作用。

职工代表大会是由民主选举的员工代表组成的。其工作机构是企业工会，具有下列六项具体职权：(1) 审议权。审议企业的改革方案、财务报告、生产经营重大问题的决策方案，并提出意见和建议。(2) 同意或否决权。审查同意或否决工资调整方案、奖金分配方案、劳动保护措施、奖惩办法、重要的规章制度和集体合同方案。(3) 决定权。审议决定涉及职工生活福利的重大事项。(4) 监督权。评议和监督企事业单位的领导干部，听取企业业务招待费使用情况和企业领导人员个人廉洁自律情况的报告。(5) 选举权。依照有关规定，选举企事业单位的领导人员，选举参加董事会、监事会和平等协商的职工代表。(6) 检察权。组织职工代表检查职工代表大会决议的执行情况。集体企业的职工有权选举和罢免管理人员、决定经营管理的重大问题。

建立现代企业制度必须进一步坚持和完善以职工代表大会为基本形式的员工民主管理制度，突出工会的职能，加快民主化建设的进程，密切与员工的联系，维护员工的合法权益，保护和调动员工的积极性，增强企业凝聚力、创造力和经济效益。

2. 厂务公开

厂务公开就是把企业重大决策、生产经营管理的重要问题、涉及职工切身利益的问题以及与企业领导班子建设和党风廉政建设密切相关的问题，根据有关法规和制度，通过职工代表大会、厂务公开栏等多种形式，向企业广大职工公开，使职工及时了解厂情，更好地参与企业决策、管理和监督。

厂务公开是广大企业和职工，根据党的十五大提出的“扩大基层民主，保证人民群众直接行使民主权利，依法管理自己的事情”的要求，在深化改革中创造的一种实现职工参与企业民主决策、民主管理和民主监督的有效制度，也是基层民主政治建设的好形式。

厂务公开的主要载体和基本形式是职工代表大会。厂务公开的内容主要包括：

(1) 企业重大问题决策公开。这包括企业发展目标和长远规划、重大投资、财务预决算、企业改制方案等。

(2) 企业干部的选拔、任用和管理公开。这主要包括各岗位干部的任用条件、程序、结果，企业职工代表大会民主评议领导干部的标准、程序、结果等。

(3) 涉及职工切身利益的问题公开。这包括职工工资、奖金分配、保险福利情况、劳动保护措施、职工培训计划、职称评定、奖惩晋级、农转非、劳动用工、下岗分流以及集体合同的签订等。

(4) 企业经营状况公开。这包括企业盈亏情况、大宗原材料的采购供应、企业业务招待费使用情况等。

---

① 程延园．员工关系管理．上海：复旦大学出版社，2004：88-89.

（5）企业干部收入和待遇公开。包括领导干部工资、奖励收入、年薪制实施及考核情况，住房、交通通信工具的配置以及费用支出、出国境情况等。

（二）搞好劳资协商

劳资协商是指劳动者与用人单位就有关企业生产经营和职工利益的事务，平等地交涉、对话和商讨，以实现相互理解和合作，并在可能的条件下达成一定协议的活动。

劳资协商的方法在处理企业劳动争议中使用的频率相当大。国外的劳资协商模式主要有以下几种。

1. 劳资共决

劳资共决制主要是德国采取的方法，在其他西方发达国家也很有影响。它通过“伙伴式”的对话关系解决彼此之间的利益对立，协调彼此之间的权利和义务。主要操作规程如下：

（1）企业成立由工人代表参加的监事会，且监事会中工人代表的名额与资方代表对等，监事会对有关争议问题的决议必须以 2/3 通过方为有效。

（2）在监事会外，还有工人代表参加的管理协商会议，可对有关争议问题进行协商，形成强有力的决议和结论。通过这两种组织，工人可以就与资方争议的问题充分发表自己的意见。

（3）对有关争议问题的解决，与资方形成共同决定或决议。

2. 劳资对话

劳资对话制主要是日本企业使用的方法，主要操作规程如下：

（1）企业成立协议会，由董事长、管理部门的代表和工人代表组成。

（2）协议会主要站在协调者的角度和立场就劳动过程中发生的各种争议或问题展开劳资双方的对话，以求得问题的解决。

3. 工人代表

工人代表制在美国部分企业中较为流行。工人代表可以在企业定期举行的会议上把有关争议问题带给企业最高管理者，发表工人们自己的意见和看法，使管理者在处理企业劳动争议时能充分听取工人们的意见。

本章小结

人力资源养护是人力资源开发与管理的重要内容。本章从宏观和微观角度全面阐述了人力资源的自然养护、社会养护和组织养护。职业病的预防、意外事故的预防及工作压力的克服构成了人力资源自然养护的内容。社会保险的三大内容——医疗、失业、养老保险，以及生育保险、工伤保险构成人力资源社会养护的主要方面。员工归属感、满意度管理与员工参与构成了组织养护的主要内容。

关键概念

人力资源自然养护　　职业病　　工作压力　　人力资源社会养护　　医疗保险
失业保险　　养老保险　　工作满意度　　员工参与　　劳资协商

复习题

1. 简述人力资源的养护方式。

2. 人力资源的社会养护主要包括哪些内容？

3. 简述中国现行的养老保险制度。

4. 员工工作满意度对人力资源开发与管理具有哪些重要意义？如何提高员工工作满意度？

讨论提高题

1. 如何看待人力资源养护在理论和实践方面的意义？

2. 如何完善我国的失业保险制度？

3. 试述人力资源社会养护的内容。

本章学习案例

还要开胸验肺吗

——职业病保障制度之殇

职业病是在各种用人单位中工作的劳动者在职业活动中因接触粉尘、放射性物质和其他有毒、有害物质等因素引起或工作对人体损伤而导致的疾病。职业病是工伤的一种特殊形式，一经认定，患者应当享受相应的工伤待遇。

一、概述

张海超是河南省新密市刘寨镇老寨村一名普通农民，2004 年 6 月到位于新密曲梁乡的郑州振东耐磨材料公司打工，先后从事杂工、硅石破碎、开压力机等工作，这些工种均会接触到粉尘，属于有害工种。工作 3 年多后，他感到肺部不适和咳嗽，被多家医院诊断为职业病，但企业却拒绝为其提供鉴定所需相关资料。他向上级主管部门多次投诉后，郑州职业病防治所为其做出了“无尘肺 0 期（医学观察）合并肺结核”的诊断。为了找出真相，2009 年 6 月 22 日，张海超不得不在郑州大学第一附属医院（以下简称郑大一附院）进行第一次开胸验肺，但结果依然没有得到郑州市职业病防治所的认同。2009 年 7 月 26 日，为了维权的张海超称：“必要时愿意二次开胸验肺。”

二、用人单位私扣尘肺复查通知并拒绝配合鉴定

被多家医院鉴定为职业病——尘肺后，张海超回忆起：2007 年 1 月振东公司曾在新密市卫生防疫站为职工做过体检，还拍了胸片，但当时并没有得到诊断结果或任何通知。于是，2009 年 1 月 6 日张海超到新密市卫生防疫站查询，防疫站告知在 2007 年拍胸片时就发现其肺有问题，并通知单位让其去复查。随后张海超又找到单位询问，才知道单位私自扣下了多名有问题的工人的复查通知。用人单位的这一行为，也使得张海超丧失了及时治疗的机会。不仅如此，当张海超怀疑自己患上尘肺病，找到职业病法定诊断机构——郑州市职业病防治所，希望申请职业病鉴定时，对方要求他提供职业史、职业健康档案等材料。而此时的张海超已经辞职离开了振东公司，公司拒绝为其提供任何材料，最后干脆不承认他曾是本公司的员工。由于无法提交鉴定所需材料，职防所没有受理张海超的鉴定申请。

三、职业病防治所鉴定为“无尘肺 0 期（医学观察）合并肺结核”

由于振东公司单方不配合，张海超无法到职防所进行鉴定，而其他综合类医院又无权对职业病进行鉴定，无奈之下，2009年年初张海超只好频频到新密市政府有关部门上访，甚至不惜采取过激行动。直到2009年5月，新密市信访局终于表态，让郑州市职防所为其进行鉴定。5月25日，郑州市职防所出具了诊断证明，让张海超震惊的是，鉴定结果是“无尘肺0期（医学观察）合并肺结核”，即不属于职业病，给出的意见是进行肺结核诊治，建议到综合医院进一步诊治。由于不能接受这一出人意料的结果，6月9日，张海超揣着借来的6 000多元钱又来到郑州市职业病诊断鉴定委员会申请鉴定，但他发现这个机构与郑州市职防所同在一栋楼里。工作人员告诉他：“我们不太可能推翻自己的诊断。”同时，负责协调的新密市信访局也认为按照现行法规，郑州职业病防治所的诊断才是具有效力的，也只认同郑州职防所的诊断结果，因此张海超再次陷入索赔无门的境地。

四、“开胸验肺”一波三折，真相水落石出

在走投无路的情况下，张海超于2009年6月22日，不顾家人的反对、医生的劝阻和“有可能下不了手术台”的风险，在郑大一附院进行了“开胸验肺”手术——就是从右胸旁打开一个洞，取出肺切片进行活检。为了省1 000元钱，他要求不使用止痛泵。结果一打开他的胸部，医生就发现了他肺上的大量粉尘，肉眼可见。医生为张海超做了肺部切片检验，排除了肺结核的可能。在郑大一附院出具的张海超的“出院诊断”中载明：“尘肺合并感染。”医嘱第一条就是：“职业病防治所进一步治疗。”

张海超这一悲壮的行为引发了媒体的关注。随着事件的升温，2009年7月24日，卫生部督导组介入调查。3日后，确诊张海超为三期尘肺病。河南省新密市劳动局认定为工伤，通过伤残鉴定后他可以享受工伤待遇。2009年7月28日，河南省卫生厅追究郑州市职业病防治所、新密市卫生防疫站等相关单位和人员责任，郑州市委对相关责任人做出处理决定。随后几年中，张海超接受了多次手术，并与振东公司签订赔偿协议，最终获得120万元赔偿。其4名工友也因患尘肺病获得该公司共计100多万元的赔偿金。

但事情并未就此了结，7月31日，河南省卫生厅对为张海超“开胸验肺”的郑大一附院进行了通报批评，称该医院无职业病诊断资格，却违规对张海超“开胸验肺”。这一决定再次引发热议，为职业病受害者未来的维权之路蒙上了阴影。

思考题：

1. 若被认定为工伤，职业病患者依法可以获得哪些待遇？

2. 本案例中医院为其“开胸验肺”之举，是否违法？卫生厅对医院进行通报批评是否合理？

3. 按照修正后的《职业病防治法》等有关规定，你认为最后的处理结果是否合理？为什么？

第五章

人力资源开发与管理战略

本章要点

◇人力资源战略的含义与背景
◇人力资源市场化战略
◇人力资源教育与能力提升战略
◇我国的就业战略
◇人力资源管理战略原理
◇组织人力资源战略的实施

本章引例

李克强谈“人口红利”转变为“人才红利”

今年年初和近几个月，中国经济一些指标出现小幅波动，但经济运行仍处于合理区间。有波动是难免的，类似波动在去年也发生过，其他国家的增长也不是一条直线。我们提出中国经济运行要保持在合理区间，今年增长的预期目标是7.5%左右。请朋友们注意，这里有个“左右”。也就是说，只要就业比较充分、物价比较稳定、居民收入同步增长、生态环保取得积极成果，经济增速比7.5%高一点、低一点，都是可以接受的。对于中国政府来说，最关注的还是就业。今年以来，虽然经济增速有所放缓，但就业不降反增。1—9月，城镇新增就业超过1 000万人，与去年同期相比多增了十几万人，31个大城市调查失业率保持在5%左右。

经济发展不是短跑，而是没有终点的长跑，要有一定的速度，但更重要的是看耐力和后劲。中国经济增长的质量效益在提升，这是我们希望看到的。服务业比重继续上升，电子商务、物流快递等新兴业态快速发展，高技术产业和装备制造业增长快于整个工业，产业结构调整优化“跨了栏”。节能减排也交出一份好的成绩单，上半年单位GDP能耗同比下降4.2%、碳排放强度下降5%左右，是多年来最大的降幅。我们的居民收入持续增加，消费需求平稳增长，特别是大众消费快速上升，人民群众得到了实实在在的好处。

中国经济能有这样的表现，主要靠的是改革创新。面对经济下行压力，我们没有实行“大水漫灌”式的强刺激，没有放松银根和扩大赤字，而是强力推改革，在加快行政、财税、金融、投资等重点领域改革的同时，改革和创新宏观调控方式，实施结构性调控，也就是在区间调控的基础上进行定向调控。改革对经济也是一种刺激，能够再造微观基础，优化宏观环境，激发巨大市场活力和社会创造力。我们推出一系列激活力、补短板、强实体的改革措施，就是要释放改革这一发展的巨大红利。

今年以来，中国政府继续带头自我革命，大幅度简政放权，推进市场化改革，让更多的人、更多的企业展现创造创新的活力。今年3月，全面推行了工商登记制度改革，半年多来新设立的市场主体“井喷式”增长，同比增幅超过60%。这些新设立的企业大多属于小微企业和服务业，带动了上千万人就业，而且成长性强，是中国经济增长新的支撑力量。我们不仅降低市场准入门槛，采取“雪中送炭”的政策支持这些新设企业，还加强事中事后监管、创造公平竞争的市场环境，织密社会保障安全网、让创业创新者无后顾之忧，培植企业健康成长的沃土。

谈到这个话题，我想起歌德曾经说过，“你若喜爱你自己的价值，你就得给世界创造价值”。创新创造是人类共同的理念和追求。我们采取这些改革创新举措，就是要让市场新生力量站稳脚跟、发展起来，也让更多的人看到希望、敢于跟进，在中国大地形成大众创业、万众创新的热潮。掀起这股热潮，让每个人都有机会实现成就事

业、精彩人生的梦想，这可以把我们的“人口红利”转为“人才红利”，也可以完善收入分配、促进社会公平，更好实现经济可持续增长、人的全面发展。

资料来源：李克强在中欧论坛汉堡峰会的演讲. 新华网，2014-10-12.

第一节　人力资源开发与管理战略的基本分析

战略是对事物总体性的、全局性的宏观把握，是对一事物未来和长期发展的引导和调节。具体到人力资源战略，它是关于人力资源开发与管理的总体性的、着眼于未来和长期的一种谋划，通常从一个国家、组织的“使命”高度进行界定。下面从宏观和微观两个层面来理解人力资源开发与管理战略的具体含义。

一、人力资源战略的宏观背景与含义

（一）我国的人才强国战略与人才规划

人力资源不仅是一国经济发展的资源和动力，更是社会发展的基础。任何一个国家要取得经济社会的持续、良性发展，都应首要解决好人力资源的开发与管理问题。当今世界各国都把人力资源作为战略性问题来考虑，制定和实施各种人力资源政策，实行各种相关的经济政策、社会政策和技术政策，以促进人力资源的充分开发与合理利用。

就我国而言，改革开放以来保持了平均8%的GDP高增长率，这与我国的人力资源开发与管理战略密不可分。至今，我国经济社会发展保持良好势头，并正在为2020年实现GDP比2010年翻一番和在21世纪中叶达到世界中等发达国家水平的宏伟目标而努力，这更需要人力资源战略对此做出贡献。2003年，中共中央召开“人才强国战略”会议，把人力资源开发与管理问题进一步提升到国家战略的高度。

（二）人力资源宏观战略的含义和内容

宏观的人力资源开发与管理战略是对一个国家或地区的人力资源状况及其发展进行总体上的规划和调节，主要包括人力资源市场化战略、教育与能力提升战略和就业战略等。

二、人力资源战略的微观背景与含义

（一）人力资源微观战略的产生背景

对“战略”与“人力资源”的研究大量出现在企业经营管理这一微观层面，是伴随着企业的经营环境变化与市场竞争而出现的。在当前经济全球化与资源全球流动的开放市场格局下，企业的经营范围与方向必须与不断变化的外部环境相适应，尤其是与市场特征和顾客的期望相适应。一般来说，组织战略主要包括企业的经营范围、企业对资源的配置和企业自身的竞争优势三个方面的内容。企业的经营范围限定了企业从事经营活动的领域与特定市场，反映了企业对外部环境与条件的要求，以及所处的行业、产品和市场状况。企业对既定资源的安排效率直接影响着企业实现目标的程度。当企业的环境发生变化时，应当对现有的资源配置方式进行调整，以支持战略变化。竞争优势是指企业通过其资源配置模式与经营范围的决策，形成的相对于其他竞争对手的强势地位。这种竞争优势可以来自企业在产品和市场上的地位，也可以通过企业对特殊资源的配置来达到。

（二）人力资源微观战略的含义与内容

越来越多的企业将人力资源视为自身能够成功必不可少的战略性因素，从而将人力资源开发与管理纳入企业的发展战略中，使人力资源问题不再位于组织的边缘而是处于组织的核心位置。尤其是企业面临危机或计划开拓新市场时，关于人力资源的开发与管理问题更成为高层管理者考虑的关键性问题。从微观层面来看，人力资源开发与管理战略就是要求组织的各项人力资源开发与管理活动都应与组织的总体战略完全统一，从企业经营的战略性目标出发来从事人力资源开发和管理活动，并对人力资源部门的工作方式进行改进。

第二节 宏观人力资源战略管理

一、人力资源市场化战略

（一）塑造现代劳动市场机制

随着经济体制改革和市场经济的全面推进，我国逐步形成了现代市场经济体制。现代市场经济体制的目标是公平与效率并行，基本特征是资源（生产要素）主要由市场配置，政府主要通过宏观调控来纠正“市场失灵”的情况。在我国走向现代市场经济的过程中，个人的就业选择权和用人单位的用人自主权得到承认和落实，职业介绍机构和人才交流中心在各地兴起并得到发展，逐步形成了人力资源由市场配置的现代劳动市场格局。

现代劳动市场的主要特征是形成城乡一体化、劳动力资源能够自由流动的市场，在这个市场上，工资能够反映出劳动力资源自身的市场价值。

1. *构建城乡一体化劳动市场*

伴随着经济改革而来的首先是城乡劳动市场的重组，大量的农村剩余劳动力流向城镇。人力资源流动是人力资源优化配置的一个极其重要的方面。在实践中，应大力增强人力资源的流动性，促进人力资源再配置，努力消除人力资源流动中的障碍，尽可能合理引导农村劳动力的转移流动。在实现人力资源有序流动的目标的过程中，应充分发挥市场机制和政府宏观调控的双重作用，消除人才的“身份”特征等流动障碍，解决人才流动的体制问题；做好区域性人才流动工作，创造西部地区的人才需求，开拓西部人才就业的岗位机会，解决我国人力资源供求的区域性失衡问题；加强政府对农村人力资源跨区域流动的宏观指导和协调，克服流动的盲目性和无序性。同时，应综合运用经济、法律及行政等管理手段，建立和完善相应的管理机构网络，保障农村剩余劳动力合理流动。

2. 开展劳动就业服务

我国的就业服务包括失业登记、职业介绍、就业培训、发放失业救济、开展职业技能鉴定以及进行农村劳动就业管理等，形成了一个劳动就业服务体系。其中，职业介绍是整个就业服务体系的核心与主体。我国目前设立有公共职业介绍所和劳动力市场，以及人才交流中心、人才市场等机构，开展职业介绍的各项工作，为求职人员、转业人员求职提供服务。此外，应继续大力发展由政府与民间举办的多种形式的劳动中介服务，进一步形成规范化、正规化，能切实提供就业信息、咨询、职业介绍、培训等的社会化就业服务体系，正确引导人力资源合理流动。

(二) 树立人力资源的市场观念

在市场经济体制下，作为人力资源所有者的个体应该转变观念，树立竞争、创新、开拓的市场主体意识，强化职业道德，积极主动提高自身的人力资源素质水平。

1. 树立积极就业的劳动参与观念

我国劳动市场上存在着自愿性失业类型。造成自愿性失业的主要原因在于人力资源拥有者的求职积极性或就业意愿不强，他们或者属于“丧失信心的求职者”，或者在主观上倾向于退出劳动力市场来换取更多的闲暇。自愿性失业这一现象会提高整个社会的失业率，导致社会惰性。因而许多国家的政府通常采取积极就业政策鼓励更多的人参与社会劳动。

但是，仅有政府政策的倡导与支持是远远不够的，还需要更新公民的思想观念。尤其是对丧失信心者，应鼓励他们参与就业技能培训；在传统的正规就业之外，积极寻求灵活就业、非正规就业形式及自主创业等新兴就业方式；有效运用社会信息、人才中介市场等。

2. 树立创业观念

在市场配置资源的模式下，政府不再提供就业的“铁饭碗”，劳动者与用人单位也不可能存在永久的劳动关系。劳动者在一生的职业生涯期间，难免面临就业难、结构性失业等职业困境。对劳动者而言，应开拓就业意识，树立自我创业、开拓事业的积极观念，缓解自身就业压力大、职业需求少的境况，并且主动寻求符合自身能力与工作意愿，有利于充分发挥自己才干的创业项目。对国家而言，也要进一步提升对创业的支持，如制定创业贷款资助、创业项目咨询与指导等扶持性政策措施，鼓励外商投资、吸引海外留学生归国创业、促进中小企业发展。

二、教育与能力提升战略

在当前开放的经济发展环境下，劳动的知识含量进一步增加，拥有高水平知识并充分发挥的人才得到了更高的人力投资回报，“知本家”正越来越成为经济发展和技术进步的中坚力量。在这一发展趋势的引导下，我国政府制定了一系列政策措施，对学历教育、职业能力提升与培训进行改革，以配合国家的中长期发展战略。

(一) 教育与职业能力提升战略

发展教育是提高人力资源就业素质和创业能力的有效手段。我国一直坚持“教育兴国”战略，将国民基础教育与高等教育放在重要位置，并在近几年加强了对学历教育和职业教育的改革。从数量上看，我国的教育经费进一步增加，达到了教育开支占 GDP 4%的目标，完成了在全国城乡普及九年义务教育和扫除青壮年文盲的目标，达到了基础教育的全面覆盖。从质量上看，各大院校强化教师的选拔、培训和国际交流，以提高师资水平；根据社会需要，改善课程的设置，强调教材、教法与教学内容的前沿性、时代性。从结构上看，国家已经进一步放宽政策，大力发展社会多种力量办学；全面推进高等教育体制改革，解决好专业招生体制与市场用人需求间的结构性矛盾。

对职业教育而言，主要以优质化和实用化作为职业技术教育培训的目标，强化职业技能教育在人力资源开发与管理中发挥更大的作用。一方面，坚持以市场为导向，注重技能教育与培训的针对性与时效性；另一方面，发展和完善作为“就业敲门砖”的职业技能资格鉴定和职业资格证书制度。2014 年 6 月，国务院颁布《关于加快发展现代职业教育的决定》，从多方面促进了职业教育的发展。

从人力资源开发与管理的长期角度考虑，还应进一步增强在岗人力资源的继续教育，使人力资源个体能够普遍接受终身教育，逐步形成学习型社会；在教育系统与政府部门及工会间建立新的伙伴关系，并与非政府组织、私营机构、社区等建立伙伴关系，共同推进教育发展。

（二）人力资本投资与培训战略

1. 卫生保健与职业保护投资

除了教育投资之外，卫生保健与职业保护也是人力资源开发与管理战略中不可缺少的一项人力资本投资。

卫生保健投资是通过对患者的医治和疾病预防措施，减轻或消除疾病对患者的侵袭，维持人的劳动能力。卫生保健投资包括医疗卫生部门人员的工资、医疗卫生设施、医用仪器设备及药品等。在某些种类的劳动环境中，存在着对人体有害的机械、物理、化学、生物等因素，可能使人遭受伤害或者患上职业性疾病，可以通过生产设备的安全技术装置、劳动环境监测和治理、个人劳动保护用品、有毒有害劳动环境的保健补贴等进行职业保护投资。一方面减少用于工伤事故、职业疾病的各种医疗费、补贴费、赔偿费和工时损失造成的经济损失；另一方面保护了人力资源，增加了产出。

2. 大力开展职业培训

我国已在国家层面倡导构建一种学习型社会，建议社会各个层面加强对人力资本的投资，并在各地开设具有一定规模、高质量的职业培训机构。突出对企业家、科技人员、管理人员等人力资源的在职培训与继续教育，增加对创业的培训投资，增加对农村人力资源的投资，大幅度提高农村人力资源的综合素质，促进农村现代化并保证转移进城的人力资源素质，以适应经济社会不断发展的需要。同时，还应加强针对新就业人员和被裁减人员的培训计划，采取多种办法帮助青年人、妇女和残疾人掌握就业技能。

三、我国的就业战略

（一）就业战略基本思路

在现代市场经济体制下，劳动市场、人才市场已经成为人力资源配置的主要手段，市场就业已经成为就业的主渠道。实现充分就业与公平就业是现代劳动市场的根本目标，也是市场经济国家就业政策的目标。为此，许多国家采取了积极的就业政策。1995 年，联合国“社会发展问题世界首脑会议”提出了《关于扩大生产性就业和减少失业行动纲领》。这个纲领将扩大生产性就业置于国家持续发展战略和经济社会政策的中心，并提出了四个方面的就业战略：其一，实施积极的就业政策，以实现充分的、生产性的、有适当报酬的和自由选择的就业；其二，把直接促进长期就业的计划放在国家财政优先考虑的地位；其三，把握贸易和投资自由化对经济和就业的影响；其四，建立适当的社会保障机制，减少结构性调整和改革措施对劳动力尤其是对弱者的不利影响，通过教育培训使他们重新获得工作机会。

从我国的失业率水平来看，城镇登记失业率比以往有所增长，应当加强失业预警，从多方面控制就业局势，以保持城镇和全国的就业形势稳定。我国多年来一直贯彻实行国家政策指导下的"劳动者自主就业、市场调节就业与政府促进就业相结合"的方针，以国家经济转型战略为根本，将就业政策作为国家治理战略的一个组成部分，支撑国家改革总体战略，并与其他领域的改革相协调。近年来，我国又增加了"促进创业"的方针。

(二) 农村劳动力转移战略

总体上看，我国农村劳动力转移包括就地转移、进入乡镇企业、进入小城镇和进入大中城市四种方式，原劳动部早在1999年的研究表明[①]，"离土不离乡"的就地转移模式占全部转移人口的60.1%，出本县、本省的劳动力仅占全部转移劳动力人口的24.9%。但是，随着大中城市就业需求量的扩大、新一代年轻农民的素质提高以及对"故土难离"传统的打破与城乡一体化劳动力市场的逐步形成，小城镇和大中城市对农村剩余劳动力的吸纳能力正逐步提高。这些进入城市的"农民工"积极填补了城市人不愿意从事的工作岗位，如建筑工人、保洁员、非技术工人等工作环境差、职业声望低、收入较少的职位空缺，为城镇化建设提供了充足的初级人力资源。

解决农村劳动力转移问题需要大力发展现代农村经济，推动农村城镇化进程。但最重要的一个方面是处理好农村进城人力资源和城市自身人力资源供给间的关系，加强对农村进城劳动力的总量调控，不断增强城市自身人力资源的竞争力。

(三) 大学生就业促进战略

20世纪90年代后期以来，我国高等教育迅速发展，在相当长时期内面临持续的大学生就业压力。我国对大学生就业促进的战略举措包括：出台大学生就业促进政策；进行高等教育改革，实行产学结合；强化大学生就业指导工作；提高毕业生就业素质；帮助毕业生树立市场观念；大力发展高等职业教育；出台促进大学生创业的各项举措；等等。

第三节 组织人力资源开发与管理战略

一、人力资源战略原理

(一) 企业类型和人力资源开发与管理战略

波士顿矩阵是关于企业经营、竞争性战略的学说，由汤姆逊提出，经珀塞尔等人进一

① 劳动部农村劳动力就业与流动研究课题组. 中国农村劳动力就业与流动研究报告. 北京：中国劳动出版社，1999.

步发展，用于企业不同管理环境下的人力资源战略和政策方面。

1．问题型

问题型企业也称为幼童型和野猫型企业。该类企业处于一个快速增长的产品市场中，其产品占有较小的市场份额。通常为了获得市场份额，企业的规范较少，也较少采取官僚主义的方法，而以灵活的、变动的和非正式的形式来管理企业。相应地，人力资源管理的特征就是团队的灵活性，强调非正式和开放的管理风格，鼓励雇员在合同之外做额外工作，组织的人力资源开发与管理较少。直线经理从事较多的人力资源管理工作，但缺乏人力资源业务指导。

2．明星型

明星型企业在快速增长的产品市场中拥有较高的份额。它们设有人力资源职能部门从事比较规范的人力资源管理活动，人力资源部门也有较高的地位。人力资源管理的首要职责可能掌握在直线经理手中。

3．现金型

现金型企业在低速增长甚至停滞的市场上占有很高的份额。它们具有秩序性、稳定性、可预测性和正式化的特点；其组织结构可能呈现高耸的形态，组织内部人员的等级层次多。由于任务和绩效之间的预期变动很小，所以运作缺乏灵活性。该类企业一般已经建立了比较完善的薪酬系统。人力资源的职能是使人员配置优化，高度强调专业性和在一定领域的超前发展。企业具有较高的收益，能够从事高成本的人力资源管理活动。

4．瘦狗型

瘦狗型企业增长速度缓慢或正在衰退，在市场中只占有少量份额，最缺乏竞争优势。处于这种十分不利的经营状况时，人力资源管理工作就要注重降低人工成本，要缩小规模、裁员、招聘短期员工、强化内部监督管理等。如果人力资源管理部门进行企业转型工作，还可能导致与一些部门和员工的冲突，并招致指责。

（二）组织发展阶段与人力资源开发与管理战略

许多美国的战略研究专家很早就把企业和产品生命周期战略模型应用到人力资源管理上。斯多利和西森则把这个模型和英国的雇佣背景联系起来，采用四阶段划分法分析人力资源战略。

1．导入期

在企业成长的早期，人力资源管理致力于灵活的工作方式、招聘和留住雇员、激励雇员努力工作和自我开发。雇主的目标是使雇员忠诚于企业。

2．成长期

在成长期，企业开始出现正式的政策和方法。这时，企业需要保持专业技能，并确保早期形成的雇员忠诚状态能够继续维持下去。这一阶段的人力资源管理任务是为企业战略的各个方面引入更加先进的方法和体制。

3．成熟期

随着市场的逐渐成熟，企业盈余达到最高峰，这时企业就需要评价和进一步完善自己的活动。在这一阶段，企业很可能形成一系列正式化的方案，这些方案往往具体到企业管理的每一环节。这一时期的人力资源管理集中体现在组织对劳动成本的控制上。

4. 衰退期

在企业的衰退过程中，会引发一系列问题，一些原有的问题也变得明显起来。在这一时期，企业人力资源管理的重点转到组织合理化和裁员增效方面。

（三）康奈尔战略特征模型①

美国康奈尔大学的人力资源专家，依据组织的人力资源开发与管理战略要点划分，提出了人力资源管理战略特征学说。它包括三种战略。

1. 诱引战略

诱引战略是通过高薪酬来吸引人才和培养人才，以形成一支高素质的人才队伍。在薪酬制度方面常采用的措施有利润分享计划、员工持股计划、奖励政策、绩效工资制、企业高福利等。但是，由于企业支付的薪酬较高，为了控制人工成本增长的势头，往往要严格控制员工数量，所吸引的员工通常是高技能、专业化的人才，招聘费用和培训费用相对较低，在日常管理上则采取以利益交换为基础的严密的科学管理模式。

2. 投资战略

投资战略是指为保证企业发展所需人才，通过聘用数量较多的员工，形成一个备用人才库的战略方式。这种战略注重对员工各种技能的培训，并注意培养雇主与员工间良好的劳动关系。在这种战略的指导下，人力资源管理人员担负了较重的责任，要保证员工得到所需的资源、培训和支持。采取该战略的目的是要与员工建立长期的工作关系，因此，此类企业重视员工，员工感到有较高的工作保障。

3. 参与战略

参与战略是指企业在战略决策中给予员工较多的决策参与机会和较大的参与权力，使员工在工作中有更多的自主权。企业采取这一战略，注重团队的建设、员工的自我管理和授权管理，重视与员工沟通的技巧，采取易被员工接受的解决问题的方法。为此，人力资源管理人员必须为管理者和员工提供必要的咨询和帮助。

二、人力资源开发与管理战略的主要内容

组织是进行人力资源开发与管理的主要场所。对企业而言，从战略高度理解并实施人力资源开发与管理，将其视为一项长期性的投资活动，有助于企业赢得竞争优势，获取可持续发展。图 5-1 直观描述了企业进行人力资源开发与管理的具体内容及对组织战略目标的贡献。人力资源开发战略主要包括创建学习型组织，对员工提供在职培训及关注员工职业发展。这些人力开发战略，一方面能够有效矫正员工的不当行为与对组织战略的偏离；另一方面也有助于提升员工的素质。人力资源管理战略主要包括人力资源规划战略、绩效与薪酬战略以及企业文化战略。人力资源管理主要从激励员工和塑造高绩效文化两个方面与组织战略相对接。

（一）人力资源开发战略

虽然企业在招聘阶段对人力资源的质量进行了筛选和考核，但是，随着员工在企业内工作岗位的变化及组织发展对员工素质的更高要求，企业仍需对在职员工进行素质提升和

---

① 滕玉成，俞宪忠. 公共部门人力资源管理. 北京：中国人民大学出版社，2003.

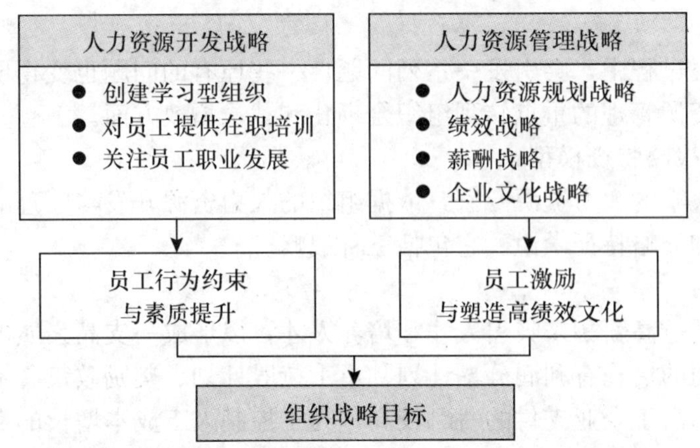

图5-1　人力资源开发与管理战略的主要内容及对组织战略目标的贡献

能力开发。

学习型组织是20世纪90年代由美国学者彼得·圣吉提出的一种管理理念。这种理念认为，企业通过创建学习型组织能够使员工具有战略性思考的能力，从而为实现组织战略目标而努力工作。创建学习型组织需要在自我超越、心智模式、共同愿景、团队学习和系统思考五个方面进行修炼。其中，自我超越是建设学习型组织的第一要务。管理人员应当为员工提供一种促进学习和促进寻求个人发展的氛围，使个人发展与组织发展相适应。心智模式是对传统思维方式的变革，传统思维方式通常按照现有的等级制度、工作内容和权职范围来考虑既定的行为规范，以过去的经验作为当前决策的依据。心智模式则要求员工采取公开、信任、有效利用信息的方法来合理推论和解决问题。学习型组织的第三项修炼是让员工建立个人愿景并与组织形成共同愿景。这一修炼是通过个人和组织对共同目标的认可，建立两者之间的合作伙伴关系，从而结成利益共同体。团队是介于个人与组织整体之间的组织单元。在团队中，每个个体作为团队成员都需要与同事进行沟通、合作，个人知识与能力水平通过团队工作得以发挥。上述四个方面的修炼都有赖于系统思考。系统思考引导人们具有全局视野，能动态、发展地洞察事情发展态势。系统思考的核心是反馈，即学习经验和学习他人。

在学习型组织的氛围中，企业应从人力资源投资和长期发展的角度对员工提供在职培训，提高不同层级员工对知识技能和管理经验的需求，并有效利用现代信息通信技术中的电子商务平台实现在线学习和网络学习，进行低成本、高收益的人力资本投资。除此之外，组织可以开辟多条职业发展通道，鼓励员工根据自身与组织发展需要，沿着管理型、技术型、专家型等不同职业发展阶梯实现自我发展。

（二）人力资源管理战略

人力资源管理战略与绩效管理、薪酬管理、企业文化管理等职能活动紧密关联。将这些管理活动上升到战略高度主要是将个人绩效转化为组织获取竞争优势的整体绩效，通过组织文化将个人价值观与组织整体价值观相融合，将对员工的薪酬回报看作激励员工产生更高绩效水平的杠杆。

绩效和薪酬战略是人力资源管理战略的核心，绩效和薪酬战略能够为管理者提供明确的效果和绩效导向机制，是非常有效的组织绩效提升机制。企业文化战略是在绩效和薪酬管理之外，从增强员工对组织的认同感和归属感的角度增强组织的稳定性，通过文化这只“看不见的手”来指导并塑造员工行为，增强企业竞争力。当企业文化与战略目标不一致时，文化就成为组织变革与发展的一种障碍。

三、人力资源开发与管理战略的实施

（一）环境分析

在环境分析中，往往要使用SWOT分析法。SWOT分析是一种目前战略管理中广泛使用的分析工具，它通过分析组织自己的优势（strength）与弱点（weakness），了解和把握外部的机会（opportunity）和规避威胁（threat），来制定合理的战略措施。进行SWOT分析时，其信息要通过有关搜寻技术获得，并通过一定的技术对其进行整合和区分出优先顺序。

外部环境分析的内容主要是组织环境整合分析，即PEST方法。从具体的角度看，主要包括：本组织所处的行业状况、生命周期、现状及发展趋势等；本组织在同行业中的地位和占有的市场份额；竞争对手的经营状况；竞争对手的人力资源储备和人力资源制度、人才政策；预计可能出现的新竞争对手等。

内部环境分析的内容主要包括组织的总体发展战略、员工对组织的期望和组织的凝聚力、组织对人力资源的塑造能力等。

（二）战略制定

1. 确定基本战略目标

人力资源管理的战略目标是根据企业战略大目标、人力资源现状及员工的期望综合确定的目标。它是对未来组织内人力资源所需的数量与结构层次，员工素质与能力，劳动态度与所要达到的绩效标准，企业文化与人力资源政策、人力资源投入的具体要求。

2. 战略内容分解

对人力资源管理战略进行分解是其得以实现的保障措施。分解的目的是解决“如何完成”“何时完成”人力资源管理战略的问题，即要将人力资源管理战略分解为“行动计划”与“实施步骤”。前者主要提出人力资源管理战略目标实现的方法和程序；后者则从时间上对每个阶段组织、部门与个人应完成的目标或任务做出规定，即把人力资源管理战略总体目标分解为细化的、具体的分层次目标、小目标。

为此，还要制定人力资源保障计划或配套计划，以使人力资源管理战略的实施无论是在政策、资源、管理模式、组织发展方面，还是在时间上、技术上都能得到必要的保障。

3. 与其他战略平衡

在这一阶段，要把人力资源管理战略与组织的其他战略如财务战略、市场营销战略等进行综合平衡。组织的各个战略来自不同的部门、不同的制定者，它们往往带有一定的部门特征和个人倾向性，过于强调各自的重要性，以争取组织的优惠与更多的资源。因此，组织必须对各项战略进行综合平衡，合理地使用企业的各种资源，使组织的总体战略目标和各部门战略得以实现。

（三）战略实施

在人力资源管理战略实施过程中，最重要的工作是日常的人力资源管理。它将人力资源管理战略与人力资源规划落到实处，并检查战略与规划实施情况，对管理方法提出改进方案，提高员工满意度，改善工作绩效。

在人力资源管理战略实施过程中，有许多资源可以利用，如信息处理的工具与方法、员工潜能的发挥、企业文化与价值体系的应用等。

协调组织与个人间的利益关系，是人力资源管理战略实施中的一项重要工作。如果这个问题处理不好，会给战略实施带来困难。过分强调组织利益而忽视个人利益，员工必然会产生不满；过分强调个人利益而忽视组织利益，则扩大了成本而给组织带来一定的效益损失。

（四）战略评估

人力资源管理战略评估是在战略实施过程中寻找战略与现实的差异，发现战略的不足之处，及时调整战略，使之更符合组织战略。同时，战略评估还要对人力资源管理战略的经济效益进行评估，分析投入与产出比。

（五）人力资源总监的作用

人力资源总监是组织中具有一定决策地位的准高层管理者。从总体上看，人力资源总监的角色是人力资源管理方向的引导者、制度的制定者、计划的审核者和运作的指挥者。其职能可以概括为以下几个方面：

1. 制定战略

人力资源总监的重大职能是对人力资源管理工作给出方向性、前瞻性的规划，根据组织战略的需要制定人力资源管理的纲领性制度和文件，从而对人力资源工作起领导作用。战略职能要解决如何依靠人力资源实现企业战略目标的问题，主要体现为人员选拔、使用、吸引人才，其中人员选拔是战略管理的起点。

2. 制定政策

战略的实现要靠政策来保证。政策制定也是人力资源总监的重要职责。在人力资源政策中，组织用工政策、员工分类政策、薪酬分配政策是三大政策，这三大政策是塑造企业经营机制的关键。就不同体制的组织而言，上述三大政策的差别巨大，甚至截然相反。

3. 建立制度

政策要通过规章制度来体现，人力资源政策也要通过人力资源规章制度的建设来落实。规章制度能够把组织内部的责任与权利安排结构化，从而为管理找到依据，保证人力资源管理有序进行。这些制度主要包括职务规范制度、员工甄选制度、培训开发制度、绩效考评制度、薪酬福利制度、劳动关系制度等。

4. 协调运行

在人力资源管理制度建立之后的运行过程中，指挥与协调是人力资源总监的日常性工作。这项工作可以分为推动运行和处理问题两个方面。推动运行是指人力资源总监参与人力资源的管理活动，当管理活动涉及核心人员补充、培训方式开发、激励制度、人工成本控制等问题时，人力资源总监必须直接过问和指导业务运行。处理问题是指人力资源总监对人力资源管理的控制，协调人力资源部门与其他部门的矛盾。

5. 指导技术

人力资源总监具有人力资源管理专门能力，同时对组织的经营管理情况有着总体认识，因而能够与其他部门进行工作协作，提供有关建议，对员工选拔、培训、评估、奖酬、晋升和辞退等工作进行技术指导。

6. 承担责任

人力资源总监是人力资源职能部门的直接领导，负责指挥人力资源部门开展工作，在计划、组织、领导、控制上保证人力资源部有效发挥作用，拥有人力资源政策、制度、计划的审定和复核权，以及重大人力资源工作的直接指挥权。同时，作为企业员工管理的最高分管领导，在组织中承担该方面的工作责任。

本章小结

本章全面、系统地介绍了人力资源开发与管理战略，包括产生的背景及包含的主要内容。宏观人力资源战略主要是从国家层面分析人力资本投资战略、职业能力提升战略与就业战略；微观人力资源战略则从组织层面阐释不同的战略理论及相关操作。

关键概念

人力资源开发与管理战略　人才资源市场化战略　人力资本投资战略　职业能力提升　就业战略　康奈尔战略特征模型　人力资源开发战略　人力资源管理战略　环境分析　人力资源总监

复习题

1. 宏观人才开发战略包括哪些内容？
2. 简述人力资源开发与管理战略。

讨论提高题

1. 结合某一企业的情况，谈谈人力资源战略如何推动企业战略的实施。
2. 谈谈我国的人才强国战略与人力资源开发政策。
3. 如何看待大学生就业难问题？试列举几条具体的解决措施。
4. 如果你担任某企业人力资源总监，你将做哪些工作？

本章学习案例

海尔总裁张瑞敏言：裁一万中层不多，不裁就会死！

媒体对海尔的“裁员”情况一直颇为关注。截至 2014 年 5 月，海尔在不到两年的时间里，在册员工总数由 86 000 人减至 64 995 人。这一举动被媒体形容为“清洗”，海尔为何大幅裁员，清洗中层？未来还会不会持续？6 月 27 日，由艾丰经济发展研究院主办的首届“中国创新发展论坛”上，海尔集团董事长张瑞敏对此做出了回应。与预料的不同，张瑞敏再度语出惊人：“去年裁掉 1.6 万员工，海尔今年还要大刀阔斧，裁掉 1 万名以中层管理者为主的员工。”

“就像狄更斯的《双城记》开头写的那样‘这是最好的时代，这也是最坏的时代’。”海尔集团总裁张瑞敏，以这样的句子作为有关海尔互联网转型演讲的开头。在他看来，在这个颠覆的时代，传统企业“规模与范围”的驱动力已经被颠覆，现在企业的驱动力变为“平台”，平台就是快速配置资源的框架。“最典型的例子就是电商，阿里销售额可以做到1万亿元，但全世界实体店能做到1万亿元的只有沃尔玛。”

“如果我们跟上这个时代，这个时代就是最好的，如果我们不能跟上，对我们就是最坏的。”张瑞敏这样阐释自己对于这句被频繁引用的开篇语的理解。而在他口中“即将被颠覆”的海尔从去年开始已经酝酿了一场疾风暴雨似的改革，与商业模式转型相伴而来的是组织结构的大幅压缩与扁平化，这场变革导致在海尔工作的近三万人会在两年内失去自己赖以维生的工作。

海尔内部的“三种人”

而经典的经济学、管理学理论在飞速发展的互联网时代已经失去了原有的效力。“首先，泰勒的科学管理理论被颠覆了。大工业时代，人是机器的附庸，需要流水线大规模制造，现在需要工厂与客户‘零距离’，需要的是大规模订制。”张瑞敏表示企业内部的组织形式也正在发生转变，“我曾拜访美国通用汽车，对方表示企业内部有14级层级。而现在互联网的‘去中心化’颠覆了这种层级结构，用户、员工都可以成为中心。”

对“金字塔”层级结构的颠覆促使海尔走向“扁平化”，海尔现在内部只有三种人：平台组、小微组、小微成员。它们之间不再存在上下级的关系。平台组主要是快速配置资源，小微组即海尔内部小的创业团队，小微成员是由小微组决定招募进组的成员。“这个非常难，海尔探索了很多年。”张瑞敏谈起时下在海尔内部展开的这场“断腕式”革命时，表情凝重。

“然后被颠覆的就是法国人法约尔的一般管理理论。互联网时代资源不再集中于某一地还是某一人，而是分布式的。”张瑞敏举了个例子，“现在有句话是说‘世界上最聪明的人不可能在你公司里’，因为都在网络上。所以我们之前研发部门都很神秘，现在则完全开放。我还专门为此去了麻省理工，对方院长非常欢迎。”

这事必须做，而且裁员数一点不算多

“把组织压扁了，这个任务是非常繁重，非常困难的，特别是在中国。”张瑞敏所说的“繁重与困难”可以通过海尔2013年的人力资源数据看到。“去年初海尔员工数量是8.6万人，年底减少至7万人，裁员比例为18%。”

组织调整“伤筋动骨”，似乎是全世界大企业的“通病顽疾”。张瑞敏称曾将组织调整的计划与IBM前任总裁郭士纳交流，对方称这也是其生平夙愿，然而直至离开总裁的职位也没有开始这项工程。

“我们也是思考了很多年，做了很多准备工作，去年才开始做。今年预计还要减少1万。”改革态度一直强硬的张瑞敏并非对外界的非议全无察觉，“外面很多人议论，太不可思议了，太危险。但是解析来看，这件事必须做，而且这个裁员数一点不算多。”

在张瑞敏看来“必须做”的理由有：第一，海尔外包的业务很多，非主业的、处于制造链劣势的都要外包出去，这部分涉及的员工数量很大；第二，智能化时代肯定要减人。海尔有个样本，以前一个车间108个人，现在没人，这在德国叫“黑灯车间”，因为都是机器人。

“你不做这个可以啊。去年美国已经回迁了二百多家企业，美国通用电气将大量热水器、洗衣机代工业务回迁到路易斯维尔。它发表了一篇文章，说在美国代工的产品比在中国的代工成本下降20%以上，题目触目惊心叫‘让中国制造一边去吧’。”张瑞敏语气沉重，“如果你今天不减少一些人，明天企业就不存在了。”

“是你今天转型好，还是明天成为‘底特律’好?”张瑞敏反问，“汽车之城”底特律的破产结局发人深省。

去掉中间管理层

“企业变扁了，中间很多管理层都要去掉。不是必须要去掉，是互联网逼着你去掉。举个例子，过去海尔全国有三万多个店，信息要一层层上传，县、市到地区，跟国家行政体系一样。现在有互联网了，所有的信息都可以上传到网上，那我何必让这些人弄?”张瑞敏说。

“这个量非常大，但是减人不是目的。目的是颠覆人的观念，以前企业是管控组织，现在企业是创业的平台，就是发动每个人去创业。”据张瑞敏介绍，海尔往“创投平台”转型已初见成效，三个“80后”员工的“雷神笔记本”便是一例。“这部分中间管理层下来了并不是被推到社会上，而是创造机会创业。有员工自己成立创业公司出去了，收入提高了很多。”

“所以，不管企业内部是减人还是加人，只要企业在发展，你就是在给社会创造就业、创造价值。”张瑞敏进一步解释道，“以前就说你是减人了，因为企业封闭，但现在看来不是这回事。”

最后，张瑞敏用黑格尔《小逻辑》里的一句话为演讲画上句号：“熟知并非真知。熟知是过去成功的东西，可能会束缚你，真知是真理，需要你去探索。”

资料来源：方雅. 张瑞敏回应海尔裁员一万中层：一点不算多，不裁员就会死. 凤凰网，2014-06-27.

思考题：

结合本章所学知识分析海尔集团裁员的原因、目标、方法与功效。

第二篇

人力资源开发

第六章

人力资源规划

本章要点

◇人力资源规划的含义
◇人力资源规划的原则
◇人力资源规划的程序
◇人力资源规划方法：需求预测法与供给预测法
◇人力资源规划后的总体思路

本章引例

10天制定规划的急活

老白在绿色化工公司人力资源部当助理，最近副总经理李勤委派他在10天内拟出一份本公司五年人力资源规划。老白认为要编制好这一规划，必须考虑下列各项关键因素：

首先，本公司现状。公司共有生产与维修工人825人，行政和文秘性白领职员143人，基层和中层管理干部79人，工程技术人员38人，销售员23人。

其次，据统计，近五年来员工的平均离职率为4%，不过，不同类员工的离职率并不一样，生产工人离职率高达8%，而技术和管理干部则只有3%。

最后，按照既定的扩产计划，白领职员和销售员要新增10%～15%，工程技术人员要增加5%～6%，基层和中层管理干部不增也不减，生产与维修工人要增加5%。

老白在10天后就得交出规划，其中包括要招收的各类人员的人数以及如何贯彻市政府关于照顾妇女与下岗人员的政策。

此外，绿色化工公司刚开发出几种富有吸引力的新产品，所以预计公司销售额五年内会翻一番，还得提出一项应变计划以应对这种快速增长。

老白该如何编制这份人力资源规划？

第一节　人力资源规划基本分析

一、人力资源规划的含义

对人力资源规划，可以从狭义和广义两个方面理解。狭义的人力资源规划是指企业从战略规划和发展目标出发，根据其内外部环境的变化，预测企业未来发展对人力资源的需求，以及为满足这种需求所提供人力资源的活动过程。广义的人力资源规划是企业所有各类人力资源规划的总称。按照规划的期限，可以划分为长期（五年及以上）规划、短期（一年及以内）规划，以及介于两者之间的中期规划。按照规划的内容，可以划分为战略发展规划、组织人事规划、制度建设规划、员工开发规划等。

不管是狭义的还是广义的人力资源规划概念，都包括以下四层含义：第一，人力资源规划的制定必须依据组织的发展战略、目标。第二，人力资源规划要适应组织内外部环境的变化。第三，制定必要的人力资源政策和措施是人力资源规划的主要工作。第四，人力资源规划的目的是使组织人力资源供需平衡，保证组织长期持续发展和员工个人利益的实现。

二、人力资源规划的作用

通过进行人力资源规划，企业可以解决以下几个问题：企业在某一特定时期内对人力资源的需求是什么？企业在相应的时期内能够得到多少人力资源的供给（这些供给必须与需求的层次和类别相对应）？在这段时期内，企业人力资源供给和需求比较的结果是什么？企业应当通过什么方式来达到人力资源供需的平衡？

具体而言，人力资源规划对企业的重要作用主要体现在以下几个方面：

（1）有利于组织制定与实施战略目标和发展规划。人力资源规划是组织发展战略的重要组成部分，同时也是实现组织战略目标的重要保证。

（2）能确保组织在生存发展过程中对人力资源的需求。人力资源部门必须分析组织人力资源的需求和供给之间的差距，制定各种规划来满足组织对人力资源的需求。

（3）有利于人力资源管理活动的有序化。人力资源规划是企业人力资源管理的基础，它由总体规划和各种业务计划构成，为管理活动（如确定人员的需求量、供给量、调整职务和任务、培训等）提供可靠的信息和依据，进而保证管理活动的有序化。

（4）有利于调动员工的积极性和创造性。人力资源管理要求在实现组织目标的同时，也要满足员工的个人需要（包括物质需要和精神需要），这样才能激发员工持久的积极性。只有在人力资源规划的条件下，员工对可满足自己的东西和满足的水平才是可知的。

（5）有利于控制人工成本。人力资源规划有助于检查和测算人力资源规划方案的实施成本及带来的效益。要通过人力资源规划预测组织人员的变化，调整组织的人员结构，把人工成本控制在合理的水平上，这是组织持续发展不可缺少的环节。

三、人力资源规划的原则

组织在制定人力资源规划时，应该注意下述原则：

（一）目标性原则

目标性原则，即人力资源规划的制定和实施要与组织的发展目标相统一。人力资源规划的应用范围很广，既可以运用于整个组织，也可以局限于某一部门或某个工作集体。但不管哪一种规划，都必须与组织的整体发展目标相统一，这样才能确保组织各项资源的协调，使人力资源的规划具有准确性和有效性。

（二）动态性原则

动态性原则，即充分考虑环境的变化，积极主动适应环境的变化。世界是变化的，事物是运动的，未来总是充满许多不确定的因素，包括内部和外部不确定因素。组织内部的变化涉及业务的变化（尤其是销售额的波动和产品的更新）、发展目标的更替、组织结构的变化和组织雇员的更换等；组织外部的变化涉及市场的变化、政府政策的变化、人力资源供求格局的变化和竞争对手的变化等。

为了更好地适应这些变化，作为面向未来、对组织绩效起着重大作用的人力资源规划，只有对可能出现的情况做出预测和应对，才能发挥好人力资源这一重要资源的价值和效用。

（三）兼顾性原则

兼顾性原则，即尽量达到组织和员工双方的共同发展。组织和员工共同发展是现代管理的一项理念，也是人力资源开发与管理的基本理念，因此，进行人力资源规划，不仅要为组织服务，而且要能促进员工的发展。在知识经济时代，随着人力资源素质的提高，员工越来越重视自身的发展前途，组织的发展也越来越离不开员工的贡献，两者是相互依托、相互促进的。在人力资源规划中，应当使组织和员工的利益都得到保证，从而达到组织和员工共同发展的结果。

四、人力资源规划的基础

人力资源规划同时包括对人力资源需求的预测和对人力资源供给的预测。这种预测，既包括数量的预测，也包括对人力资源质量的估计。所以，进行科学的人力资源规划需要以人力资源管理的其他职能活动为基础（见图 6-1）。比如，在进行人力资源供给预测时，应以对人力资源的宏观分析与个体分析为前提；进行人力资源需求预测时，应以特定时期组织的工作职位需求为基础。即科学的人力资源规划依赖于工作分析。进一步说，工作分析也是整个人力资源开发与管理的基础。

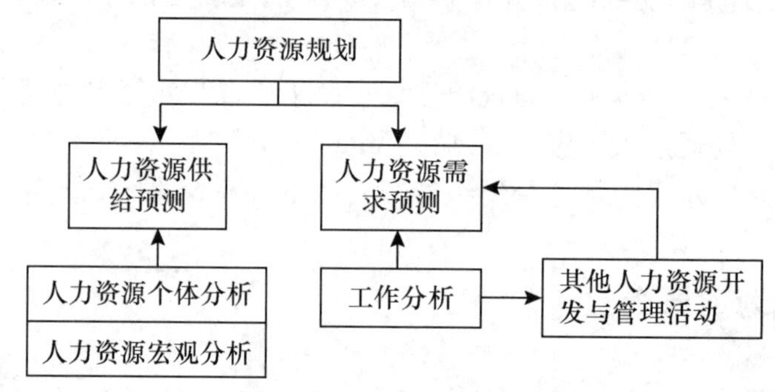

图 6-1　人力资源规划的基础

第二节　人力资源规划流程

人力资源规划的程序一般可以分为以下几个步骤：收集有关信息资料、确定人力资源净需求（人力资源需求预测、人力资源供给预测）、编制人力资源规划书、评估人力资源规划、反馈与修正人力资源规划，见图 6-2。

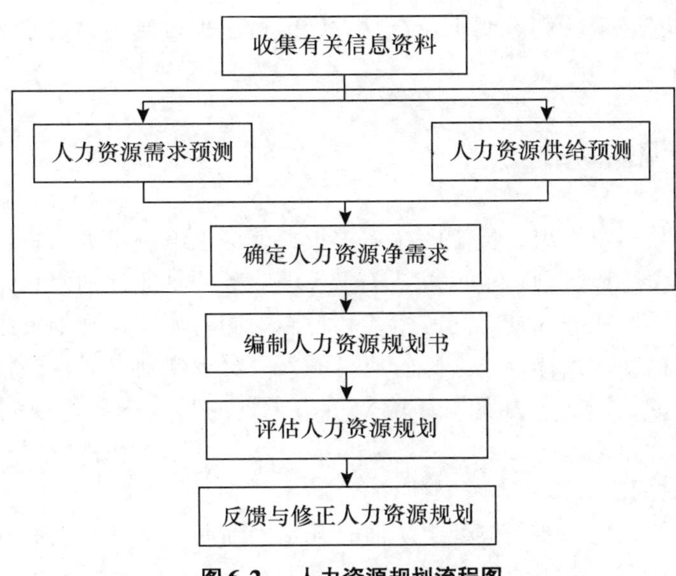

图 6-2　人力资源规划流程图

一、收集有关信息资料

人力资源规划的信息包括组织内部信息和组织外部环境信息。组织内部信息主要包括企业的战略计划、战术计划、行动方案、本企业各部门的计划、人力资源现状等；组织外部环境信息主要包括宏观经济形势和行业经济形势、技术的发展情况、行业的竞争性、劳动力市场、人口和社会发展趋势、政府的有关政策等。

二、确定人力资源净需求

人力资源净需求等于人力资源需求量与供给量的差额。确定人力资源净需求之前，必须先进行人力资源需求及供给预测。

人力资源需求预测包括短期预测和长期预测、总量预测和各岗位需求预测。人力资源需求预测的主要操作要点是先分别对组织中的当前人力资源需求及未来人力资源需求进行预测，并对未来人力资源的流失情况进行预测，最后得出人力资源需求的预测结果。从数值上来看，人力资源需求数的预测结果＝当前人力资源需求数估计值＋未来人力资源需求数估计值＋未来人力资源流失数估计值。

人力资源供给预测包括组织内部供给预测和外部供给预测。内部供给预测即根据现有人力资源及其未来变动情况，预测出规划期内各时间点上的人员拥有量；外部供给预测是在规划期内各时间点上可以从组织外部获得各类人员的数量。将组织内部人力资源供给预测数据和组织外部人力资源供给预测数据汇总后，便得出组织人力资源供给总体数据。

在组织员工未来需求和供给预测的数据基础上，将本组织人力资源需求的预测数与同期组织本身可供给的人力资源预测数进行对比分析，就可以计算出各类人员的“净需求”。即净需求数＝人力资源需求的预测数－组织本身可供给的人力资源预测数。如果净需求数是正值，则表明企业这类人员欠缺，需要通过招聘、企业内部晋升、调配等方式进行补充；如果净需求数是负值，则表明企业在这方面人员出现过剩，需要采取裁员、缩短劳动时间等方式进行精简。

三、编制人力资源规划书

根据组织战略目标及本组织员工的净需求量，就可以编制出人力资源规划书。人力资源规划书可以是一份总体规划，也可以是关于各项业务的具体计划。只是要注意总体规划和各项业务计划及不同业务计划之间的衔接和平衡，同时还应在规划书中提出调整供给和需求的具体政策及措施。具体说来，一份典型的人力资源规划书通常包括人力资源规划的时间段、计划达到的目标、人力资源环境分析、规划的具体内容、规划的制定者及制定时间。

（一）规划的时间段

确定规划时间的长短，要具体列出从何时开始，到何时结束。长期的人力资源规划可以长达 5 年以上；短期的人力资源规划，如年度人力资源规划，则为 1 年。

（二）计划达到的目标

确定达到的目标要与组织的目标紧密联系起来，最好有具体的数据，同时要简明扼要。

（三）人力资源环境分析

人力资源环境分析包括当前环境分析和未来环境分析。当前环境分析主要是在收集信息的基础上，分析组织目前人力资源的供需状况，进一步指出制订该计划的依据；未来环境分析是在收集信息的基础上，在计划的时间段内，预测组织未来的人力资源供需状况，进一步指出制订该计划的依据。

（四）规划的具体内容

规划的具体内容是人力资源规划的核心部分，主要包括项目内容、执行时间、负责人、检查人、检查日期、预算等。

（五）规划的制定者及制定时间

人力资源规划的制定者应当是一个部门。规划的制定时间主要指该规划正式确定的日期。

四、评估人力资源规划

在实施人力资源规划的同时，要对人力资源规划情况进行定期与不定期的评估。评估主要从以下三个方面进行：（1）是否切实执行了本规划；（2）人力资源规划本身是否合理；（3）将实施的结果与人力资源规划进行比较，通过发现规划与现实之间的差距来指导以后的人力资源规划活动。

五、反馈与修正人力资源规划

对人力资源规划实施后的反馈与修正是人力资源规划过程中不可缺少的步骤。评估结果出来后，应及时进行反馈，进而对原规划的内容进行适时修正，使其更符合实际，更好地促进组织目标的实现。

第三节　人力资源规划技术与方法

一、人力资源需求预测的方法

在预测组织人力资源需求量方面，有客观法和主观法两种基本方法，也可以分别称作统计法和推断法。

（一）统计法

统计法是通过对过去某一时期的数据资料进行统计分析，寻找、确定与组织人力资源需求相关的因素，确定各因素之间的相关关系，建立数学公式或模型，从而对组织未来的人力资源需求进行预测的人力资源规划预测方法。统计法是以过去的事实为依据的预测方法，包括多种方法，其中最常用的是趋势分析法、比率分析法和劳动生产率分析法。

1. 趋势分析法

趋势分析法是根据过去一段时间内的人力资源需求趋势来预测未来需求情况的方法。作为人力资源预测的一种工具，趋势分析法是很有价值的，但仅仅使用该方法是不够的，一个组织的人力资源使用水平很少只由过去的状况决定，其他因素（如销售额、生产率变化等）也会影响组织未来的人力资源需求。因此，该方法得出的结果，可以作为一种趋势来参考，而不能认为是完全准确而机械地加以应用。

2. 比率分析法

比率分析法是通过计算某种组织活动因素和该组织所需人力资源数量之间的比率来确定未来人力资源需求的数量与类型的方法。例如，教育部门的师生比、销售数量和销售人员数量比、单位食堂炊事人员与就餐人员比等。一些大企业有着严格的劳动定员管理标准，这些标准也可以看作是比率分析法的一种运用。

长期从事员工管理工作、具有实际经验的组织领导者，脑子里会储存工作定额、用人数量方面的标准信息。当一个组织的工作任务与条件有所改变、需要对人员数量进行增减或者对员工进行再配置时，这些标准就会在领导者的脑海里出现。他们把类似环境下类似组织的一些数据拿来作为参考，从而对本组织的人力资源需求量做出修正。一些岗位的资深人员也能够就此提出比较准确的估测值。

3. 劳动生产率分析法

劳动生产率分析法是一种通过分析和预测劳动生产率或劳动效率，进而根据目标生产/服务量预测人力资源需求量的方法。这一方法的关键内容是如何预测劳动生产率。如果劳动生产率的增长比较稳定，那么预测就比较方便，其效果也较好。反之，则效果较差。这种方法适用于短期预测。

（二）推断法

推断法是专家和管理人员运用自身知识、经验以及直觉，对未来的人力资源需求量做出推测、判断的方法。常用的推断法有自上而下法、自下而上法和德尔菲法。

1. 自上而下法

自上而下法主要依赖组织的高层领导者做出判断，这就要求领导者对组织的发展方向、各方面的情况、组织发展目标和运行情况有明确和清醒的认识。

2. 自下而上法

与自上而下法相对应的是自下而上法，它依赖的是各部门和各层级的直线经理，靠其经验和判断对未来人力资源需求量做出预测。这种方法一般用于简单的预测，只需清楚地了解当前的具体需求项目，而不必反映未来的和整个组织全局的目标。

3. 德尔菲法

德尔菲法是一种依靠管理者主观判断进行预测的方法。德尔菲是古希腊神话中可预知未来的阿波罗神殿所在地。美国兰德公司在20世纪40年代以“德尔菲”为代号，研究如何通过有控制的反馈更为可靠地收集专家意见，德尔菲调查法因而得名。

德尔菲法的具体做法是：专家们背靠背，分别提出各自的预测；调查组织者综合专家们的意见，并再次提供给专家（可以是另外一些专家），如此反复，直到形成可行的、一致的预测结果。在人力资源需求预测方面，德尔菲法具有方便、可信和在缺少资料、其他方法难以完成的情况下成功进行预测的优点。

二、人力资源供给预测的方法

（一）内部人力资源供给预测法

组织内部人力资源供给预测，即对未来本组织管理人员和技术人员可接续部分的计算。从总体上看，未来组织人力资源的内部供给，主要是现有各类岗位的人力资源数量减去晋升、调动、流出、退休后的数量，并加上由本组织内部变更而来的人员。

具体来说，人力资源内部供给预测的过程如下：

（1）确定预测人员的范围。

（2）估算各岗位未来的实际存留人数。

（3）评价和确定每一关键职位的接替人选。

（4）确定专业发展需要，并将员工个人目标与组织目标相结合。

（5）挖掘现有人力资源的潜力。

对本组织的人力资源向外流动，尤其是人才流动，要分析其流动即损耗的原因，并采取有针对性的措施给予一定的解决。从总体上看，人力资源流动的原因可以分为外界的吸力和内部的推力（即斥力）两部分。具体来说，主要有组织用人状况、工资竞争力、个人发展机会、组织文化、管理制度、人际关系、工作氛围等原因。

（二）外部人力资源供给预测法

根据组织的人力资源需求预测和组织人力资源内部供给预测的结果，可以计算出本组织在一定时期对人力资源需求的缺口。这一缺口要靠外部人力资源供给来满足。

为此，组织要对外部人力资源供给状况进行预测和规划，以获取自己所需的人力资源。组织进行外部人力资源供给预测，要考虑人力资源市场的状况和变动，对员工的资料进行收集和分析，并考虑经济、社会、文化因素对人力资源市场的影响，预测未来组织之间的竞争和合作状况，以决定组织未来的招聘方式和吸引人才的政策与方法。

此外，人力资源管理部门还必须对人力资源市场进行及时观察和把握，以防在补充人力资源时陷入被动。

第四节 人力资源规划后的总体思路

人力资源规划的目的是要通过搞好人力资源的开发和利用来满足组织的需求。在完成人力资源的需求与供给预测后，就可以根据供求关系来估算组织的人力资源基本态势，从而决定人力资源的调节数量。从总体上看，组织的人力资源调节可以分为人力资源短缺的解决和人力资源过剩的处理两类，同时也要注意现有人力资源的维系。

一、人力资源短缺的解决

在人力资源短缺的情况下，组织可以从三个方面提高生产能力。其一是增加工作设备或改进工作设备，对人力资源实现替代；其二是通过各种方式提高现有人力资源的工作能力；其三是增加人力资源投入。就后两个方面来说，其主要方法如下：

（1）挖掘现有岗位的有关潜力，增加工作负荷与设备产出率，提高绩效水平。这可以起到“不投入即产出”的功效。

（2）结合部门机构调整，对员工结构进行调整，将人员配置到空缺岗位上。

（3）培训员工，以提高其工作能力，尤其是对新设置岗位或技术更新后岗位的从业者给予大力度的培训。

（4）招收员工。为了使组织具有用工弹性，可以实行灵活的用工形式，包括正式职工、临时工和兼职人员。

（5）工作外包，即将工作交给其他单位完成。

（6）加班加点，延长工作时间。这只能是权宜之计。

二、人力资源过剩的处理

任何组织都会存在自己所使用的人力资源过剩、需要处理的问题。在当前国际性经济不景气和企业进行大规模兼并、重组和再造的形势下，在我国产业结构调整和国有企业转轨、转制的情况下，这一局面更为明显。在组织人力资源总量过剩及员工结构失调的情况下，就需要采用减少人员的政策。其主要方法有以下几个：

（一）裁员

裁员，即削减现行员工的数量。裁员的目的是企业要减少成本、维持效益，但从实践的角度看，裁员往往很难达到企业所预期的目标。其原因在于，裁员不能从根本上解决企业面临的问题。如果企业没有制定出适当的发展战略，而只是一味强调裁员、降低人工成本，根本不可能真正改善企业的经营状况。

（二）变相裁员

变相裁员可以在一定程度上缓解裁员的矛盾。尤其是我国处于体制转轨时期，社会保障还不健全，采取变相裁员的办法，可比通常的正规裁员更顺利地解决问题。变相裁员的主要方法有：

（1）鼓励员工辞职或停薪留职。为此，可以买断工龄或给予其他补偿。

（2）对富余人员实行下岗政策，交再就业服务中心和人才交流中心等机构安排。

（三）降低员工待遇

降低现有员工的工资待遇、减少福利，可以解企业的一时之急，但这只能是临时性的措施。

三、现有人力资源的维系

当供求对比表明将出现劳动力过剩时，限制雇用、减少工作时间、提前退休和解聘是改变这种状况必要的做法，而最终的办法可能是裁员。但解决这种问题更重要的方法是谋求组织的大发展。

（一）限制雇佣

当一个用人单位实行了限制雇佣的政策时，将通过不再补充已离开员工的做法减少劳动力，只有在组织的整体工作可能受到影响时才会录用新员工。

（二）减少工作时间

市场需求下降带来的反应也可能是减少工作时间。管理层可能决定将原来每位员工每周 40 小时的工作时间削减为每周 30 小时，实行部分工作时间制和临时归休制。

（三）提前退休

让现有的部分员工提前退休是减少工人数量的另一种途径。有些员工很愿意提前退休，但有些员工则不然。如果退休条件有足够的吸引力，则后者可能愿意接受提前退休。尤其是对年纪较大者，提前退休或实行内退的办法更合适。

（四）暂时解雇

有时，一个组织除了暂时解雇部分员工外别无选择。暂时解雇，意味着未来组织产生人力资源需求的时候，还会回雇这些员工。一般来说，资历最浅的员工最先被暂时解雇。在解雇管理人员和其他专业技术人员时，主要考虑其工作能力、业绩等方面的因素。在企业成立了工会的情况下，暂时解雇过程通常在劳资协议中阐述得很清楚。如果企业没有工会，暂时解雇可能由多种因素决定，如职位高低和生产率水平等。

本章小结

本章阐述了人力资源规划的含义和原则、人力资源规划的操作流程以及人力资源规划的需求预测法和供给预测法，并进一步分析了调节人力资源供求的各种具体措施。

关键概念

人力资源规划　人力资源需求预测　人力资源供给预测　人力资源净需求　统计法　趋势分析法　比率分析法　劳动生产率分析法　推断法　德尔菲法　人力资源短缺　人力资源过剩

复习题

1. 人力资源规划的内容是什么?
2. 人力资源规划的原则有哪些?
3. 人力资源规划的流程包括哪几个环节?
4. 人力资源供求预测的方法有哪些?

讨论提高题

1. 如何利用人力资源规划的技术与方法解决实际问题?
2. 用什么方法解决组织中的人力资源短缺和过剩问题?
3. 如何维系好组织中的人力资源?

本章学习案例

金海公司的人力资源规划

近年来，金海公司常为人员空缺所困惑，特别是经理层的人选空缺常使得公司陷入被动的局面。为此，金海公司最近进行了公司人力资源规划。

公司首先由四名人事部的管理人员负责收集和分析目前公司对生产部、市场与销售部、财务部、人事部四个职能部门的管理人员和专业人员的需求情况以及劳动力市场的供给情况，并估计在预测年度，各职能部门内部可能出现的关键职位空缺数量。

上述结果用来作为公司人力资源规划的基础，同时也作为直线管理人员制定行动方案的基础。但是在这四个职能部门里制定和实施行动方案的过程（如决定技术培训方案、实行工作轮换等）是比较复杂的，因为这一过程会涉及不同的部门，需要各部门的通力合作。例如，生产部经理为制定将本部门A员工的工作轮换到市场与销售部的方案，则需要市场与销售部提供合适的职位，人事部做好相应的人事服务（如财务结算、资金调拨等）。职能部门制定和实施行动方案过程的复杂性给人事部门进行人力资源规划也增添了难度。

金海公司的四名人事管理人员克服种种困难，对经理层的管理人员的职位空缺做出了较准确的预测，制定了详细的人力资源规划，使得该层次上人员空缺减少了50%，跨地区的人员调动也大大减少。另外，从内部选拔工作任职者人选的时间也减少了50%，并且保证了人选的质量，合格人员的漏选率大大降低，使人员配备过程得到了改进。人力资源规划还使得公司的招聘、培训、员工职业生涯计划与发展等各项业务得到改进，节约了人力成本。

金海公司取得上述进步，不仅仅是得益于人力资源规划的制定，还得益于公司对人力资源规划的实施与评价。

在每个季度，高层管理人员会同人事咨询专家共同对上述四名人事管理人员的工作进行检查评价。这一过程按照标准方式进行，即这四名人事管理人员均要在以下14个方面做出书面报告：各职能部门现有人员；人员状况；主要职位空缺及候选人；其他职位空缺及候选人；多余人员的数量；自然减员；人员调入；人员调出；内部变动率；招聘人数；劳动力其他来源；工作中的问题与难点；组织问题及其他方面（如预算情况、职业生涯考察、方针政策的贯彻执行等）。同时，他们必须指出上述14个方面与预测（规划）的差距，并讨论可能的纠正措施。

在检查结束后，这四名人事管理人员则对他们分管的职能部门进行检查。在此过程中，直线经理重新检查重点工作，并根据需要与人事管理人员共同制定行动方案。

思考题：

1. 金海公司经理层人员的空缺会对公司带来什么样的影响？人力资源规划在此发挥了什么样的作用？

2. 结合案例正文，谈谈为什么说“职能部门制定和实施行动方案过程的复杂性给人事部门进行人力资源规划也增添了难度”？

3. 假如你是金海公司的四名人事管理人员之一，你会怎么做来克服困难，完成人力资源规划？

4. 人力资源规划为什么会使一个公司的招聘、培训、员工职业生涯计划与发展等各项业务得到改进，并节约人力成本？

5. 对金海公司人力资源规划的实施与评价做出分析。

第七章

人力资源测评

本章要点

◇人力资源测评的含义与作用
◇人力资源测评原则
◇人力资源测评流程
◇心理测验法的分类与要求
◇面试的类型与步骤
◇评价中心法

本章引例

寻找效益的根源

丰源公司是一家小型民营企业，正处于二次创业的初始阶段。公司王经理拟招聘一位助手，但在如何选择上遇到了困难，于是请教某咨询顾问。丰源公司共有三个业务部门，部门A经营小轿车零配件的批发与零售业务；部门B经营出租车业务；部门C代理小轿车销售。部门A与部门B实行目标管理；部门C则实行承包制，有完全的工资及用人权力。

部门A经营状况还过得去，但销售额徘徊不前，利润水平不理想，应收账款有增大之势，部门A的经理似乎拿不出令人信服的方案。部门B的业务比较简单，主要是为出租车司机提供如保险、代缴各种费用、事故处理等方面的服务。部门B的收入来源于服务费，服务费的标准由相关管理部门制定。部门B应采取什么样的竞争战略，目前尚未形成明确的思路。部门C由于需要大量流动资金，因而占用了丰源公司的大部分资金，但其经营绩效并不理想，在与另一代理商的竞争中明显处于劣势，部门内部的销售人员缺乏培训。

总的看来，丰源公司目前的经营状况尚可。但王经理极具抱负，考虑到公司的未来发展，认为必须采取有力的措施，加强管理，使公司尽快成长，因此，他急需一位助手来协助他。但他缺乏选聘人才方面的专业知识。

他希望咨询顾问就以下三个问题提供建议：（1）他所需要的助手应该具有哪些素质要素？作为管理者应具备的素质很多，他应该如何选择呢？（2）他应该采取什么方法来测量这些素质呢？是采取简单的面谈法，还是采取复杂的评价中心法，或其他方法？（3）如果委托一家人才测评机构来测试应聘者，如何鉴别人才测评机构所设计的方案是可行的呢？

第一节　人力资源测评基本分析

一、人力资源测评的含义

人力资源测评是指以现代心理学、管理学、行为科学等理论为基础，通过心理测验、面试、情景模拟等多种手段、方法，对人力资源个体的与工作相关的知识、经验、技能、品德、智力等素质进行的测量与评价活动。这一定义揭示了人力资源测评的以下几层含义：

（1）人力资源测评的理论基础。作为一项操作性极强的管理职能活动，人力资源测评是以现代心理学、管理学和行为科学等学科对个体的行为研究作为理论基础的。关于个体素质（如品德、智力、技能、经验等）及测评方法（如心理测验、面试、情景模拟等）的理论与技术方法多来自心理学家与行为科学家的成果，以及他们在管理学上的应用与推广。

（2）人力资源测评的对象。人力资源测评主要关注的是与工作有关的员工素质。所以，必须强调的是，并不是所有素质都是人力资源测评的对象。人力资源测评仅测量那些与岗位工作要求相关的素质。素质是个体完成一定活动（工作）与任务所具备的基本条件和基本特点，是行为的基础与根本因素。素质通常包括生理素质和心理素质，人力资源测评更关注员工的心理素质，包括知识、能力与技能，以及个性、动机、价值观等。

（3）人力资源测评的环节。人力资源测评活动由两个环节构成：一是采用科学的方法，收集被测评者在相关活动领域中的表征信息；二是采用科学方法对其素质水平进行量值与价值判断。前一个环节是“测”的工作，后一个环节是“评”的工作。

（4）人力资源测评的方法。人力资源测评对个体素质的评估通常需要借助多种不同的方法，如心理测验、面试等。它们各有优劣及使用范围，共同构成了人力资源测评的方法体系。

（5）人力资源测评的应用。人力资源测评主要针对前来应聘的职位候选人或当前的在职员工，也就是说，人力资源测评主要应用于组织的人力资源获取或招聘环节，以及对在职员工的各方面管理，如员工培训、职业规划、考核以及员工关系管理。

二、人力资源测评的作用

在这里主要介绍人力资源测评对组织的作用。人力资源测评对组织的作用主要体现在它在其他人力资源管理活动中发挥的价值，见表 7-1。人力资源测评主要应用在人力资源获取、员工培训、员工职业规划、考核与绩效管理及员工关系管理中。对人力资源获取而言，将主观与客观评价相结合的人力资源测评有助于组织在选拔或内部提升候选人员时更加准确；在进行员工培训时，对在职员工进行素质测评，能更客观地把握员工的培训需求，并据此选择合适的培训方法与手段，提高培训收益率；利用测评手段，也能帮助员工明确自身的素质优劣，有助于他们确定未来的职业发展方向，制定不同时期的职业目标；测评与考核较为相似，都是对员工的评估，所以，针对员工素质的测评有助于改善组织的整体绩效水平；通过测评让员工知晓自身在部门或团队中的表现状况，有助于改善员工之间的关系以及员工对组织的忠诚度。

表 7-1 人力资源测评在其他人力资源管理活动中的作用

人力资源测评的应用领域	测评的价值
人力资源获取	主观评价与客观评价相结合，提升选拔准确率
员工培训	客观把握培训需求，丰富培训手段，提高培训收益率
员工职业规划	利用测评手段，确定职业方向，分解职业目标
考核与绩效管理	通过对个体能力进行客观评估与辅导，提升组织绩效
员工关系管理	通过测评改善员工关系

三、人力资源测评的原则

（一）整体性原则

人是一种复杂的客体，人的素质则是一个由许多方面构成的内容非常丰富、结构相当复杂的客体。因此，对人的素质测评必须有整体性，要从全局出发，分析清楚素质的结构，把握主要方面，不遗漏虽然相对次要，但在生涯的设计和调整中仍然发挥着相当影响的方面。

（二）目标性原则

素质测评是对人的素质所进行的了解和把握，这种测评从属于一定的目的，即基于用人单位以及员工个人的实际需要。对用人单位而言，有安排培训计划、选择提拔目标、招聘人员等需要；对个人而言，有选择所学习的专业、设计人生道路、选择工作岗位、考虑职业变动等需要。因此，素质测评要根据目标，即根据具体的测评需要确定测评的具体项目，再据此选择合适的测评工具和方法。

（三）鉴别性原则

测评是要观测一个人的具体情况，因此必须达到较好的测评鉴别性。从心理测量学的角度看，鉴别性好，就是要达到比较高的信度与效度。高的信度是指测评结果真实、可信，即可靠性高，“这一次进行的测评”能够正确地反映被测试的客体；高的效度是指测试结果区分度高和准确性高，能够很好地反映出被测评客体与一般客体、其他客体的差异。要达到满意的鉴别性，需要依靠测评工具的可靠性和测评方法的科学性。

（四）预测性原则

通过测评，除了能正确地反映被测评者的现行状况外，还应当能够对其素质（总体和某些主要方面）的发展做出判断，从而为个人的生涯设计与调整和用人单位的人力资源管理活动服务。

（五）易行性原则

科学不是越复杂越好，而是越简单、越明了越好。素质测评是为了观察、分析人，好的测评恰恰是应用比较简便易行的工具和方法而得到正确、满意的测评结果。

第二节　人力资源测评流程

一、明确测评目的

明确测评目的是设计测评方案的前提及基础。一般来说，人力资源测评有以下三个方面的目的：(1) 作为人力资源获取的依据；(2) 为人力资源的配置和使用提供参考；(3) 明确培训需求，检验培训效果。就某一具体的测评项目而言，还需结合现实，将测评目的细化，明确测评应该达到什么样的效果。

就人力资源获取而言，在开展测评时应当解决、明确以下问题：其一，测评在招聘的哪些环节发挥作用，发挥什么样的作用；其二，测评结果在招聘决策中占多大的比重；其三，测评应该具有多大的信度及效度等。

二、确定测评项目

在国际上具有权威性的加拿大《职业岗位分类词典》，对各种职业从业者的条件提出了需要把握的一般性内容，这是对人员测评的一般性项目。测评项目全面的内容包括能向（即能力）、普通教育程度（GED）、专门职业培训（SVP）、环境条件（EC）、体力活动（PA）、工作职能（DPT）诸项基本条件和兴趣、性格等参考条件。上述各项条件，按照各自程度和水平分别打分，区分为不同的等级。

所谓“能向”，即人们能力的特性与方向。在加拿大《职业岗位分类词典》的“资格检测表”体系中，能向的各个要素包括：(1) 一般能力，即智力要素，用 G 来表示。(2) 特殊能力，其要素分别为：V（言语表达能力）、N（数学计算能力）、S（空间感觉能力）、P（形体感觉能力）、Q（文书事务办公能力）、K（动作协调能力）、F（手指的灵活性）、M（手的灵巧性）、E（眼、手、脚配合的能力）、C（辨色能力）。每一种具体的职业，都有不同的职业能力的要求，这就要求从事某种职业的人具有特定的职业能力。人要走好自己的生涯之路，必须选择适合自身特点的职业，即达到人的各项条件与职业的要求相互适应。

职业资格检测表结构示例如表 7-2、表 7-3 所示。

表 7-2　　职业资格检测表一（能向水平）

职业名称	G	V	N	S	P	Q	K	F	M	E	C
矿物地质学家	1	1	1	2	2	3	3	3	3	4	3
行政官员	2	2	2	3	3	3	4	4	4	4	5
室内设计师	2	2	3	2	2	4	2	2	3	5	2

注：表中数字下面画线的是强制性标准。

表 7-3　　职业资格检测表二（其他项目水平）

职业名称	PA	EC	GED	SVP	兴趣	性格
矿物地质学家	L23467	B26	6	8	781	09Y41
行政官员	L47	16	6	8	781	0Y914
室内设计师	S-L4567	1	5	8	86	X9

三、把握测评重点

测评内容即需要测评的素质要素。测评内容要根据测评的目的而定，应尽最大努力使之具体明确，切忌抽象、空洞。测评内容只有方向明确、项目具体，测评活动才易于掌握和较好地付诸实施。要根据需求岗位的工作内容和被测评群体的特点，设计有针对性的测评项目。以下是各类人员测评的重点内容。

（一）技术人员测评内容

对技术人员来说，测评内容的重点如下：

(1) 智力水平，尤其是思维能力。

(2) 创造力。

(3) 与自己专业有关的特殊能力，如工程师应测试机械设计能力。

(4) 成就动机、意志、毅力等。

（二）管理人员测评内容

管理人员可以分为政府行政人员——国家公务员、企事业单位的管理人员和“自己做老板”几种。对管理人员来说，测评内容的重点如下：

(1) 智力水平。

(2) 言语能力。

(3) 责任心、意志。

(4) 人际关系能力。

(5) 个人修养、包容力。

(6) 竞争素质。

(7) 健康状况等。

（三）生产人员测评内容

对生产人员来说，测评内容的重点如下：

(1) 与工作内容密切相关的智力因素，如观察力、注意力。

(2) 与工作内容密切相关的特殊技能，如操作能力、空间想象能力。

(3) 责任感。

(4) 工作之中的交往、沟通能力。

(5) 身体素质等。

（四）服务人员测评内容

对服务人员来说，测评内容的重点如下：

(1) 与工作内容密切相关的智力因素，如观察力、注意力。

(2) 与工作内容密切相关的特殊技能，如言语能力、操作能力。

(3) 责任感、个人修养。

(4) 人际交往、沟通能力。

(5) 职业道德等。

四、设计测评指标

一般而言，素质测评需要针对每一素质要素编制评价项目，进而形成评价指标体系，并给出评定标准。评价指标体系科学与否，对测评的信度及效度具有重要影响。评价标准的确定力求客观、明确，对每一评价等级应有相对清晰的评价标准，不同的评价等级之间，应能明确地区分开来。若只是给出评价等级，如仅设立“优、良、中、差、不合格”五个等级，而没有明确的数量标准，或相应的代表性行为的描述，其评价效果肯定不佳。

如果是知识测验，则需精心组织命题，并给出评分标准。命题者对测评的目的及要求应有充分的认识，对知识本身也要有全面的理解。在命题时，应当遵循以下原则：(1) 代表性原则，即题目要具有代表性，能代表知识总体；(2) 难易适度原则，过于简单及复杂都不易区分被测评者间的差异；(3) 迁移原则，在试题中对知识迁移的考查要占有较大的比重，即注重考查对知识的学以致用；(4) 表述简明原则，即试题本身及答题指导语简明。

五、选择测评方法

(一) 测评方法的比较

选择测评方法是指对素质要素的测评方法进行比较、选择。某一素质要素可能有数种测评方法，这就需要对各种方法进行深入分析、比较，认真选择。在选择测评方法时切忌简单化或复杂化。比如，对心理健康水平的测评，可采用量表，也可采用面试的方法。倘若测评是针对企业管理者，仅采取面试的方法就过于简单；若是针对一般员工的招募，采用量表进行测评则可能过于复杂。

(二) 多评价主体

对某些素质要素的测评可能要选择多个评价主体。如对人的能力或工作态度的测评，往往需要由上级、同事、下级等多个评价主体来进行评价。

此时，应注意各个评价主体权重的分配。

(三) 成功测评方法的引入

需要注意，在其他地方成功的测评方法在本企业、本地区不一定有效，在引入新的方法时要对其进行验证，以确定其适用性。

六、组织实施测评

对测评的全过程进行过程管理，对提高测评工作的效率具有重要作用。过程管理的内容包括测评由哪个部门负责、具体的项目由谁负责、过程中由谁进行协调、测评者的选择与培训、表格设计、时间安排、数据的传递和处理程序等。测评的组织者应对测评的每一个环节、每一个方面精心设计，认真组织实施。鉴于人力资源测评在人力资源开发与管理中的重要性，企业应提高对人力资源测评工作的认识，加强对人力资源测评过程的组织与管理，以充分发挥人力资源测评的积极作用。

测评的设计者及组织者应对各类人员的素质构成以及各素质要素间的相互关系有深入的研究及认识，否则，测评过程将是低效率的。例如，对企业管理人员，人们可以轻松地列举出十多种素质要素，但在这些要素中，哪些是核心要素，各要素间的相互关系如何，哪些是名不同而实质上高度相关的要素，这些都要进行深入研究、分析。测评的设计者及组织者应注重对人员素质理论以及素质测评理论、技术的研究，成为这方面的专家，以便充分发挥人力资源测评的功能。

第三节　常见的人力资源测评方法

一、心理测验法

（一）心理测验法及其分类

所谓测验，是对行为样本的客观和标准化的测量。通俗地讲，是指通过观察人的少数有代表性的行为，对贯穿在人的活动中的心理或其他方面的特征，依据确定的原则进行推论和数量化分析的科学手段。

测验在人力资源开发与管理中通常指心理测验。按照心理测验中所测量的目标，心理测验可分为五类：（1）智力测验，测量被测评者的一般能力水平（即G因素）。（2）特殊能力测验，测量被测评者具有的某种特殊才能（即S因素），以及了解其具有的有潜力的发展方向。（3）成就测验，测量被测评者经过某种努力所达到的水平。知识是人在某领域的成就的反映，因而知识测验也可以纳入成就测验的范畴。（4）技能测验，即对被测评者熟练从事某种活动的能力的测试。（5）人格测验，即测量被测评者的情绪、兴趣、态度等个性心理特征。

上述类别中的智力测验、特殊能力测验统称为能力测验，从组织实际应用的角度看，技能与之类似，也可以归入能力的范畴。因此可将心理测验分为能力测验、成就测验和人格测验三大类。在组织中测评人力资源时，运用最普遍的测验方法即知识测验和能力测验，对一些人员也采用人格测验方法。在社会职业大量分化、各种职业能力的差别越来越大的情况下，职业能力测验也成为组织测评人员的重要方法。

（二）心理测验的要求

1. 合理选择样本

心理测验以行为样本为基础。样本可以是一套试卷，也可以是精心设计的一个情景等。样本设计必须保证能测出被测评者之间的差异性。比如，知识测验的试卷设计要求被测评者的成绩呈正态分布，否则，该试卷（样本）的设计就是不合理的。

2. 过程标准化

心理测验在测验编制、实施、计分和测验分数解释等方面要保证一致性，即要保证对所有被测评者测验的条件都相同。这样，不同的被测评者的结果才具有可比性。常模是比较测验分数的标准。常模的可靠性取决于其赖以建立的样本的大小及群体特征，样本没有足够的数量以及样本的群体特征与被测评者群体的特征差异大，样本的可靠性就会降低。

3. 测验的客观性

测验的客观性是指心理测验要剔除测评者的主观影响。一是在测验的编制上要能在反映出被测评者一般水平的基础上充分体现个体间的差距，标准过高或过低都不可取；二是在测验的过程中要避免测评者的主观影响，要将被测评者放在平等的地位进行比较。

4. 测验的信度

信度是指测验分数的一致性和稳定性，即可靠性程度。测验的信度可以通过再测信度、复本信度、一致性信度等来反映。再测信度是指个人在同一测验下数次测量结果的一致程度。当然，绝对的一致是没有的，只要达到一定的相关程度即可认为可信。复本信度是指相似的测验所反映出的结果的一致性。一致性信度是指相同素质测评项目分数间的一致性程度。如果按逻辑，被测评者在第一个项目上得分高，那么在第二、第三个项目上也应较高；在第一个项目上得分低，那么在第二、第三个项目上也应较低。如果测验结果确实如此，该测验的可信度就较高。

5. 测验的效度

效度是指测评结果对所测素质反映的真实程度。具体表现在三个方面：一是实际上测验的内容与想要测验的内容是否一致，即想要测验的素质内容与实际所测的素质内容是否一致。如我们体检“身体健康”，要以多项生理功能指标来反映，而不是以“人高马大”的外在粗壮形象反映。二是根据样本所推测出来的素质水平是否真正反映了被测评者素质的实际水平，而不能出现应试教育考试中的“高分低能”结果。三是测验结果与某种相关标准的一致性，如对道德水平的测验，测验中表现好，工作中是否也表现好。

（三）能力测验

1. 智力测验

近百年来，学术界对智力的概念众说纷纭。现有的智力测验一般是对认知能力的测验。企业招聘中最常用的智力测验有以下几种：

（1）奥斯特的心理能力自我测验。该测验以集体的方式进行，所花的时间短，适用于筛选不需要很高智力的职位的应聘者。

（2）韦斯曼人员分类测验。该测验也是一种集体测验，时间 30 分钟左右。测验包含语言部分及数字部分，并提供了推销员、生产监工等的常模。

（3）韦克斯勒成人智力测验。该测验主要用于高级人员的挑选工作，包括语文与作业两个量表，共有测试题 311 个，费时较长。

（4）桑斯通个别智力测验。桑斯通认为，智力存在言语理解、言语流畅性、归纳推理、空间知觉、数字、记忆和知觉速度等七种互不相关的因素，并对每种因素都设计了测验[①]。

（5）瑞文推理测验。“高级瑞文推理测验”是广泛使用的非文字性能力测验，可用于个体及团队测试。

2. 能力倾向测验

在人力资源测评中，能力倾向测验的应用较为广泛。能力倾向与智力不同，后者是一般能力，前者是个体在某一方面所表现出来的潜在能力或特殊能力。能力倾向测验也不同于成就测验，前者测评的是某种潜在的能力，后者测评的是经过开发的结果。

普通能力倾向成套测验（GATB），是美国劳工部职业安全局自 1934 年起用了十多年时间研制而成的，这套测验在许多国家得到广泛应用。该方法对人的 9 种能力进行测定，然后将几种主导性的能力进行组合，从而判定某个人在 32 个职业群中属于哪一类。

① 彭聘龄．普通心理学．北京：北京师范大学出版社，1988：545.

GATB方法由15种分测验构成，如工具匹配、名词比较、计算、组装、分解等。其他能力倾向测验有文书倾向测验、运动技能倾向测验、机械倾向测验、音乐能力测验等。

（四）人格测验

人格测验是对人的兴趣态度、价值观、情绪、气质、性格等方面的测验。应用人格测验的目的是考查人格特点与工作行为之间的关系。不同的职位对人格的要求有一定的差异，进行人格测验有利于企业提高人力资源的获取、使用及开发效率。人格测验的方法有问卷调查量表法、投射法、情景测验法。

卡特尔16PF是最常用的方法。该问卷有187个问题，每一种因素有10～13个测试问题，每个问题后附有*a*、b、c三个选项。卡特尔16PF有着较高的信度与效度，因此在人力资源测评方面国内外均有运用。例如，有国外学者运用卡特尔16PF测量管理人员的情绪[①]。

二、面试法

（一）面试的概念

面试是人力资源测评中的一种最常用的方法，有着其他方法不可替代的优点，在某些情况下，它甚至是必不可少的。什么是面试？较为常见的看法有：面试就是面谈；面试就是口试；面试是对应试者的基本品质进行综合直观的测定，并直接进入应试者间的横向比较的过程等。综合以上各种观点，可以认为面试是以面对面的交谈及观察为主要形式，对应试者的有关素质进行测评的一种测评方式。

（二）面试的内容

面试主要是了解应试者以下方面的素质：仪表风度、知识的深度与广度、实践经验与专业特长、工作态度与求职动机、事业的进取心、反应能力与应变能力、兴趣爱好、自我调控能力、口头表达能力等。

（三）面试的类型

1. 按应试者的数量分类

根据面试对象的多少，面试可分为单独面试和集体面试。

单独面试指主考官个别地与应试者单独面谈。它能提供一个面对面的机会，让面试双方较深入地交流。单独面试又有两种类型：一是只有一个主考官负责整个面试过程，这种面试大多在较小规模的单位录用较低职位的人员时采用；二是由多位主考官参加整个面试过程，但每次均只与一位应试者交谈，公务员面试大多属于这种形式。

集体面试，又叫小组面试，指多位应试者同时面对面试考官的情况。在集体面试中，通常要求应试者作小组讨论，相互协作解决某一问题。无领导小组讨论是最常见的一种集体面试法。在不指定召集人、主考官也不直接参与的情况下，应试者自由讨论主考官给定的讨论题目，这一题目一般取自于拟任工作岗位的专业需要，或是现实生活中的热点问题，具有很强的岗位特殊性、情景逼真性和典型性。讨论中，众考官坐于离应试者一定距

① Victor Dulewicz, Malcolm Higgs. Emotional Intelligence —A Review and Evaluation Study. Journal of Managerial Psychology, 15 (4): 1-26.

离的地方，不参加提问或讨论，通过观察、倾听，为应试者评分。

2. 按面试内容设计的侧重点分类

按面试内容设计的侧重点不同，可将面试分为常规面试、情景面试和综合性面试三类面试。

所谓常规面试，就是主考官和应试者面对面以问答形式为主的面试。在这种面试条件下，主考官提出问题，应试者根据主考官的提问做出回答，展示自己的知识、能力和经验。主考官根据应试者对问题的回答以及应试者的仪表仪态、身体语言、在面试过程中的情绪反应等对应试者的综合素质状况做出评价。

在情景面试中，突破了常规面试考官和应试者那种一问一答的模式，引入了无领导小组讨论、公文处理、角色扮演、演讲、答辩、案例分析等人员甄选中的情景模拟方法。情景面试是面试形式发展的新趋势。在这种面试形式下，面试的具体方法灵活多样，面试的模拟性、逼真性强，应试者的才华能得到更充分、更全面的展现，主考官对应试者的素质也能做出更全面、更深入、更准确的评价。

综合性面试兼有前两种面试的特点，而且是结构化的，内容主要集中在与工作职位相关的知识、技能、能力等个性心理特征和其他素质上。

3. 按面试目的分类

根据面试目的的不同，可将面试分为压力型面试和非压力型面试。

压力型面试是将应试者置于一种人为的紧张气氛中，让应试者接受如挑衅性的、非议性的、刁难性的刺激，以考查其应变能力、压力承受能力、情绪稳定性等。典型的压力型面试是指考官以穷究不舍的方式连续就某事向应试者发问，且问题刁钻棘手，甚至逼得应试者穷于应付，考官以此种“压力发问”方式逼迫应试者充分表现出对待难题的机智灵活性、应变能力、思考判断能力、气质性格和修养等方面的素质。

非压力型面试是指考官在和谐的面试氛围中对应试者进行的面试，大多数岗位需要在无压力的状态下进行面试，这有助于考查应试者的真实能力和素质。

4. 按面试结构化程度分类

按结构化程度的不同，可将面试分为结构化面试、半结构化面试和非结构化面试。

结构化面试是指面试题目、面试实施程序、面试评价、考官构成等方面都有统一明确规范的面试。结构化面试由多名考官按照预先设计的试题向应试者提问，根据应试者的回答，给出应试者在各个测评要素上的得分，各个测评要素的得分总和就是应试者结构化面试的最后成绩。成绩的高低根据应试者在回答中反映出来的综合分析能力、语言表达能力、应变能力等要素测评结果来决定。

半结构化面试是指只对面试的部分因素有统一要求的面试，如规定有统一的程序和评价标准，但面试题目可以根据面试对象而随意变化。半结构化面试是在预先设计好的试题（结构化面试）的基础上，面试中主考官向应试者又提出一些随机性的问题。也可以说它综合了结构化面试和非结构化面试两个方面。这种面试可以使用人单位全面考查应试者的人际能力和沟通能力。半结构化面试越来越得到广泛使用。

非结构化面试是指对与面试有关的因素不作任何限定的面试，也就是通常没有任何规范的随意性面试。在非结构化面试中，关于面试过程的把握、面试中要提出的问题、面试的评分角度与面试结果的处理办法等，主考官事前都没有精心准备与系统设计。非结构化面试类似于人们日常生活中的非正式交谈。除非面试考官的个人素质极高，否则很难保证非结构化面试的效果。目前，非结构化面试越来越少。

（四）面试的步骤

面试一般包括下述五个步骤。

1. 面试前的准备

面试前首要的准备工作是培训主考官。培训的内容主要有两项：一是工作作风培训，要求主考官做到大公无私、坚持原则、办事公道、认真负责；二是面试方法培训，包括组织主考官学习面试表格的使用方法、面试技巧和评分标准，熟悉空缺岗位的职务说明书，了解空缺岗位的工作内容、工作职责和所需任职人员的资格条件，查阅应试者的报名表和简历，记下问题，以便在面试时提出。

安排面试场所也是一项重要的准备工作。考场要求安静，不装电话，尽可能减少各种干扰。

2. 营造轻松的面试气氛

营造轻松面试气氛的目的：一是减少应试者的紧张，使其心情放松、态度安详，保持平和恬静的情绪，从而言谈比较开放，愿意打开心扉，在面试中发挥正常水平。二是给人留下良好的印象，无论应试者能否被录取，都有助于维护用人单位的声誉。

为此，要求考场环境洁净大方；面试前对应试者的接待要热情、友好、自然，面试一开始要找一些让人感到轻松、自在的话题，如谈谈当日的天气和交通状况等；面试中主考官要以平等、关心的态度进行对话，并设法控制音调和谈话的速度，努力创造轻松和谐的气氛。

3. 进行面试

面试类型有许多种，上面已经就主要类型做了介绍，用人单位可以根据实际情况选定。在进行面试时，应当注意的问题有以下几点：

(1) 要尽量避免只回答“是”或“不是”的问题，而要提出需要仔细回答和发挥的开放性问题，以便启发应试者，考查其真实水平。如“您在大学读书期间，当过干部吗?”“您频繁调动工作，是否因为在原工作单位难以施展自己的才能?”等问题是过于简单的问题，而“你在大学期间，承担过哪些社会工作?”“什么原因促使您在两年间调换了三次工作?”则是与前者截然不同的提问方式，显然后者的问题要好。

(2) 要先易后难，循序渐进地提问。面试中所准备提问的问题一般都是根据重点内容的需求拟定的。在提问中应该将应试者熟悉的、容易回答的问题先提出，当应试者进入角色后，再逐步加大提问难度，这样有利于应试者逐渐适应，树立信心，正常发挥水平。

(3) 面试进行中不要有任何提示或认可，否则应试者的回答将以主考官的观点为转移。主考官提出问题后，要仔细倾听应试者的陈述，其间主考官的反应可以是沉默不语，也可以不时点点头，或是发出鼻音，不含任何评价之意，只是鼓励应试者做完整的表达。当然，主考官也不是只提出问题就一听到底，可以适当插话交流，以活跃面试的气氛。

(4) 及时做好面试记录，以便最后对应试者进行全面评价。

4. 结束面试

在面试结束之前，应当留有时间让应试者提出问题，也可以将有关工作的详细情况告诉应试者。结束面试时，要以诚恳的态度告诉应试者：如果被录用，大约在何时可获得录用通知。

5. 评估面试结果

应试者离去之后，主考官应立即仔细检视一遍面试记录，认真回顾面试印象，并把相关资料和评估意见填入面试表格中。

三、评价中心法

（一）评价中心的含义

评价中心是指采用多种方法对管理人员的素质进行测评的一系列活动。评价中心是一种测评方式、一种程序，而不是一个单位、一个地方、一种组织机构。评价过程中针对特定的目的与标准采用测验、情景模拟测评、面试等多种评价技术在集中的几天时间内对管理人员的各种能力进行评价。

有的专家认为评价中心既是一种评价活动，也是一种开发活动。客观地看，可以认为素质评价是素质开发活动的重要组成部分，评价具有开发功能。但评价中心毕竟是以素质评价为直接目的的，而不是以素质开发为目的。因此，将评价中心定义为评价活动是合理的，将其定义为评价与开发活动则会引起概念上的含混。

（二）评价中心的特点

（1）评价技术的多样性。评价中心往往采用问卷、量表、测验、投射、面试、小组讨论、公文处理、角色扮演等多种测评技术对管理人员的素质进行评价，而不是仅仅采用一种技术进行评价。

（2）评价中心对管理人员的评价是在团体中进行的，由多个评价人员对一组管理人员同时进行评价。这与管理工作的性质是相近的，管理工作总是通过人与人之间的相互作用来完成的。每个小组的人员一般为 6～12 人。

（3）对管理人员从多个方面进行评价。评价的素质项目一般有领导能力、决策水平、人际关系能力、合作意识、创新意识、灵活性、现实性、动机和智力等。

（4）评价程序的标准化。评价内容、测评方式以及评价标准等都是以工作分析为基础而精心设计的，具有一致性。评价活动中每个小组成员都有平等的竞争机会。

（5）评价时间较长，费用较高。一般来说，评价中心需要 3～6 天时间才能完成对管理人员的评价。评价时间长，评价费用也相对较高。但评价结果的质量也相对较高，具有较高的信度与效度。

（三）评价中心的主要方法

1. 公文处理

公文处理是以书面材料的形式提供给被测评者若干需要解决的问题以及相关的背景资料，让其在较短的时间内进行处理，以考查其分析问题及解决问题能力的一种评价方法。公文处理可以有效地测评被测评者利用信息的能力、系统思维的能力以及决策能力，具有较高的信度及效度。

2. 小组讨论

小组讨论是给被测评的小组一个待解决的问题，由其展开讨论以解决问题，测评者则通过对该过程的观察来对被测评者的人际能力、在群体里分析和解决问题的能力以及领导方式等进行评价。小组讨论有多种形式，如无领导小组讨论、有领导小组讨论、不指定角色小组讨论、指定角色小组讨论等。

无领导小组讨论是近年相当流行的评价方法，具体来说，就是采用情景模拟的方式对一组考生（一般是5～7人）进行集体面试。通过给考生一个与工作相关的问题，让考生们进行讨论后推举人员汇报，而考官就此考查各考生的口头表达能力、说服他人能力、组织协调能力、处理人际关系技巧等各个方面的能力和素质，并分析其自信程度、进取心、责任心和灵活性等个性特点，用以判断考生是否符合拟任岗位的要求，进而综合评价比较各考生的优劣。

3. 管理游戏

管理游戏是指设计一定的情景，分给被测评小组一定的任务，由其共同完成，如购买、搬运等，或者在几个小组之间进行模拟竞争，以评价被测评者的合作精神、领导能力、计划能力、决策能力等多种能力的一种评价方法。管理游戏一般具有较强的趣味性，但设计的工作量大。管理游戏一般具有较好的信度及效度。

4. 角色扮演

角色扮演是在一个精心设计的管理情景中，让被测评者扮演其中的角色，以评价其胜任能力的模拟活动。要提高评价的准确性，管理情景的设计是关键，情景中的人际矛盾与冲突必须具有一定的复杂程度，使被测评者只能按其习惯方式采取行动，从而降低伪装的可能性。

本章小结

本章论述了人力资源测评的含义、原则，并具体介绍了人力资源测评的流程及几种常见方法，如心理测验法、面试法及评价中心法。

关键概念

人力资源测评　心理测验　信度　效度　能力　智力测验　能力倾向测验
人格测验　面试　结构化面试　评价中心　无领导小组讨论

复习题

1. 人力资源测评有哪些原则？
2. 什么是测评的效度及信度？它们之间的差别是什么？
3. 人力资源测评过程有哪些环节和方法？
4. 试述面试的几种类型，简要回答什么是结构化面试。
5. 面试的主要步骤有哪些？分别做出简要回答。
6. 简要回答评价中心的含义及特点。

讨论提高题

1. 结合实际分析人力资源测评对人力资源开发与管理的重要作用。怎样发挥人力资源测评的基础作用？

2. 怎样提高人力资源测评过程的效率？

3. 在人力资源测评方法的选择上应坚持什么原则？如何才能使人力资源测评工作不流于形式？

4. 人力资源测评的诸方法各自适合什么对象？使用中应当注意哪些方面？结合实际进行分析和讨论。

5. 组织一次模拟面试，面试人数为5～10人。模拟面试后，对考官和应试者的表现进行评价和讨论。

6. 你希望从事什么职业？请对该种职业需要哪些素质进行详细分析，并与个人的综合素质特征加以对比。

本章学习案例

需要什么样的总经理

某省的一家大企业，总经理跳了槽，一年多来，只有两个副总经理，没有总经理，并且上级单位没有给出明确意见由哪位副总来主持工作。结果，企业的管理混乱，内耗严重，人心涣散，经营亏损，已经发不出工资来了。

不是“不管”。该公司的上级领导曾多次研究该公司领导班子的配备问题，但终因意见不一致而未能做出决定。最终，上级单位做出决定：在全省范围内公开招聘总经理，并请人才测评公司运用科学的测评方法帮助该公司选定总经理。人才测评公司确立了如下选人标准：

● 有很强的内部组织管理控制能力，注重运用企业制度与规则进行管理，规范企业行为。

● 能够敏锐而准确地发现企业现存问题，思路开阔，考虑问题深刻而务实。

● 有较强的处理人际关系问题的技能技巧，善于驾驭错综复杂的内部关系与人际冲突。

● 经营意识较强，经营观念与经营策略正确，能够对市场做出冷静的分析判断，准确把握企业经营方向。有一定市场开拓能力者尤佳。

● 有较强的大局观和社会责任感。

具体评价方法包括：

(1) 纸笔测验——使用“企业管理人才测评系统”的四项测验和“管理者角色认知测验”，考查应聘者的基本能力素质和发展潜力，及其作为管理者所必备的心理素质、管理行为风格和在日常管理活动中的角色偏向等。

(2) 评价中心技术——组织无领导小组讨论，用于考查其分析处理问题的能力、口头表达能力、人际沟通意识与能力等。

(3) 结构化面谈——考查其经营观念和组织管理意识，并深入考查其人际沟通意识与能力。

整个测试分为三个单元，用两天时间。经过筛选，从7名候选人中确立5名进行结构化面谈，历时一天。

在选拔报告中，专家指出，以选人标准来衡量，7位候选人均存在不同程度的差距，没有哪一位候选人能够妥善解决全部问题。不同的选择将有助于解决该企业不同方面的问题，同时也难免形成新的经营管理问题。在7位候选人中，以下2人相对具备更强的岗位胜任能力：

G先生，有良好的经营管理意识和能力，分析判断问题视野较宽，关注工作任务的完成，原则性较强。对企业组织管理有一定的认识，但深度不够，基本停留在经验水平上。言语表达和沟通说服能力较弱，人际关系处理技能稍有欠缺，经营决策能力与职位要求尚有距离。

L先生，有较强的市场经营意识，分析判断问题视野较宽，不受条条框框的约束，关注各种机会和可能，有较强的成就动力。缺少实际企业经营和组织管理经验，思考问题不够专注和严谨，在人际方面分散精力过多，而在具体事务的处理方面持久性不够，对基础性工作重视不足，管理决策能力与岗位要求有距离。

问题摆在面前：到底哪一个人选更合适？我们需要什么样的总经理？

思考题：

1. 你认为测评公司的设计思路和实施方法是否完善？如何改进？
2. 在最后的2位候选人中，你认为哪位候选人更合适？

第八章

人力资源获取

本章要点

◇招聘的含义及依据
◇内部获取和外部征聘
◇人力资源甄选原则
◇人力资源甄选流程

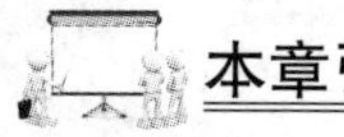

本章引例

选择什么类型的接班人——雷同还是锐进?

人力资源的获取，是关系组织经济效益以至兴衰存亡的大事。对任何员工的征聘、选拔和任用，都要基于大局的考虑，采取精细的技术手段进行。企业最高管理者的选拔和获取，更是关系着组织的生死存亡。

在环境多变的今天，选择“同类人”作为下一任领导人的做法已经暴露出很多问题，IBM公司在20世纪80年代的滑坡就是一个实例。IBM的领导人沃森选择了与自己理念与行事风格符合的“典型的IBM的领导人”约翰·阿克斯。和沃森一样，阿克斯坚信IBM的现有产品一定会持续增长。他认为开发新产品风险太高，所以一直坚持以看家法宝——大型机作为主打产品，高级经理们也不敢质疑其决定，危机被掩盖在“歌舞升平”之中。一位记者问：“IBM公司是否从外部招聘有创新意识的经理才是更明智的?”阿克斯大为震怒：“IBM有最好的招聘体系，而且比任何别的公司有更多的培训费用，公司已经雇用了世界上最好的人才。”这种傲慢情绪感染着每一个人，致使IBM对新的市场变化和商机视而不见，进而使“蓝色巨人”趋于崩溃。

通用电气公司的CEO琼斯，则表现出一位卓越企业领导人的智慧和胸怀。琼斯做事一丝不苟，是一位擅长科学管理的实业家，任期内使通用电气公司的经营业绩在美国企业中稳居前十名。而且，琼斯对环境的变化与公司的潜在危机也有清醒的认识，他是当时最受人尊敬的总裁。琼斯认定，公司需要一位能够锐意改革的领导人。琼斯在选择性格与管理方式几乎与自己是两个极端的韦尔奇时，想到的是通用电气公司的长远未来。他认为，改革的前提首先是“否定现在”。他知道选择韦尔奇对他个人意味着什么，但他还是这样决定了。今天，当全球企业界都大谈“韦尔奇神话”的时候，人们更应当为琼斯对企业的忠诚和宽广的心胸而感动。

第一节　人力资源获取基本分析

一、人力资源获取的意义

人力资源获取是指用人单位根据本组织的用人条件和标准，采用适当的方法手段，对应聘者进行审查、比较，从中获得自身需要的人力资源的过程。人力资源获取在一定意义上决定了组织的人力资源面貌，因而在现代人力资源开发利用与管理活动中占有极其重要的地位。

搞好人力资源获取，对人力资源管理有着多方面的影响：

(1) 可以保证所吸纳的员工素质优良；

(2) 有利于事得其人，人尽其才，从而实现人与事的科学结合，避免大材小用、小材大用和用非所学等问题；

(3) 有利于降低员工的流失率，从而节约招募、甄选及岗前培训等费用；

(4) 有利于形成员工队伍的合理结构，从而实现组织成员的密切配合，达到互补和整体的优化；

(5) 有利于员工聘用后的一系列人力资源管理活动，如考核、激励、培训等的顺利进行。

二、招聘及其依据

(一) 招聘的含义

人力资源招聘是组织人力资源开发利用与管理的重要工作内容，由此就有了组织对所招用人员的任职。招聘与任职构成了人力资源管理操作系统五大体系中的第一部分。

招聘是用人单位寻找合格员工，吸引他们到本组织应聘并加以录用的过程。招聘可以分为“招募”和“甄选”两个阶段。所谓招募，是通过各种途径从社会上以及本组织中寻找可供选用的人力资源人选，这是招聘的前期阶段。所谓甄选，是对已经获得的可供任用的人选做出进一步的甄别、比较，从而确定本单位最后录用的人员，它是招聘的后期阶段，也是招聘工作任务的最终完成阶段。

(二) 招聘的依据

1. 招聘岗位的设立

对一个组织来说，招聘多少人力资源和招聘什么样的人力资源，是有着客观依据的。一般来说，用人单位要设立一个什么样的新岗位进行招聘、招聘多少，对哪些岗位补充员工、补充多少，主要取决于以下因素：

(1) 组织的发展战略和相应的人力资源规划。

(2) 组织近期的人力资源补充需求。

(3) 组织的人力资源观、人才观和招聘理念。

(4) 本单位的财务状况和预期工资薪酬开支。

(5) 工作岗位的需要，这主要体现在职务说明书或工作说明书上。

(6) 一定工作岗位的任职条件，这也体现在职务说明书或工作说明书上。

(7) 外部市场的人力资源供给状况及有竞争力的需求单位。

2. 职务说明书

职务说明书是反映任职者从事的工作内容、工作任务与职责、工作方法和工作环境条件的一种书面文件。职务说明书也称工作说明书或职位说明书，它是用人单位招聘人员的主要依据之一。

第二节 招　募

一、招募途径

组织为获得人力资源所进行的招募，包括内部获取和外部征聘两种途径。一般来说，在招募时应当先考虑内部获取，即从本组织内部的员工中晋升或调职。

内部获取和外部征聘有不同的途径与方法，各种招募人才的方法也各有利弊，应当根据各用人单位招聘的具体岗位数量、类型以及外部市场的同类人力资源供求状况，采用相应的方法。

二、内部获取

（一）内部获取的常用方法

所谓内部获取，即从本组织中搜寻合格人才，通过晋升或调职来满足空缺岗位的人力资源需求。该途径的常用方法有下述两种。

1. 查阅人事档案资料

人力资源管理部门可以通过查阅人事资料（档案）库和人才库中的资料，来搜寻合格人才。例如，IBM公司的“IBM甄募资讯系统”就可以用来搜寻公司内部的合格人才来填补岗位空缺。此外，还可以通过查阅专门详细记载具有特殊才能的现职人才的人才库，来搜寻所需人才。

2. 发布内部招募公告

在组织内部发布招募公告也是内部获取的方法之一。它是通过组织内部报刊或宣传橱窗等，将空缺的岗位公布于众，让员工们了解这一晋升或转调机会。公告的内容包括空缺岗位名称、工作说明、工资待遇、所需条件等。然后，由员工自愿申请，经人力资源部门审核后按程序决定晋升或转调。最后，将这一结果公布于众。如果空缺属于主管级的岗位，除了用招募公告方法外，也往往由组织决策层在管理人员中物色合适的人选，并做出具体的培养计划。

（二）内部获取的优缺点

1. 内部获取的优点

（1）能够对员工产生激励作用。对获得晋升的员工来说，自己的能力和表现被组织肯定，因此士气大增，绩效和忠诚度都会有相当高的提升。对大多数员工来说，组织为大家提供晋升机会，使人们感到升迁有望，工作会更加努力，也能够增加员工对组织的忠诚和归属感，从而有助于稳定员工队伍。

（2）所获得人员的素质比较可靠。因为组织对晋升者以前的素质和表现都有比较深入的了解，因此在任用时能减少用人方面的失误。

（3）晋升或调职者在组织内已工作一段时间，对组织目标和组织结构有所了解，对内部情况与工作环境熟悉，因此在新工作的接受过程中较节约时间，而且不需要一般性的职前培训。

（4）内部获取方式可节约费用。内部晋升或调职不必支付广告和甄选费用，因此成本很低。

2. 内部获取的缺点

（1）内部获取方法所得到的人才往往是一脉相承、“近亲繁殖”，因而在观念、思维方式和眼界方面可能较狭窄，缺乏创新与活力，以至因循守旧。

（2）在甄选过程中容易引起员工之间的竞争，可能产生一定的内耗。提出申请而未能升迁的员工会感到心理不平衡，晋升者对原来的同级员工也往往难以建立声望和有效地进行管理。

三、外部征聘

（一）外部征聘的常用方法

1. 广告媒介

组织可通过媒体以发布广告的形式获得所需的人选。好的广告可以收到一箭双雕的效果：一方面能吸引所需的人员前来应聘；另一方面扩大了本组织的知名度。在发布招聘广告时，除了介绍本组织及有关部门职位的情况、职位的要求和待遇、联系方式等外，一定要选择合适的媒体，以达到预期的目的。如要招聘一名计算机业务人员，将广告登在电子或计算机类报刊上，就比登在农业或机械类报刊上的效果好得多。

2. 院校预订

每年都有成千上万的学生从大、中专院校毕业。有的组织已经与有关院校挂钩，预订本组织所需的人员。还有的组织甚至在相关院校设奖学金，为自己培养专业人才。这种有目的的预订方法，与组织的人力资源计划分不开。组织根据自身人力资源规划，在一两年甚至更长的时间以前，就同院校在培养人才方面进行了沟通，这样培养出来的学生到了工作岗位后能较快熟悉业务、进入状态。这种招聘一般适于招聘专业职位或专项技术岗位的人员。

3. 人才交流中心

随着经济的发展、社会的进步，人才流动的现象越来越普遍，越来越活跃。为了适应这种需求，许多城市出现了人才交流中心或职业介绍所等。这些机构扮演着双重角色，既为组织选人，同时也为求职者选组织。因此，在这里几乎可以找到所有需要的人员。尤其是一些大城市里出现了不少国外流行的“猎头公司”，更可以为组织寻觅到所急需的各类管理人员、专业技术人员，甚至是总经理、副总经理等高级管理人员。

4. 校园招聘

人力资源管理部门去学校招聘的基本任务有两项：

（1）初选应聘对象。校园招聘按规模可以分为大小两种。大型校园招聘的程序一般是，招聘单位到目标学校举行报告会，向该校的毕业生介绍组织的基本情况、招聘岗位、招聘条件等方面的内容，然后发放求职登记表，在收回后进行筛选。小型校园招聘一般是由一两名招聘人员到学校就业机构和有关专业院系，由就业工作机构和院系提供应聘毕业生名单，或向学生通知招聘时间、地点，以供双方见面。对参加大、小型招聘会的毕业生进行一定的筛选之后，再进行初次面谈。面谈时要态度诚恳、尊重学生，把组织的情况真实和清楚地向学生做介绍，努力把优秀毕业生吸引到组织中来。

（2）精选人才。初选名单确定以后，通常要对其进行第二次精选。这种精选可能是在校园中进行面试、心理测试、专业能力选拔、综合素质测试等，也可能发出在组织进一步面试的通知，这是精选人才的重要环节。如决定录用，最好将决定当面告诉学生，以便及时签约，避免其在有其他工作机会时另做打算。

在通常情况下，招聘单位要与学校就业指导部门合作，学校就业指导部门能够为其提供多方面协助，如通知学生、安排面谈、提供场所和学生履历表等。

5. 网络招聘

网络是一种现代技术手段，网络招聘则是一种非常方便、节约成本和时效性很强的招聘途径。除了各用人组织自行进行网络招聘外，还有大量专业招聘网络可以利用，比较著名的有前程无忧网（www.51job.com）、智联招聘网（www.zhaopin.com）、中华英才网（www.chinaHR.com）等。

6. 猎头公司

猎头公司作为高级人才招聘公司的俗称，是指专门替用人组织搜寻和推荐高层管理人才和专业人才的公司。在发达国家，虽然猎头公司为组织提供的人才数量不大，但极为重要的主管和专业技术人才大都由这些公司提供。

猎头公司有极为宽广的联络网，特别擅长于接触那些正在工作而且还没有流动意向的人才，因而也被人们称为“挖墙脚”的公司。它们秘密物色人选，接触目标人才时也为用人组织保密，直到目标人才“进入情况”为止。它们的工作为用人组织节约不少广告征才和筛选应征者所花的时间、费用和精力，搜寻工作通常在60天内即可完成。猎头公司是企业在人才竞争中的得力助手。

7. 他人推荐

他人推荐也是用人组织外部征聘的一条可行道路。处于择业阶段的青年人的父兄长辈，往往会对其子弟的职业生涯进行各种帮助，出主意、想办法、四处奔走，安排“工作岗位”。

通过推荐途径获取人力资源，可以节约招聘广告费用和职业介绍所费用，获得较高水平的工作应征者；在技术竞争和员工流动剧烈的情况下，用人组织采取亲友介绍就业的方法，能够使新老雇员稳定和尽责地工作。这显然不同于我们一些组织招聘中不负责任地“走后门”，而是约束新老员工，使他们都努力工作，对组织效益负责的制度。

（二）外部征聘的优缺点

1. 外部征聘的优点

（1）外部征聘有利于因事求才，广招贤人。从社会中征聘选才的途径很多，视野开阔，因而可能从众多的求职者中筛选出符合岗位要求的优秀人才。

（2）具有工作经历的外聘人才往往能带来别的组织的工作经验和理念，其中的一些可能是本组织所欠缺的。在这样的情况下，他们的加入就如同新鲜血液的输入，为组织增强了活力。

2. 外部征聘的缺点

(1) 外聘人才与用人单位员工之间因缺乏相互了解，往往会存在沟通和配合的困难，工作适应的时间较长。

(2) 任用外聘人才担任管理职务，可能使组织内部员工感到升迁无望，从而挫伤许多人的工作积极性。

(3) 外部征聘比通过内部征聘获取人才的费用高、工作量大。

第三节　甄　选

一、甄选原则

为了把甄选工作做好，真正选用组织所需的人员，必须按人力资源开发与管理的客观规律办事，遵循反映这些客观规律的科学原则。具体来说，甄选的原则如下：

(一) 因事择人原则

所谓因事择人，就是以事业的需要、岗位的空缺为出发点，根据岗位对人员的资格要求来选用人员。坚持因事择人的原则，从实际“事”(工作岗位) 的需要出发去选用合适的人员，才能实现事得其人、人适其事，使人与事科学结合起来。相反，如果先盲目地录用人，然后再找岗位进行安排，就很难做到事得其人、人适其事，不是大材小用，就是小材大用，甚至出现用非所学的现象。

(二) 人职匹配原则

每个职业岗位都有特定的工作内容、岗位规范和对从业者的素质要求，每个求职者也都有自己的从业条件和个人意愿。组织在招聘人力资源时要使二者之间尽可能匹配，这对其后的人力资源个性化管理也是至关重要的。

衡量招聘岗位与求职者个人条件是否匹配，需要进行一一对比 (见图 8-1)。

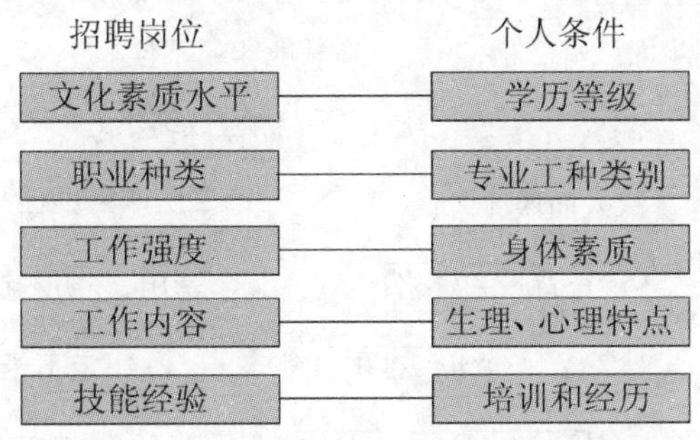

图 8-1　招聘岗位与个人条件的匹配

(三) 用人所长原则

人力资源管理重视“用人所长”，其内涵有多方面：其一，注重员工现有能力的有效利用，因事择人，适才适所，不埋没人才；其二，注意发掘人的潜在能力，在人才选用中，要通过人员素质测评与能力倾向测验，来判断应聘者的能力优势与发展潜能，据此将其安置在相应的岗位上；其三，在员工的日常管理中注重发现人之所长，及时进行岗位调整，为人才潜能的发挥提供舞台。

坚持用人所长原则，在人员选用中要注意克服求全责备的思想，树立“多看人的长处、优点”的观念。世上本无完人，因此，在人力资源选拔中就不该“求全”。为了寻觅一个完美无缺的人来任职，选来选去找不到合适的人选而采用“平安”和“保险”的办法，最终难免会找出一个既无大错，也无胜任岗位能力的“老好人”。这种“宁用无瑕之石，也不用有瑕之玉”的做法，是用人之大忌。

（四）德才兼备原则

德才兼备历来是一个重要的用人标准。在经济发达国家招聘人员时，除进行能力考核，选拔其中的优异者外，还要进行背景调查，即应征者品行端正、声誉良好，才能被录用。德和才虽然是两个不同的概念，但二者又是一个不可分割的统一体。才的核心是能力问题，德的核心是能否努力服务的问题。德决定着才的发挥方向和目的，才又是德的运用，使德得到体现和具有实际意义。

在一定条件下，由于德的缺陷，一个人的才能越大，对组织所造成的危害也越大。为此，在甄选工作中，必须坚决反对重德轻才和重才轻德等错误倾向，应始终坚持德才兼备的选用标准。

二、甄选流程

一般而言，面向社会征聘员工的甄选流程，包括接见申请人、填写申请表、初步面谈、测验、深入面谈、审查背景和资格、有关主管决定录用、体格检查、安排工作岗位九个步骤。这种甄选程序具有“淘汰法”的性质。所谓“淘汰法”，是指在上述甄选全过程中，只要有一个程序或关卡没有通过，就会被淘汰。

甄选程序如图 8－2 所示。各个步骤框图右侧的文字是申请人通常被淘汰的原因。

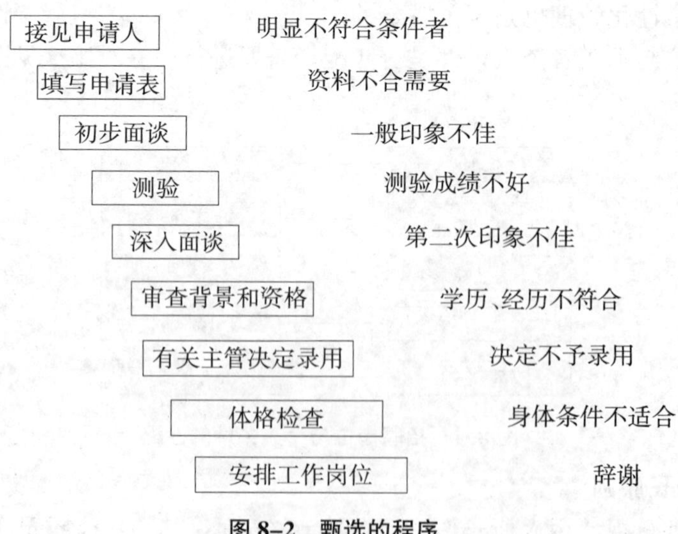

图 8–2　甄选的程序

本章小结

本章对招聘基本范畴进行了分析，对招聘的两种渠道——内部获取和外部征聘的优缺点进行了比较，阐述了甄选的原则和流程。

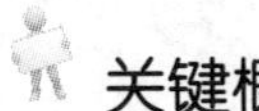

关键概念

招聘　内部获取　外部征聘　网络招聘　猎头公司　甄选　人职匹配　淘汰法

复习题

1. 简述人力资源获取对人力资源管理的影响。
2. 什么是人力资源甄选？其原则是什么？
3. 甄选的流程有哪几步？

讨论提高题

1. 内部获取和外部征聘各有什么利弊？试举例说明。
2. 模拟组织一次企业招聘活动，并讨论主要的操作要点及可能遇到的问题。
3. 如何当好考官？
4. 试分析人力资源考官与用人岗位部门考官的岗位特点和招聘工作中的不同思路。

本章学习案例

面、面、面，怎么面试？

——企业面试程序的完善

现在企业招聘甄选的技术非常丰富，有笔试、心理测评、评价中心，或是一些非常规的选拔技术等，但是几乎所有企业都会把面试作为企业招聘时必用的一种重要方法。虽然面试的时间或长或短，但大家对面试方法的效用都有一致看法。

一、面试的缘起

BW 电子有限公司是引进日本 X 株式会社和美国 Y 公司设备，生产销售电脑显示器的厂家，21 世纪初就跻身中国显示器行业前列。BW 公司的销售部一直是比较重要的部门。销售部经理刚刚跳槽，为弥补留下的空缺和更好地在国内外市场拓展业务，公司决定招聘 1 名经验丰富、具有坚定信念和充沛精力并富含创造力的产品销售部经理。

公司对此次招聘非常重视，确定人员需求后经过严谨慎重的分析，制订了周密的计划。在招聘工作进程中，BW 公司人力资源中心与相关公司领导一起明确了销售部经理的岗位职责以及对招聘人员的基本素质要求。

不久，在国内知名网站上出现了醒目的 BW 公司招聘广告。广告吸引了大批报名者，到报名截止日期止，报名人数超过 500 人。在经过简历筛选、笔试等一系列前期选拔工作之后，BW 公司最终确定 7 人参加一周后举行的面试。

二、面试进行中

面试前，人力资源中心进行了大量的准备工作。首先，在中心的组织协调下成立了面试小组，小组成员包括人力资源中心主任、营销中心主任、人力资源中心人员共3人。小组成员商定，由营销中心主任负责进行销售专业知识与技能的提问。其次，人力资源中心工作人员明确了该职位的才能要求以及权重关系（见表8－1），并根据才能要求与权重，事先准备了综合能力的面试问题。

表8－1　　销售部经理才能要素构成与权重系数表

评价项目权重		评价要素权重			
评价项目	权重系数	能力要素	重要性	权数	权重系数
专业知识与技能	0.4				
综合能力	0.6	计划能力	☆☆	2	0.2
		组织能力	☆☆	2	0.2
		分析能力	☆	2	0.2
		沟通能力	☆	1	0.1
		人际协调能力	☆☆☆	3	0.3
		合计		10	1

另外，考虑到各位考官都有比较丰富的面试经验且近期工作都比较繁忙，人力资源中心将应聘者的简历事先发给营销中心主任，以便做好面试准备。

一周后，7位应聘者如约来到BW电子有限公司参加面试。可这时，面试小组却出现了一点小小的状况：就在面试前的30分钟，营销中心主任突然去处理紧急事件，不能参加招聘面试了。为了不影响此次招聘面试活动的顺利进行，人力资源中心主任当机立断，邀请市场部孙经理来填补这个空缺。招聘面试如期举行。

面试开始后，出现了两个人力资源部事先没有预料到的问题：一是整个面试中孙经理比较忙乱。由于事先对此事一无所知，孙经理在面试过程中总是在不断翻阅应聘人员的资料，低头专注于阅读简历，然后提出相应的问题，之后又忙于了解下一名应聘者的情况，根本无暇关注应聘者的表现。二是有些考官不能很好地把握时间，遇到自己感兴趣的问题就喋喋不休，耽误了面试的进度。

三、面试结果

每位应聘者面试结束后，各位考官都会在人力资源中心专门为此次招聘设计的面试评分表（见表8－2）上为其打分，以备在整个面试结束后召开的面试结果会议上进行综合评定。然而在对各位应聘者进行打分时，考官们却对面试评分表产生了异议，理由是他们不确定应该如何去给应聘者打分，打分完全凭感觉。对此人力资源中心也感到很困惑：当时明明是为提高招聘面试的工作效率才精心设计了面试评分表，表上各项评价要素都很齐全，问题到底出在哪呢？

表 8-2　　面试评分表

编号：　　　　姓名：		
要素		得分
专业知识与技能	● 专业知识的深度和系统性 ● 能否运用知识解决实际问题 ● 基本实务与技能的掌握	
分析能力	● 分析问题是否具有周密性和逻辑性 ● 能否把握复杂事务的本质和内在联系	
沟通能力	● 口齿是否清晰、伶俐 ● 讲话是否具有条理性、逻辑性 ● 用词是否恰当、准确	
人际协调能力	● 能否主动与人合作 ● 能否有效化解冲突 ● 能否与他人进行有效沟通	
计划能力	● 能否合理利用时间 ● 是否善于根据工作目标制订有效的工作计划 ● 能否根据各项工作的重要性和轻重缓急合理安排	
组织能力	● 工作调配、安排是否合理 ● 能否有效利用、组织各种资源	
综合评语	考官签字： 年　月　日	

注：评分等级说明。

5 分——大大高于令人满意的水平，是难得的人才；

4 分——高于令人满意的水平；

3 分——令人满意；

2 分——稍低于令人满意的水平；

1 分——大大低于令人满意的水平；

0 分——没有机会让应聘者表现其在该方面的能力。

资料来源：姚裕群，张琪，李宝元. 人力资源开发与管理案例. 长沙：湖南师范大学出版社，2007.

思考题：

1. BW 公司的组织框架下，销售部经理职位的胜任特征应该有哪些？
2. 在该公司销售部经理的面试活动中，哪些人员应参与面试？
3. 遇到案例中事先没有预料到的两个问题，应该怎么办？
4. 面试过程中应如何倾听，技巧有哪些？
5. 本案例中面试评分表的设计是否完善？应如何改进？
6. 请针对此案例中提供的才能要素构成与权重系数表，设计一份面试评分表。

找找招聘销售经理中的错误

1. 2017 年 4 月 8 日下午 4:00，A 公司的招聘主管王红通过电话通知应聘销售经理岗位的 3 位候选人次日上午 10:00 到公司参加面试。

2. 2017 年 4 月 9 日上午 10:00，3 位应聘者如约来到公司。王红先和第一位到来的应聘者进行面试。请另两位面试者在大厅等候。

3. 在面试过程中，王红按如下问题分别对三位应聘者提出问题：

（1）请您先简单地做个自我介绍。

（2）您目前的主要工作职责是什么？您为什么考虑换一个环境？

（3）您对自己今后几年的发展有什么计划？

（4）销售的工作对人的承受压力的能力要求非常高，您觉得您在承受压力方面怎么样？

（5）您觉得取得高销售业绩的原因是什么？

（6）您是一个积极进取的人吗？

4. 面试中，王红一直在埋头记录，几乎没有关注应聘者的表现。

5. 面试结束前，王红只是告诉对方等消息，并没有告知具体的安排。

6. 面试结束后，王红觉得第二位应聘者穿正装面试，看起来非常职业，所以决定推荐他进入第二轮面试。

资料来源：姚裕群. 就业市场与招聘. 长沙：湖南师范大学出版社，2007.

思考题：

1. 请找出王红在面试过程中的主要错误。

2. 针对王红在面试过程中的主要错误，提出具体的改进建议。

第九章

员工培训

本章要点

◇培训的分类
◇培训需求分析的层次和方法
◇培训规划的主要内容
◇培训评估的对象和指标
◇新员工入职培训的意义与内容
◇管理人员开发

本章引例

月光公司的培训质量控制

月光公司是美国的一家生产厨具和壁炉设备的企业，有150名员工，该公司努力使生产成本保持在最低水平。但是，近几个月公司因为产品质量问题已经失去了三个主要客户。经过调查研究发现，公司的次品率为12%，是行业平均水平6%的两倍，原因在于操作员工缺乏质量控制培训。

人事经理约翰逊制订了一个质量控制的培训计划，并准备实施操作，目的是使次品率降低到可以接受的同行业水平以下。公司总经理吉尼担心地询问："培训课程会不会影响生产进度?"约翰逊回答："培训项目花费的时间不会超过8个工时，并且分解为4个单元、每个单元2小时来进行，每周实施一个单元。"

然后，约翰逊向所有的一线主管发出了通知，要求他们检查工作记录，找出哪些员工存在生产质量方面的问题，确定参加培训项目的员工名单。通知还附有一份讲授课程的大纲。在培训设计方案的最后设定的培训目标是：将次品率水平在6个月内降低到6%。

在准备课程时，教师把其讲义中的很多内容印发给每个学员，以便学员熟悉每一章的内容。培训计划包括教师讲课、学员讨论、案例研讨和电影欣赏。在培训过程中，学员花费了相当多的时间来讨论教材中每章后面的案例。

由于缺少场所，培训被安排在公司的餐厅举办，时间安排在早餐与午餐之间，这也是餐厅工作人员清洗早餐餐具和准备午餐的时间。

本来应该有大约50名员工参加每个培训单元，但是平均只有30名员工出席。在培训检查过程中，很多主管向约翰逊强调生产的重要性。有些学员告诉约翰逊，那些真正需要参加培训的人已经回到车间生产去了。

培训结束后，产品的次品率没有发生明显的变化。约翰逊对培训没有能够实现预期的目标感到非常失望。约翰逊感到自己压力很大，他很不愿意与总经理吉尼一起检查培训的评估结果。

第一节 员工培训基本分析

一、培训的含义

培训是指组织为开展业务及培育人才的需要，采用各种方式对员工进行有目的、有计划的培养和训练的管理活动，其目标是使员工不断更新知识，提升技能，改善其动机、态度和行为，更好地胜任现职工作或担负更高等级的职务，从而促进组织效率的提高和组织目标的实现。

对于企业培训，应当从以下几个方面进一步理解其含义：第一，培训是企业为主要发起人的一种人力资源投资活动，其目的是改进或增强员工在当前工作岗位或适应未来组织发展战略所需的知识、技能以及态度、动机等。第二，培训的主要内容与被培训者的工作岗位及其未来的配置密切相关。第三，有效的培训需要进行合理的规划。

二、培训的分类

（一）按培训对象分类

按培训对象的不同，培训可以分为新员工入职培训、在职员工的能力提升培训、管理者的领导力培训等。新员工入职培训指的是组织对新进员工提供的使其更快熟悉组织、适应环境及工作内容的辅导。在职员工的能力提升培训通常发生在人力资源测评或绩效考核之后，是为了提升员工现有工作能力或弥补知识的不足而进行的。管理者的领导力培训通常是为了内部晋升或领导人才的储备而开展的。可以看出，针对不同对象的培训，由于培训目的不同，在培训内容上也存在较大区别。

（二）按培训形式分类

按培训形式的不同，培训可以划分为在职在岗培训和在职脱产培训。在职在岗培训也叫“干中学”，是在工作中通过有经验的资深员工、管理人员或专职教师指导员工工作的一种培训方式。这是一种历史悠久、应用最普遍的方式，也是较为经济的方式。这种培训方式不仅能使员工获得完成工作所需的技能，而且有利于员工掌握如何解决实际问题、有效沟通与协调、学习处理人际关系等。在职脱产培训是让员工在培训期间离开工作岗位，进行专门的业务学习与提高。具体包括举办技术训练班、开办企业大学、选送员工到正规院校或国外进修等。脱产培训的费用较高，但随着组织对人力资本投资的重视，越来越多的组织定期选派一些员工进行脱产培训。

（三）按培训途径分类

按培训途径的不同，培训可以划分为公开课和企业内训。公开课是让员工到企业外面参与一些相关的讲师开办的公开培训课程。企业内训是企业邀请相关讲师到企业进行调研，有针对性地对企业员工进行培训，这是全面的内部培训，一般不对外公开。

（四）按培训方法分类

传统的培训方法主要是一种直接传授型的方法，如讲授法、专题讲座法、研讨法等，这种培训方法的主要特征是信息交流的单向性和培训对象的被动性，适用于知识类的培训。当前更多被企业接受的是实践性的培训方法，即通过让学员在实际工作岗位上或真实的工作环境中亲身操作、体验，来掌握工作所需的知识或技能。其优点是实用、有效，由于培训内容与受训者的工作仿真度较高，能迅速将所学应用到实际工作中去。这种培训方法有工作指导法、工作轮换法、师傅带徒弟法等。

除此之外，为了调动受训者的学习积极性，让其与培训者最大限度地进行互动，也可采用参与式培训法，这是新近流行的一种培训方法。这种方法的主要特征是：每位培训者都能积极参与培训活动，从亲身参与中获得知识、技能和正确的行为方式，开拓思维，转变观念。这种培训方法主要有案例分析法、头脑风暴法、模拟训练法、管理者训练法等。

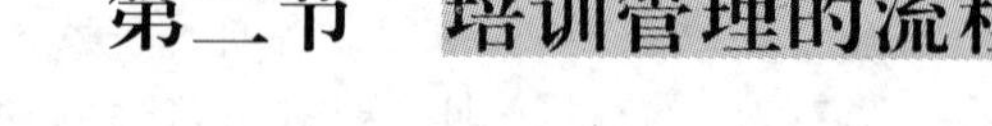

第二节　培训管理的流程

一、培训需求分析

培训需求分析是判断培训是否必要以及培训什么内容的过程。

(一) 培训需求的层次

进行培训需求分析，一般应从以下三个层面入手。

1. 组织分析

培训需求的组织分析主要是通过对组织目标、资源、特性、环境等因素的分析，准确地找出组织存在的问题与问题产生的根源，以确定培训能否成为解决这类问题最有效的方法。组织分析的目的是在收集与分析组织绩效和组织特质的基础上，确认绩效问题及其病因，寻找可能解决的办法，为培训部门提供参考。

一般来说，组织分析主要包括以下步骤：

(1) 组织目标分析。明确、清晰的组织目标既对组织的发展起决定性作用，也对培训规划的设计与执行起决定性作用，组织目标决定培训目标。例如，如果一个组织的目标是提高产品的质量，那么培训活动就必须围绕“质量”问题进行。假若组织目标模糊不清，培训规划的设计与执行就会很困难。

(2) 组织资源分析。如果没有确定可被利用的人力、物力和财力资源，就难以确立培训目标。组织资源分析包括对组织的经费、时间、人力等资源的描述。一般情况下，通过对下面问题的分析，就可了解一个组织资源的大致情况。

1) 经费。组织所能提供的经费将影响培训的范围和深度。

2) 时间。对组织而言，时间就是金钱，培训需要相当长的时间，如果时间紧迫或安排不当，极有可能造成培训粗略的结果。

3) 人力。对组织人力状况的了解非常重要，它是决定是否安排培训的关键因素。组织的人力状况包括工作人员的数量与年龄、工作态度、技能水平和知识水平、工作绩效等。

(3) 组织特性分析。组织特性对培训的成功实施也起着重要的作用，培训规划和组织的价值不一致时，培训的效果很难保证。组织特性分析主要是对组织的系统结构、文化、资讯传播情况的了解。主要包括如下内容：

1) 系统特性。系统特性指组织的输入、运作、输出、次级系统互动以及与外界环境间的交流特质，使管理者能够系统地面对组织，避免组织分析中发生以偏概全的现象。

2) 文化特性。文化特性指组织的软硬件设施、规章、制度、组织经营运作的方式、组织成员待人处事的特殊风格，有助于管理者深入了解组织，而非仅仅停留在表面。

3) 资讯传播特性。资讯传播特性指组织部门和成员收集、分析和传递信息的分工与运作，促使管理者了解组织信息传递和沟通的特性。

对上述问题和特性的了解，有助于管理者及培训部门全面真实地了解组织。

2. 工作分析

工作分析的目的在于了解与绩效问题有关的工作的详细内容、标准和达成工作所应具备的知识和技能。工作分析的结果也是将来设计和编制相关培训课程的重要资料来源。工作分析需要富有工作经验的员工积极参与，以提供完整的工作信息与资料。

按照分析目的的不同，工作分析可分为两种：

（1）一般工作分析。一般工作分析的主要目的是使任何人都能很快地了解一项工作的性质、范围与内容，并作为进一步分析的基础。

（2）特殊工作分析。特殊工作分析是以工作清单中的每一工作单元为基础，针对各单元详细探讨并记录其工作细节、标准和所需的知识、技能。

工作分析是培训需求分析中最烦琐的一部分，但是，只有对工作进行精确的分析并以此为依据，才能编制出真正符合企业绩效要求的培训课程。

3. 个体分析

个体分析主要是通过分析工作人员个体现有状况与应有状况之间的差距，来确定谁需要和应该接受培训以及培训的内容。个体分析的重点是评价个体的实际工作绩效以及工作能力。包括下列数项：

（1）个人考核绩效记录。主要包括员工的工作能力、平时表现（请假、怠工、抱怨）、意外事件、参加培训的记录、离（调）职访谈记录等。

（2）员工的自我评量。自我评量是以员工的工作清单为基础，由员工针对每一单元的工作成就、相关知识和相关技能真实地进行自我评量。

（3）知识技能测验。以实际操作或笔试的方式测验工作人员真实的工作表现。

（4）员工态度评量。员工对工作的态度不仅影响其知识、技能的学习和发挥，还影响同事间的人际关系，影响与顾客或客户的关系，这些又直接影响其工作表现。因此，运用定向测验或态度量表，可帮助了解员工的工作态度。

对以上问题的分析结果，可以帮助培训部门列出一张代表其培训需求的清单，并以此作为将来设置培训课程的基础。完整、科学的培训需求分析是确保工作、绩效、培训高度契合的基础。

（二）确定培训需求的方法

确定培训需求的方法有下述两种。

1. 任务分析法

任务分析法是指对工作内容进行详细研究，以确定工作中需要哪些特殊技能，并根据一定的工作任务所需要的技能，制订培训计划。例如，装配工人的工作需要焊接技能，“面试”技术是人力资源管理工作人员的专业技能等。任务分析法主要适用于新员工的培训。

由于职务说明书中记载着各岗位的职责和工作所需的资格条件，因此，它可以成为任务分析法的主要方法。此外，任务分析还可以采用任务分析记录表和工作盘点法等方法。任务分析记录表主要是列出工作中的主要任务和子任务，及其所对应的技能或知识，然后据此决定培训需求。工作盘点法是列出岗位任职者所应从事的各项工作活动，以及各项工作活动的重要性程度和执行时所需花费的时间，然后据此排出培训活动的优先次序。

2. 绩效分析法

对培训需求的绩效分析，首先通过检查工作进行绩效评估，确认存在绩效偏差，然后进行原因分析，最后确定采用培训或其他相应方式去矫正绩效偏差。绩效分析法主要适用于确定在职员工的培训需求。

二、培训规划设计

培训规划包括长期计划和短期计划两种。长期计划是人力资源规划的组成部分，它是以组织的长期经营战略规划为基础制订的；短期计划即培训实施计划，它以长期培训计划为依据，并从现实中的培训需求出发和结合有关条件具体制订，以提高培训的针对性和有效性。

这里所讲的培训规划是指拟订培训实施计划，即短期计划，包括明确培训内容和目标、确定培训对象、确定培训时间、选择培训场所、建立师资队伍和选定培训方法和教材等。

（一）明确培训内容和目标

培训内容包括思想教育、文化知识教育、业务技能培训、经营管理知识培训等。培训目标在于指出培训对象在接受培训以后，应达到的工作行为标准或应具有的工作表现。目标要力求具体，能够观察、可以衡量，能够成为人们评估培训效果的依据。

（二）确定培训对象

培训规划要先确定培训对象。培训对象有纵向或横向的划分。纵向可以按级别分，如三级岗位、中级技工等；横向可以按岗类、岗群、岗系分，如营销岗系干部、财务岗系干部等。

（三）确定培训时间

培训时间可根据培训目标、场所、师资和培训对象的素质水平、上班时间等因素来确定。新员工可实施 1 周至 10 天，甚至 1 或 2 个月的岗前培训。一般员工则可根据培训对象的能力、经验来确定培训期限。培训时间的选定，以尽可能不过分影响工作为宜。

（四）选择培训场所

培训场所要根据培训内容与手段的需要而定。一般可分为本单位内部培训基地与外部培训机构两种。培训场所要提供必要的设备。

（五）建立师资队伍

从事培训工作的师资包括本组织自有的师资和从外部聘请的师资两部分。要提高培训质量，必须建立一支实力雄厚的师资队伍。教师必须具有精深的专业知识和丰富的经验，以及卓越的训练技巧和对教育培训工作的执着、耐心、敬业精神。

（六）选定培训方法和教材

组织要根据不同的培训内容和培训对象等来选定不同的课程和教材，并根据自身的规模、经费、技术性质、培训对象、人数、目的等实际情况选定适合的培训方法。

三、培训活动实施

(一) 编制培训费用预算草案

培训费用预算草案是指通过会计方法决定培训项目的各项费用支出。

1. 编制培训费用预算草案前的准备

收集员工需参加培训的资料；预计各项费用；购置培训器材。

2. 编制培训费用预算草案

了解培训的成本使用信息；进行成本控制。

3. 计算培训成本

计算培训的不同阶段（培训项目设计、实施、需求评估、开发和评估）所需的设备、设施、人员和材料的成本，明确不同培训项目成本的总体差异。

4. 确定培训收益

培训成本预算就是对培训项目进行成本-收益分析。主要是通过会计方法决定培训项目的经济收益的过程，它需要从成本和收益两方面的信息进行考虑。

培训成本包括直接成本和间接成本。具体说来，包括培训教师费用、交通费用、培训项目管理费用、培训对象受训期间工资福利以及培训中的其他花费等。

培训收益一般为潜在收益，如培训的实施可能降低生产成本或额外成本，或者增加重复购买量。在公司大规模投入资源前，通过实验性的培训评价一小部分受训者所获得的收益；通过对成功的工作者的观察，可帮助企业确定成功与不成功的工作者的绩效差别。

5. 编制培训预算方案

每年培训部门必须就编列的预算向企业管理当局做简报，简报内容扎实、明确，才能获得管理当局对预算的支持，因此，简报一定要包含培训目标及财务分析报告。

(二) 选择培训机构

通常是在认识到企业内部缺乏拥有满足企业管理目标的知识或技能的受过培训的合格人员之后，才会决定用外部资源来说明培训或发展需求。近些年来，管理顾问的可用性和质量有所提高，培训咨询机构也变得越来越多。培训机构主要包括管理顾问、管理咨询机构、商务学校、管理学院、培训公司等。

(三) 实施培训管理

培训课程的实施是指把课程计划付诸实践的过程，它是达到预期课程目标的基本途径。课程设计得再好，如在实践中得不到实施，也没有什么意义。课程实施是整个培训过程中的一个实质性阶段。

1. 前期准备工作

在新的培训项目即将实施之前做好各方面的准备工作，是培训成功实施的关键。准备工作包括以下几个方面：确认并通知参加培训的学员；培训后勤准备；确认培训时间；教材的准备；确认理想的讲师。

2. 培训实施阶段

做好培训上课前的措施；做好培训器材的维护、保管。

3. 培训实施计划的控制

培训实施计划控制步骤如下：收集培训相关资料；比较目标与现状之间的差距；分析实现目标的培训计划，设计培训计划检讨工具；对培训计划进行检讨，发现偏差以及培训计划纠偏；公布培训计划，跟进培训计划落实。

四、培训工作评估

对培训工作的评估，目的在于了解培训目标是否达成，进而肯定成绩、找出差距，以改进培训工作，提高培训工作的水平。

（一）培训评估的对象

培训评估的对象包括绩效评估和责任评估两项。绩效评估是以培训成果为对象进行评估，包括培训者接受培训后的个人学习成果和在培训后对组织的贡献，它是培训评估的重点。责任评估是对负责培训的部门或培训者的责任的评估，目的是进一步明确培训工作方向，改进培训工作。

（二）培训评估的指标

1. 绩效评估的指标

（1）反应指标，即测定受训员工对培训计划的反应，包括培训计划是否针对客观的培训需求、计划的内容是否合理和适用等。

（2）学习指标，即测定受训员工对所学原理、技能、态度的理解和掌握的程度。

（3）行为指标，即测定受训员工经过培训后在实际工作岗位中行为的改变，以判断所学知识对实际工作的影响效果，例如受训者的生产质量提高、工作态度改进等。

（4）成果指标，即测定受训员工在培训后对企业经营成果的贡献，例如次品率降低、产量提高、缺勤率和离职率降低等。

2. 责任评估的指标

（1）培训计划评估指标，包括培训计划是否以企业长期经营规划为基础，培训有无必要、有无客观需求，培训目标是否正确，培训时间是否适当。

（2）培训设施评估指标，包括环境是否良好、安静，教室和训练场地是否适用，设备是否充足，辅教器材是否运用得当。

（3）培训师资评估指标，包括专业知识是否充分、语言是否清晰流畅、表达能力是否令人满意、教材准备是否充分、教学方法是否合适。

（4）培训教材评估指标，包括内容是否符合培训目标并切合受训员工的程度，教材编写是否自成体系并突出重点，内容是否深入浅出、针对性和实用性强。

（5）培训成果评估指标，包括受训员工对所学原理、技能、态度的掌握程度如何，培训结果对受训者工作绩效的影响如何，受训者对培训工作的意见如何，改善了受训员工的哪些工作，培训与人力资源管理措施的结合程度如何（如晋升、调职、加薪等）。

第三节　员工培训的应用

一、新员工入职培训

新员工入职培训是专门针对组织的新员工进行的本单位基本背景情况介绍，使新员工了解所从事的工作的基本内容与方法，明确自己工作的职责、程序、标准，并向他们初步灌输组织及其部门所期望的态度、规范、价值观和行为模式等，从而帮助他们顺利适应组织环境和新的工作岗位，尽快进入角色。

（一）新员工入职培训的意义

如果说招聘是对新员工管理的开始，那么新员工入职培训则是组织对新员工管理的继续和强化。这种管理的重要性在于通过将组织的发展历史、发展战略、经营特点及组织文化和管理制度介绍给新员工，对新员工进入工作岗位进行激励。新员工明确组织的各项规章制度后，可以实现自我管理，节约管理成本。通过岗位要求的培训，新员工能够很快胜任岗位，提高工作效率，取得较好的工作业绩，达到事半功倍的效果。通过新员工入职培训，管理者对新员工更加熟悉，为今后的管理打下基础。

新员工入职培训对个人来说是对组织进一步了解和熟悉的过程。通过对组织的进一步熟悉和了解，一方面可以缓解新员工对新环境的陌生感和由此产生的心理压力；另一方面可以降低新员工对组织不切实际的想法，正确看待组织的工作标准、工作要求和待遇，顺利通过磨合期，在组织长期工作下去。

新员工入职培训是新员工职业生涯的起点，新员工入职培训意味着新员工必须放弃个人原有的与组织不同甚至格格不入的价值观、行为准则和行为方式，适应新组织的行为目标和工作方式。从组织的角度看，要达到使新员工“入模子”的效果。

（二）新员工入职培训的内容

组织对新进人员培训的内容主要有以下几点：

（1）介绍组织的历史、宗旨、规模和发展前景，激励员工积极工作，为组织的繁荣做贡献。

（2）介绍组织的规章制度和岗位职责，使员工在工作中自觉遵守组织的规章，一切工作按组织制定的规则、标准、程序、制度办理。包括工资、奖金、津贴、保险、休假、医疗、晋升与调动、交通、事故、申诉等人事规定，福利方案、工作描述、职务说明、劳动条件、作业规范、绩效标准、工作考评机制、劳动秩序等工作要求。

（3）介绍组织内部的组织结构、权力系统，各部门之间的服务协调网络及流程，有关部门的处理反馈机制，使新员工明确在组织中进行信息沟通、提交建议的渠道，了解和熟悉各个部门的职能，以便在今后工作中能准确地与各有关部门进行联系，并随时就工作中的问题提出建议或申诉。

（4）业务培训，使新员工熟悉并掌握完成各自本职工作所需的主要技能和相关信息，从而迅速胜任工作。

（5）介绍组织的经营范围、主要产品、市场定位、目标顾客、竞争环境等，增强新员工的市场意识。

（6）介绍组织的安全措施，让员工了解安全工作包括哪些内容，如何做好安全工作，如何发现和处理安全工作中发生的一般问题，提高他们的安全意识。

（7）组织的文化、价值观和目标的传达。让新员工知道组织反对什么、鼓励什么、追求什么。

（8）介绍组织员工行为和举止的规范。如关于职业道德、环境秩序、作息制度、开支规定、接洽和服务用语、仪表仪容、精神面貌、谈吐、着装等的要求。

二、管理人员开发

（一）管理人员开发的重要性

管理人员开发是指通过传授知识、转变观念或提高技能来改善当前或未来管理工作绩效的培训活动。它包括组织内的教学计划，如授课、辅导和管理岗位轮换，以及专业教学计划，如管理协会研修班、高校开设的经营管理人员 MBA 教学计划等。

管理人员的开发之所以受到越来越多的重视，存在几个方面的原因。其中一个重要原因就是：内部提升已成为管理人才的主要来源。一项对 84 家公司的调查表明，约有 90%的主管人员、73%的中层管理人员、51%的高层管理人员是从内部提升的。反过来说，事实上，这些管理人员都需要经过某种开发活动，以具备承担新工作或未来可能工作的能力。同样，通过帮助员工或现任管理人员顺利胜任更高职务，管理开发可加强组织的连续性；通过让接受管理培训的人树立为本企业工作的正确价值观和态度，管理开发可帮助这些个体完成社会化过程。

（二）管理人员开发的主要方法

1. 接班人培训计划

管理人员开发计划可能是全组织性的，为组织所有或大多数新的或潜在的管理人员的储备进行服务。管理人员的开发计划也可能是个别化的，直接为某一具体职务（如 CEO 职务）的人员配置服务。在以为经营管理职务配备人才为目的的情况下，设定高级职位空缺并最终为之配备人员的活动过程被称为接班人培训计划。

接班人培训计划包括：

（1）进行个人预测，制订个人计划。

（2）为设定的、最终要配备人员的高级职位进行管理人员需求分析和开发。职业兴趣与志向以及工作绩效评价在管理人员开发中具有相当重要的作用。人在从事自己喜爱并适合自己特点的工作时，工作绩效最佳。因此，在管理人员开发计划中，应给参加者以评价个人兴趣的机会，包括进行一些比较正规的职业兴趣测试。同时，工作绩效评价可用于了解一个人的进步和潜力，说明可能需要开展哪些开发活动去纠正或修正这个人的不足之处。

例如，著名的民营企业苏宁集团实行了“1200 计划”，把接班人培养作为战略性和制度化的工作，从开始一年招收 1 200 名店长等未来领导，到现在每年招收 2 000 名以上，培养了大量的人才。

2. 管理人员的能力培训

管理人员的能力培训包括基础能力、业务能力和素质能力三个方面。其中，基础能力包括知识（主要包括基础知识、专业知识和实务知识）和技能；业务能力包括的内容较多，主要有理解力、判断力、决策力、应用力、开发力、表达力、交涉力、协调力、指导力、监督力和统率力等。

本章小结

本章概括了培训的含义、分类；系统阐述了员工培训的具体操作程序，以及培训需求分析、培训规划设计、培训评估的对象与指标。通过上述内容的介绍，使学生掌握有关员工培训的原理和知识，并获得在实践中进行新员工入职培训和管理人员开发的技能。

关键概念

培训　　培训需求分析　　培训规划　　培训费用预算　　培训评估　　培训评估指标
新员工入职培训　　管理人员开发

复习题

1. 常见的培训方法有哪几种？其适用性如何？
2. 什么是培训需求分析？确定培训需求有哪些方法？
3. 培训规划设计包括哪些内容？
4. 培训绩效评估的指标有哪些？
5. 培训评估的指标是什么？

讨论提高题

1. 怎样把握组织、工作、个体三个层面的培训需求？如何处理三者之间的关系？
2. 如何应用绩效分析方法分析员工的培训需求？
3. 从一般情况来看，组织培训效果评估中存在哪些问题？
4. 你所在的单位是否进行过培训评估？操作中的难点是什么？

本章学习案例

“培训学校”惠普的五层级培训体系

著名的信息产业公司惠普，被同行看作是本领域的“培训学校”，因为它塑造和“免费输出”的大量的信息产业高级经营管理人才，让诸多的同行业公司受益。作为一家跨国公司，惠普有着完善的360°全方位培训体系。惠普公司的培训以实战经验为主，进了惠普，就等于进了一所“没有围墙的大学”。360°的培训体系能够让员工在知识、技能等方面不断提升，从而为客户提供满意的产品与服务，也帮助员工实现了职业生涯的发展，同时也提升了他们对企业的忠诚度。

这套全方位的培训体系具体内容包括五个层级的内容：

● **新员工培训：尽快融入企业**

惠普的“新员工”不仅仅是刚刚进入企业的员工，而是界定为“入职两年以下”的员工。因此，员工在进入惠普后，除了接受入职培训之外，还需要学习很多其他课程。

惠普的新员工培训一直坚持的传统是所有的新员工入职培训，必须有公司高管的参与。总裁亲自出面讲课，为新员工介绍企业文化与公司发展；副总裁参与企业的职能介绍，为新员工讲述公司的规章制度、部门的组织结构及工作流程。通过这种方式，体现了惠普对员工的关心与重视，让员工了解惠普是一家什么样的公司、公司希望员工在工作中怎样要求自己，使员工对公司产生亲切感，帮助他们尽快地融入企业。

● **老员工培训：培养员工情商**

惠普有一个非常重要的理念：帮别人也就是帮自己，你帮助别人越多，别人帮助你也就越多。老员工培训的目的正是培养员工的情商，让他明白，想要获得好的发展，必须要学会帮助别人，赢得大家的尊敬。换句话说，你的地位、你的升迁，不仅是因为上司的看重，还要通过自己的努力来获取，赢得同事的尊重与好感。

每一个员工都有自己的特长，老员工培训可以帮助他们了解自身优势，亲身体验到自己擅长什么、有哪些潜力、往哪个方向发展更合适，使他们有了奋斗目标，并通过学习知道如何与同事合作、如何向新员工传授经验，以知识分享来提升自己的水平。

● **新经理培训：理解角色转变**

新老经理的区分方式与员工一样，都以两年为限。新经理培训需要跨越的最大障碍是理解自身角色的转型。这是一个观念上的转变。许多员工在成为管理者之后，由于自身的优秀，变得不能容忍下属的平庸，因为他仍然采用以前的标准来评价自己与下属，下属当然没有他出色。这时，就需要通过培训让他意识到：正是因为下属不如你，所以你才是他的上司。而作为领导，你有义务做下属的教练，去提升他的业绩。

为此，惠普提出了“向日葵计划”，开通了一系列课程，帮助新经理转换角色，明确正确的角色定位，强化这些管理者的行为，让新经理们顺利实现从“民”到“官”的过渡。

● **老经理培训：成为综合型人才**

从新经理到老经理，最明显的体现就是新经理往往都是一线经理人员，而老经理则是二线或更高层的管理者。此时培训的目的，是要为公司培养高层次领导者，使老经理能够站在公司更高层面上，思考如何使其健康发展。因此，预算、授权与监控则成为老经理的工作重点，而理解“管理‘管理者’与管理‘普通员工’的不同”则是其中的难点。公司为此专门开设了管理流程、领导艺术等课程来帮助老经理实现从管理员工到管理经理的转变。

管理普通员工你可以事无巨细地盯着他，手把手地教他；但是当你成为二线经理，你的下属也都成为管理者时，你就不能什么事都插手。作为老经理，你要学会有节制地放权，什么该管，什么不该管。在这个阶段要让老经理把握好分寸。

如果你想要继续发展，成为惠普的高级管理人员，那么让自己成为综合性人才是唯一的办法。以市场总监为例，一个市场总监除了要具备其本职的专业能力之外，还必须懂得一定的财务知识、了解质量管理、掌握采购流程等，只有这样才能更好地理解其他部门的工作，更好地与同事配合，从关心团队发展成为关心企业，学会站在企业的立场上看问题。

- **高管培训：造就卓越领导者**

高管培训通常由公司决策层主导实施，参与者都是具有总监级别的高级管理者。其中，最为典型的就是“ADP”计划，即加速成长计划。每年，惠普总公司会在全球范围内选择 30 人加入这个计划，每人一年的培训费用为 300 万美元。参加培训的人员的价值观必须与公司吻合，如果一个人的价值观念与公司理念不符，那么即使他再有能力也不会让他加入。同时，通过一系列测试来进行心理上的考评与能力上的检验。在这个过程中，18 位心理学家对所有受训人员进行一对一的服务，分析他一段时间内的行为并将其上升到理论层面，告诉他最适合做哪一类工作，最终帮助他进行职业生涯设计。

思考题：

运用本章所学知识分析惠普的五层级培训体系的优点。

第十章

职业生涯规划与管理

本章要点

◇职业和职业生涯的概念
◇个人职业规划的关键点
◇组织的职业生涯管理
◇职业发展通道
◇职业面谈的主要内容

本章引例

从实习生到大经理：麦当劳公司中的职业成长

在法国麦当劳公司，毕业于饮食服务学校的员工占员工总数的30%，40%的员工来自商业学校，其余的则由大学生、工程师和中学毕业后进修补学历的员工组成。麦当劳公司，还有一支由3 500名在校大学生组成的庞大的年轻人才后备军，他们定期到餐馆打工，根据麦当劳公司安排的培训计划担任各种职务，并有可能与现职人员一起担任餐馆经理。

在麦当劳里取得成功的人，都有一个共同的特点：即从零开始，脚踏实地。“炸土豆条，做汉堡包”的普通工作，是在公司发展和走向成功的必经之路。这对于不少有文凭、踌躇满志想大展宏图的年轻人，往往是不能接受的。但是，他们必须懂得，脚踏实地从头做起，是在这一行业中成功的必要条件。如果你没有经历过各个阶段的尝试，没有在各个工作岗位上亲自实践过，那么你又如何以管理者的身份对他们进行监督和指导呢？

从事饮食业是艰苦的，在最初的6个月中，人员流动率最高，离去的人中有80%的人根本不了解这一行业。能坚持下来的那些对工作投入最多的人，是胜利者。艾蒂安·雷蒙强调：“那些在公司干了6个月以上的人后来都成了麦当劳公司的忠诚雇员。”

在法国麦当劳公司，实行一种快速晋升制度：一个刚参加工作的出色的年轻人，可以在18个月内当上餐馆经理，可以在24个月内当上监督管理员。晋升对每个人是公平合理的，既不作特殊规定，也不设典型的职业模式。每个人主宰自己的命运，适应快、能力强的人能迅速掌握各个阶段的技术，从而更快地得到晋升。这个制度可以避免有人滥竽充数。每个级别的经常性培训，只有有关人员获得一定数量的必要知识，才能顺利通过阶段考试。公平的竞争和优越的机会吸引着大量有文凭的年轻人到此实现自己的理想。

第一阶梯：实习助理。有文凭的年轻人要当4～6个月的实习助理。在此期间，他们以一个普通班组成员的身份投入到公司各个基层工作岗位，如炸土豆条、收款、烤牛排等。在这些一线工作岗位上，实习助理应当学会保持清洁和最佳服务的方法。并依靠他们最直接的实践来积累实现良好管理的经验，为日后的管理实践作准备。

第二阶梯：二级助理。这个工作岗位已经带有了实际负责的性质。这时，他们在每天规定的一段时间内负责餐馆工作，与实习助理不同的是，他们要承担一部分管理工作，如订货、计划、排班、统计……他们要在一个小范围内展示他们的管理才能，并在日常实践中摸索经验。

第三阶梯：一级助理。在进入麦当劳8～14个月后，有文凭的年轻人将成为一级助理，即经理的左膀右臂。与此同时，他们肩负了更多更重的责任，每个人都要在餐馆中独当一面。他们的管理才能日趋完善。这离他们的梦想——晋升为经理，已经不远了。有些人在首次炸土豆条之后不到18个月就晋升为经理。

第四阶梯：餐馆经理。在达到这个梦寐以求的阶段前，他们还需要跨越一个为期15天的小阶段。与前面各阶段不同的是，这个阶段本身也是他们盼望已久的：他们可以去芝加哥汉堡包大学进修15天。这所大学也是国际培训中心，接待来自全世界的企业和餐馆经理，既教授管理一家餐馆所必需的各方面的理论知识，又传授有关的实践经验。

第五阶梯：监督管理员。一个有才华的年轻人升至餐馆经理后，麦当劳公司依然为其提供了广阔的发展空间。经过一段时间的努力，他们将晋升为监督管理员，负责三四家餐馆的工作。

第六阶梯：地区顾问。三年后，监督管理员将升为地区顾问。届时，他将成为总公司派驻下属企业的代表，用艾蒂安·雷蒙的话说，成为“麦当劳公司的外交官”。

作为公司下属十余家餐馆的顾问，他的责任重大——他将是公司标准的捍卫者，而一个从炸土豆条做起，经历了各个岗位和阶段的地区顾问，对各方面的管理标准游刃有余。这个由麦当劳特有的公司哲学创造的高级管理人员，正是麦当劳哲学的保证。

作为“麦当劳公司的外交官”，他的主要职责是往返于麦当劳公司与各下属企业，沟通传递信息。同时，地区顾问还成为总公司在这一地区的全权代表。

第七阶梯：董事长。当然，成绩优异的地区顾问依然还会晋升，终有一天会实现艾蒂安·雷蒙所说的——法国麦当劳公司董事长的位子上坐着的是一个法国的年轻人。

成功和有效的员工培训和培养计划，不仅提高了企业员工素质，而且满足了员工自我实现的需要，增加了企业凝聚力。不论是多么优秀的员工，企业都负有进行培训和培养的任务，这不仅能提高员工的本职工作技能和知识，也能对员工潜能进一步开拓。麦当劳公司在法国经营的成功不仅仅为麦当劳公司带来了飞速发展，更重要的是，为全世界的企业创造了一种新的模式，培养了一批批管理者，塑造了人的职业生涯。

第一节　职业生涯基本分析

一、职业概念

所谓职业，是指人们从事的相对稳定的、有收入的、专门类别的工作。“职”字的含义是职责、权力和工作的位置，“业”字的含义是事情、技术和工作本身。进一步来说，职业是对人们的生活方式、经济状况、文化水平、行为模式、思想情操的综合性反映；也是一个人的权利、义务、权力、职责，即一个人社会地位的一般性表征。也可以说，职业是人的社会角色的一个极为重要的方面。

现代管理学的发展趋势是，越来越讲求组织运行中的社会层和文化内容，这使组织成员“人”的地位逐步回归。在现代管理活动中，组织日益注意员工个人的职业问题，而不仅是从“组织分工”的单一角度出发进行人力资源的开发与管理，在最具有现代理念的组织中，甚至是从员工的个人意愿和生涯出发进行人力资源的开发与管理。

二、职业生涯基本分析概述

（一）职业生涯概念

“生涯”（career），有人生经历、生活道路和职业、专业、事业的含义。在人的一生中，有少年、成年、老年几部分，成年阶段无疑是最重要的时期。这一时期之所以重要，正因为这是人们从事职业生活的时期，是人生全部生活的主体。因此，人的一生在职业方面的发展历程就是职业生涯。

麦克法兰德指出：生涯是指一个人依据心中的长期目标所形成的一系列工作选择及相关的教育或训练活动，是有计划的职业发展历程。

美国著名职业问题专家萨帕指出：生涯是生活中各种事件的演进方向和历程，是整合人一生中的各种职业和生活角色，由此表现出个人独特的自我发展组型；它也是人自青春期开始直至退休之后，一连串有酬或无酬职位的综合，甚至包括副业、家庭和公民的角色。

（二）工作三阶段

在人生漫长的职业生涯各个时期中，从人在工作岗位的角度，可以分为早期、中期、后期三个时期。在这三个时期，人们的职业生涯有着不同的、特定的任务（见表 10-1）。

表 10-1　各个工作时期的工作把握

阶段	所关心的问题	应开发的工作
早期职业生涯	1. 第一位是要得到工作 2. 学会如何处理和调整日常工作中所遇到的各种麻烦 3. 要为成功地完成所分派的任务而承担责任 4. 要做出改变职业和更换工作单位的决定	1. 了解和评价职业和工作单位的信息 2. 了解工作和职位的任务、职责 3. 了解如何与上级、同事和其他人搞好（工作方面的）关系 4. 开发某一方面或更多方面的专门知识
中期职业生涯	1. 选择专业和决定承担义务的程度 2. 确定从事的专业，并落实到工作单位 3. 确定生涯发展的行程和目标等 4. 在几种可供选择的生涯方案中做出选择（如技术工作还是管理职位）	1. 开辟更宽的职业出路 2. 了解如何自我评价的信息（如工作的成绩效果） 3. 了解如何正确解决工作、家庭和其他利益之间的矛盾
后期职业生涯	1. 取得更大的责任或缩减在某一点上所承担的责任 2. 培养关键性的下属和接班人 3. 退休	1. 扩大个人对工作的兴趣，扩大所掌握技术的广度 2. 了解工作和单位的其他综合性成果 3. 了解合理安排生活之道，避免完全被工作所控制

第二节　个人职业生涯规划

一、完成职业适应

（一）完成职业岗位的适应

一个人走上工作岗位从事某一项职业的劳动，要通过一定的试用期，对自己所任职的岗位逐步熟悉，最后达到胜任的状态。

职业适应的内容，以所在工作岗位的职务说明书或者职业环境为依据，要达到职务说明书所规定的各项内容的要求。包括：本职业岗位的工作技能、本职业所需的业务知识、一定的专业背景知识和理论（自己已掌握的知识、理论实践化，缺乏的给予有针对性的补充）、组织中各方面工作的联系、组织的各项管理制度等。职业适应最基本、最突出的体现是工作技能的熟练。

上述职业适应方面内容的要求，需要通过自身的学习、模仿和工作单位对员工的入职教育、实习安排、工作实践、“师傅”指导、上岗培训、技能训练等途径来达到。

（二）完成组织文化的适应

文化问题涉及经济社会发展道路与模式，是当代许多学科高度关注的重大研究领域。组织文化也已成为当代管理学高度重视的问题。

一个人走上一个职业岗位，就是加入一个组织，他就要受到组织的约束和指挥，得到组织的引导和塑造。每一个组织都有自己的文化，这种文化的核心是组织的价值观，其表现是组织做事的风格、模式，也大量表现在人与人的关系上。

人在一个组织中从业，必然要被组织“社会化”，即被组织所认同和被组织中的成员们所认同。个人要对自己的行为和思想进行一定的调整和改造，才能达到组织的要求和期望，达到组织成员对自己的接纳。

（三）完成职业心理的转换

青年人第一次进入工作岗位，自食其力，挣得工资，真正成为在社会中生存的独立的人。这是彻底完成心理断乳的人生阶段，它意味着人的社会心理的巨大转变。即使是有了一定的职业生涯履历的青年人和成年人，在转换工作、走上新岗位时，不论是转换职业种类、级别还是工作地区迁移，或仅仅变动工作单位，都有面对新情境而进行心理适应的问题。

二、选择职业方向

美国管理学家薛恩综合了职业发展氛围的各种不同因素，提出了一个职业发展圆锥形趋势的三维结构理论。薛恩指出，职业生涯道路包括纵向、横向、向心三个方向。

（一）纵向发展道路

纵向发展道路即企业内职工个人职位等级的升降。在企业中，个人的职业发展绝大多数是沿着一定的等级通道发展的，也就是员工得到一系列的提升和发展。当然，只有极少数人可能提升到企业的最高职位上，实现他们最初确定的职业计划目标。

以某公司营销人员的生涯为例，这种纵向发展道路的阶梯如图 10－1 所示。

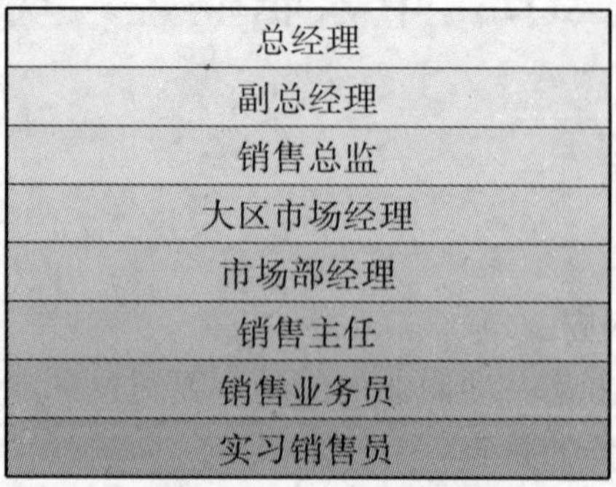

总经理
副总经理
销售总监
大区市场经理
市场部经理
销售主任
销售业务员
实习销售员

图 10－1　职位阶梯图

（二）横向发展道路

横向发展道路即企业中各平行部门和单位间个人职务的调动，如由工程技术部门转到采购、供应、市场销售等部门。这种情况也叫工作职务转换。

横向发展的道路，在中层管理人员中较多采用，这有助于扩大他们的专业技术知识与丰富经历，以便将来再提升到掌管全局的全面性管理行列中。

（三）向心发展道路

向心发展道路即由企业外围逐步向企业的核心方向发展。当发生核心方向工作变动时，员工对企业情况就会了解得更多，担负的责任也会更大，并且经常有机会参加重大问题的讨论和决策。沿着核心方向发展与沿着纵向方面发展是相关的。那些具有专业知识、信息和特长的人，易于向企业核心发展。

一个人在某个特定的职业岗位上工作，是向该等级职业的核心处发展的，这是一种水平的运动。他能够进入该等级的核心，是通过获得更多的责任和上层人物的信任而实现的。进入了核心，就意味着其职权的增长。

上述三种道路的整合，即构成人的职业生涯变动的三维结构。薛恩绘制了全面反映三维结构的模型，见图 10－2。

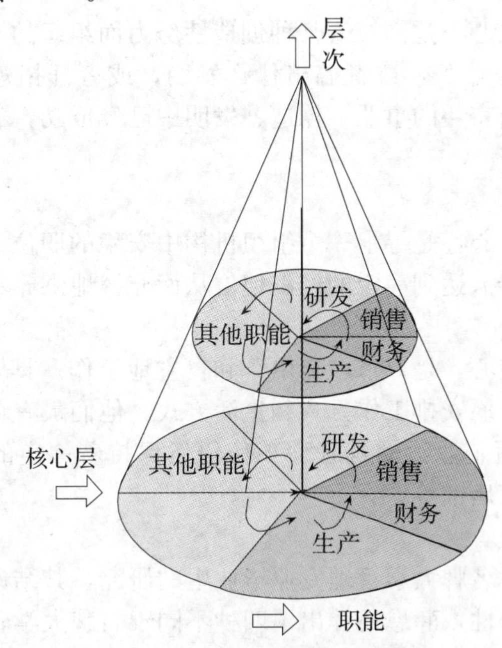

图 10–2　职业生涯三维结构

资料来源：余凯成．人力资源开发与管理．北京：经济管理出版社，1997：244.

三、确定终身职业

（一）职业生涯归宿——管理人才的系留点

薛恩的职业生涯系留点理论，是职业生涯发展理论中的重要内容。该理论反映人们在有了相当丰富的工作阅历以后，真正乐于从事某种职业，并把它作为自己终身职业归宿的思想原因。或者说，某种因素把人“系”在一种职业上。在经过长期的职业实践后，人们对个人的“需要与动机”“才能”“价值观”有了真正的认识，即找到了职业方面的“自我”与适合自我的职业，这就形成了人们终身所认定的、假定的再一次职业选择时最不肯舍弃的因素，即“职业生涯系留点”[①]（career anchor）。我国学者又把这一理论称为“职业锚”理论，即人们选中了一种职业，就此“抛锚”、安身。

薛恩把麻省理工学院管理系毕业生的系留点划分为以下五种类别。

1. 技术性能力

这种人的整个职业生涯核心，是追求自己擅长的技术才能和职能方面的工作能力的发挥。其价值观是愿意从事以某种特殊技能为核心的挑战性工作。这批校友最后从事的是技术性职员、职能部门领导等各种职业。

2. 管理能力

这种人的整个职业生涯核心，是追求某一单位中的高职位。他们沿着一个单位的权力阶梯逐步攀升，直到全面执掌权力的高位。这种管理能力体现为分析问题、与人们周旋应付和在不确定情况下做出难度大的决策。他们追求的目标为总裁、常务副总裁等。

3. 创造力

这种人的整个职业生涯核心，是围绕着某种创造性努力而组织的。这种努力的结果是他们创造了新产品、新的服务业务，或者搞出什么发明，或者开拓建立了自己的某项事业。这批校友中，有的人在所奋斗的事业、创造、发明中已经成功，有的人仍然在奋斗和探索着。

4. 安全与稳定

这种人的整个职业生涯核心，是寻求一个组织机构中安稳的职位。这种职位能长期就业，有稳定的前途，能够使个人达到一定的经济地位从而充裕地供养家庭。

5. 自主性

这种人的整个职业生涯核心，是寻求“自由”和自主地工作。具体来说，是能够自己安排时间，能够按照自己的意愿安排工作方式和生活方式。他们最有可能离开常规性的公司、企业，但是其活动与工商企业活动及管理工作仍然保持着一定的联系，其职业如教书、搞咨询、写作、经营一家店铺等。

（二）其他职业的系留点

薛恩的上述研究结论是对名牌大学管理专业毕业生的研究，其结论的适应性有着一定的范围。鉴于社会职业的广泛性，薛恩还提出了四种不同于名牌大学管理专业毕业生的社会从业人员可能具有的职业生涯系留点。

这包括：其一，基本认同，其含义是在一些社会阶层较低的职业层面，一个人的头衔、制服和其他职务标记可以成为“自我”定义的基本根据，如哈佛大学的校工不说自己是校工职业而强调自己“在哈佛工作”的身份；其二，服务，即劳务；其三，权力欲及扩展；其四，工作中的多样性追求。

① 职业生涯系留点也被翻译为“职业锚”“职业着眼点”。

第三节　组织的职业生涯管理

一、职业生涯规划

（一）制定职业生涯规划表

职业生涯规划表，是组织对员工实施职业生涯规划与管理的主要方法之一，也是设计、实施和观察职业生涯规划与管理的重要工具。

职业生涯规划表可以有不同的内容和多种模式，要根据一个组织的具体情况和职业生涯规划与管理需要来选择和制定。基于职业类别、生涯目标体系内容和生涯通道的综合考虑，可将人生各个规划时期的目标与实施内容列成表格（见表 10－2）。

表 10－2　　　　**职业生涯规划表**

第　次生涯计划　　　上次计划时间：　　年　　月　　日

<table>
<tr><td>姓名</td><td></td><td>员工编号</td><td></td></tr>
<tr><td>年龄</td><td></td><td>性别</td><td></td></tr>
<tr><td>所学专业</td><td></td><td>学历</td><td></td></tr>
<tr><td>目前任职岗位</td><td></td><td>岗位编号</td><td></td></tr>
<tr><td>目前所在部门</td><td></td><td>部门编号</td><td></td></tr>
<tr><td>计划制定时间</td><td>年　　月　　日</td><td>部门负责人</td><td></td></tr>
<tr><td colspan="4">职业类别
（在选定种类的题号上画“√”，可选择两个或以上）
1. 管理　2. 技术　3. 营销　4. 操作　5. 辅助
如选择的职业类别更具体、细化，请进一步说明：</td></tr>
<tr><td colspan="4">人生目标
人生目标结构：
1. 岗位目标：
2. 技术等级目标：
3. 收入目标：
4. 社会影响目标：
5. 重大成果目标：
6. 其他目标：
人生通道：
（1）图示（简略）：
（2）简要文字说明：
实现人生目标的战略要点：</td></tr>
<tr><td colspan="4">长期目标（通常在 10 年以上）
长期目标结构：
长期通道：
实现长期目标的战略要点：</td></tr>
</table>

中期目标（通常在3年以上）
中期目标结构： 中期通道： 实现中期目标的战略要点：
短期目标（通常在1年以上）
短期目标结构： 短期通道： 实现短期目标的战略要点：

资料来源：马士斌．生涯管理．北京：人民日报出版社，2001：60-63.

（二）员工自我分析

员工首先应对自己的基本情况（包括个人的优势、弱点、经验、绩效、喜恶等）有较为清醒的认识，然后在本人价值观的指导下，确定自己近期与长期的发展目标，进而拟订具体的职业发展计划。此计划应有一定的灵活性，以便根据自己的实际情况进行调整。

进行正确的自我分析和自我评价并不是一件简单的事情，要经过较长时期的自我观察、自我体验和自我剖析。其中，员工自我评价就是通过对一系列问题的回答来分析自己的能力、兴趣和爱好等的方法。

（三）组织对员工的评估

组织评估是组织指导员工制订职业计划的关键。组织评估的方法主要有以下三种：

第一，从选择员工的过程中收集有关的信息资料（包括能力测试，员工填写的有关教育、工作经历的表格以及人才信息库中的有关资料）做出评估。

第二，通过收集员工在目前工作岗位上表现的信息资料（包括工作绩效评估资料，有关晋升、推荐或工资提级等方面的情况）做出评估。

第三，通过心理测试和评价中心方法做出评估。发达国家的许多大企业组织都设有评价中心，有一支经过特别培训的测评人员。通过员工自我评估以及评价中心的测评，能较确切地测评出员工的能力和潜质，对员工制订自己切实可行的职业计划具有重要的指导作用。

（四）进行职业生涯发展咨询

在制定职业生涯发展规划时，员工往往有下列问题需要咨询帮助：

（1）我现在掌握了哪些技能？我的技能水平如何？我如何去发展和学习新的技能？发展与学习哪些方面的新技能最为可行？

（2）我在目前工作岗位上真正的需要是什么？如何才能在目前的工作岗位上达到既使上司满意，又使自己满意的程度？

（3）根据我目前的知识与技能，我是否可以或有可能从事更高一级的工作？

（4）我下一步朝哪个职位（或工作）发展为好？如何去实现这个目标？

（5）我的计划目标是否符合本组织的情况？如我要在本组织实现我的职业计划目标，应接受哪些方面的培训？

企业的人力资源开发与管理部门及各级管理人员，应协助员工回答这些问题。要搞好咨询或指导，就要从各方面的信息资料分析中，对员工的能力和潜能做出正确评价，并根据本企业的实际情况，协助员工制订切实可行的职业计划，并对其职业计划目标的实现和途径进行具体指导和必要支持。

二、职业发展通道

为员工提供职业发展通道，是组织的重要责任。一般来说，组织在为员工提供职业发展通道方面需要注意的问题有以下两个方面。

（一）职业明晰路径

组织要全面展示自己的机构、职业阶梯、任职条件、竞争情况和成长概率，使每一个员工都清楚地了解本组织的职业生涯路径。在有条件的情况下，还应当帮助每一个员工进行个性化的生涯发展设计。安徽江淮汽车集团公司实行“员工成长路径”的职业生涯规划与管理方法，进行人力资源整合改革，把员工在组织中的发展路径分为技术、管理、生产三类，各有不同的档次等级，员工的晋升有培训、年限和业绩的条件①。

（二）工作与职业的弹性化

职业生涯规划的目的之一，是促进员工的全面发展。为此，组织要积极推动工作再设计，采取多通道的职业生涯管理，要在一定程度上打通各通道，使员工的职业生涯发展有更多的选择余地。安徽江淮汽车集团公司的员工成长路径，理念是“让每个人有机会成全自己”，员工在不同的职业成长路径之间有着选择的余地和转换的可能，这为普通员工创造了许多脱颖而出的机会。就管理类职务而言，在某职位（如部门经理）有需求的时候，面向集团公司招考。上述方法，使仓库保管员成为搞综合计划的职员，使装配工成为销售员，后又竞聘成为副经理②。

三、职业生涯规划评价

年度评价，是职业生涯规划与管理的一项重要手段。从基本意义上说，年度评价是周期性地对组织职业生涯规划与管理进行“盘点”，它有利于组织检查职业生涯规划与管理工作的效果，发现存在的问题，根据组织及环境的变化及时调整职业生涯规划工作，使职业生涯规划与管理的对象了解情况、积极参与并及时做出调整。

职业生涯规划年度评价的具体方法，包括自我评估、直线经理评估和全员评估几种。一般来说，自我评估是自主和自觉的评估，也是能够取得实效的评估；直线经理评估比较详细，能够与组织的工作有机结合，而且容易跟进组织的职业生涯管理措施；全员评估类似于人力资源绩效评价中的360度考核，评估结果比较全面和客观。

在年度评价之后，专职人员往往要与员工进行谈话，并采取一定的职业生涯规划调整措施。

四、职业生涯面谈

职业生涯面谈，一般是由人力资源部门的职业生涯专职管理人员或者由员工的精神导

①② 哈晓斯．天生我才必有用——安徽江淮汽车集团公司建立员工成长路径记事．中国劳动，2002（5）．

师对员工实施。其作用是：其一，有利于职业生涯规划与管理的深入；其二，弥补直线经理在职业生涯规划与管理方面的不足；其三，发现员工在职业生涯中的问题，并帮助其解决。

从员工个人的角度看，职业生涯规划与发展主要存在以下问题：其一，人生目标选择不当，包括人生目标的层次定位不当（定得太高或太低）、目标的侧重点定得不合理；其二，生涯通道设计不当，与别人撞车、轮岗时间太长或太短、轮岗顺序不合理等；其三，生涯规划不够周密，长期计划缺乏生涯战略，短期计划制订得不详细，没有与轮岗、培训工作结合起来；其四，培训不足，在实现职业规划目标的过程中，特别是在岗位变换之后，常常感到力不从心①。

不论是职业生涯专职管理人员，还是员工的精神导师，都要学习并掌握面谈技术和一定的心理咨询与诊治知识，这样才能取得较好的职业生涯面谈效果。

本章小结

本章介绍了职业和职业生涯的基本范畴，分析了个人职业生涯发展中的关键点，阐述了组织中职业生涯管理操作的具体内容。

关键概念

职业　职业生涯　职业生涯规划　职业生涯三维结构　职业生涯系留点　职业锚　职业发展通道　职业生涯面谈

复习题

1. 职业生涯的含义是什么？
2. 工作三阶段的内容分别包括什么？
3. 个人职业生涯规划的关键点有哪些？
4. 组织对员工的职业管理包括哪些具体内容？

讨论提高题

1. 如何看待个体一生中的职业生涯机会与风险？
2. 你如何在职业生涯发展中处理好工作三阶段的任务？结合实际情况谈谈哪个阶段的工作比较困难，应如何解决。
3. 举例说明个体应如何规划职业生涯。
4. 组织在人力资源管理中进行职业生涯规划的原则和方法是什么？结合案例或用人单位实例，分析职业生涯规划在组织管理中的地位。
5. 如何处理个人发展与组织目标、组织前景的关系？
6. 假定你是一家跨国公司的人力资源高级管理专家，你对你公司的经理层、技术人员、业务工作人员和一线操作人员如何进行职业生涯规划？设计一套工作方案。

---

① 马士斌. 生涯管理. 北京：人民日报出版社，2001：66.

本章学习案例

通用和万科的潜力人才选拔

管理学大师彼得·德鲁克在《管理的实践》一书中指出，企业在选拔来自外部的管理者的时候，大约3个中有1个是准确的。半个多世纪过去了，这个数据用在今天的企业身上依然有效，实际上中国企业的平均成绩尚未达到德鲁克讲的这个水准，即使在管理水平较为领先的西方企业那里，选拔外部管理者的准确率也始终在50%上下徘徊。

通用汽车和万科的秘诀

在寻找最值得信赖的人才选拔方式之前，让我们先来看两个人才管理的"最佳实践"。

德鲁克曾在通用汽车（GM公司）内部研究管理课题。通过考察，他发现了通用汽车拥有众多人才的秘诀：郑重其事。斯隆本人几乎把大半的时间用于人事问题，在他的记事本上，有某一年份143个人事决策的备忘录，没有其他任何事情在他的时间表里占到这么大的分量。斯隆虽然在高管会议上积极参与策略讨论，却总把主导权交给专家们，但是一谈到人事的问题，主导的一定是他本人。通用汽车的高管会议多半时间也是花在人事问题的讨论上，而非公司政策的研究。有一次，会议针对基层员工工作和职务分派的问题讨论了好几个小时，令德鲁克颇为不解。对此，斯隆的解释是："公司给我这么优厚的待遇，就是要我做重大决策，而且不要发生失误。请你告诉我，哪些决策比人的管理更重要呢?"

万科是房地产企业。房地产项目周期非常长，一般需要5年左右，因此人才队伍很难像其他行业如制造业那样迅速复制和膨胀，而万科不仅满足了自身的人才需求，还在客观上成为同行的人才"黄埔军校"。是什么原因使得万科在如此高速的发展中，职业的管理者源源不断地涌现?

万科的秘诀可以用"50"和"500"两个数字来概括。每年，在集团人力资源部的牵头下，根据员工的业绩、上级主管的推荐和人力资源部的审核，万科会从一线挑选出一个具有上升潜质的管理后备队伍，这个队伍包括两部分：一部分是从基层上升到中层的，大概500人；一部分是从中层上升到高层的，大概50人。

对于500人，万科采取问卷评估与反馈、职业发展对话等方式，对员工的能力有一定的了解后制订针对性的发展计划，如轮岗、双向交流等。对于50人，万科通过360度访谈、领导力发展中心以及其他培养方式等，在对其能力加以了解的同时，也发展了其能力。在领导力发展中心实施期间，公司总经理、主管人力资源的副总经理等都会到现场，考察这些管理者的特点、能力所长、需要改进的地方等。

更为重要的是，在这些潜力人员晋升到更高的岗位之前，公司有较多的时间来考察他们，员工也能得到大量的实践机会，因此，公司很容易找出那些一贯业绩优异，且确有管理能力的人选，在公司用人之际予以任命。通过"50"和"500"两个数字的持续滚动，万科实现了管理人才梯队的延续和扩张。

最值得信赖的方式

通用汽车和万科的做法告诉我们，主管人员选拔最值得信赖的方式，或许就是在实践中发现、培养未来的管理者。这种方法没有像招聘面试中的那样需要当机立断，相反，它需要漫长、持续、稳定、艰苦的努力。但是由于它依赖的是一贯的业绩和可靠的行为，因此是最值得信赖的。

不仅是通用汽车和万科，在无数优秀企业，我们都看到了类似的情况。如每个周末，宝洁公司的总裁都会在自家的后花园与公司的人力资源负责人就全球的经理人队伍进行详细的探讨。海尔“赛马不相马，人人是人才”的机制也在业内广为流传，这种培养管理者的机制使海尔获得了无可比拟的人才优势。

是不是说外部招聘就不可取了呢？实际上，任何快速发展的公司都需要在内部培养相当数量的管理者，以满足业务增长对管理人才的需求，同样，任何公司在特定时期都需要招聘空降兵，以满足其特定需要并改善人员结构。因此，在招聘中准确识人的能力和在实践中考察人的方式，都是不可或缺的。任何企业都应该同时善用这些方式，而不能顾此失彼，否则就会造成长短不兼顾的局面。但是，从获得长远的人才竞争优势而言，显然内部培养更为重要。因为过于依赖空降兵，往往是公司灾难的开始。

思考题：

1. 该案例告诉我们，主管人员选拔最值得信赖的方式是什么？
2. 试讨论通用和万科在主管人员选拔中的可取之处。
3. 根据案例，是否能说外部招聘就不可取了呢？试说明理由。

第三篇

人力资源管理

第十一章

工作分析

本章要点

◇工作分析的含义
◇工作分析的流程
◇工作分析的常见方法
◇编写工作说明书

本章引例

“玛丽，我一直想象不出你究竟需要什么样的操作工人。”海湾机械公司人力资源部约翰·安德森说，“我已经给你提供了四位面试人选，他们好像都满足工作说明书中规定的要求，但你一个也没录用。”

“什么工作说明书？”玛丽答道，“我所关心的是找一个能胜任那项工作的人。但是你给我派来的人都无法胜任，而且，我从来就没有见过什么工作说明书。”

约翰递给玛丽一份工作说明书，并逐条解释给她听。他们发现，要么是工作说明与实际工作不相符，要么是在制定工作说明以后实际工作又有了很大变化。比如，工作说明书中规定了有关老式钻床的使用经验，但实际所使用的是一种新型数字式机床。为了有效地使用这种新机器，人们必须掌握更多的数学知识。

听了玛丽对操作工人必须具备的条件及应当履行职责的描述后，约翰说：“我想现在我们需要合作写一份准确的工作说明书，以它为指导，我们就能找到适合这项工作的人。我们今后加强工作联系，这种状况就不会发生了。”

第一节　工作分析概述

一、工作分析的含义

工作分析，也被称为职位分析、岗位分析或工作描述，它是对组织内各类岗位的工作性质、任务、劳动条件以及员工的胜任资格进行系统的分析，并做出明确规定的过程。可以说，它在组织中的功用是制定工作标准。从定义可以看出：工作分析实质上是获得与工作相关的信息的过程。工作相关的信息包括工作自身的信息和员工胜任资格方面的信息两个方面。工作自身的信息具体包括工作的性质、任务、劳动环境和条件等；员工的胜任资格通常包括完成岗位工作要求所需要的基本知识、技能、经验等。也可以将这两项内容概括为6W1H：

（1）用谁（who）：具备什么资格条件的人能完成此项工作？

（2）做什么（what）：工作人员完成什么样的体力或脑力活动？

（3）何时（when）：工作将在什么时候完成？

（4）何地（where）：工作将在哪里完成？

（5）为什么做（why）：为什么要完成此项工作？

（6）为谁做（for whom）：工作对谁负责？

（7）如何做（how）：工作人员如何完成此项工作？

二、工作说明书的内容

工作分析的最终成果是形成一份工作说明书。一份完整的工作说明书是包含着特定岗位工作信息及员工胜任资格的目录清单。工作说明书最明显的特点是以直观、清晰的形式向人们展示关于工作是做什么、如何做、在哪里做以及什么条件下做等一系列完整的信息。工作说明书没有统一的标准格式，在实际运用中，会因为工作性质、工作说明书的用途以及工作分析者的不同而产生差异，但其所涵盖的基本工作信息和内容是相同的，主要包括以下几个方面①：

（1）工作标识：包括工作名称、所在部门、岗位等级、工作编号。

（2）工作综述：主要工作职责的简要说明。

（3）工作内容：应该做什么、如何去做、工作标准是什么。

（4）岗位关系：横向关系、纵向关系（监督与被监督）。

（5）工作权限：工作的责、权、利。

（6）其他信息：工作条件和环境、工作方式和设备、工作的时间分配。

表 11－1 为工作说明书的范例。

表 11－1　　某体育用品企业人力资源部经理工作说明书

职位：经理　　工作地点：上海浦东新区　　所属部门：行政人事部

职位职责：

主要职责活动	关键衡量标准
（1）建立有效的绩效考核	（1）制度公平积极，符合公司和员工利益
（2）致力于公司的组织文化建设	（2）通过各种方法提炼和丰富企业文化
（3）培训	（3）建立和不断完善培训机制和内容
（4）招聘	（4）配合公司发展需要提供最合适人才

任职资格：

教育程度：全日制大学本科以上　　专业：人力资源、心理学、中文或其他管理类学科

年龄：32 岁～38 岁

相关工作经验（包括年限要求）：

（1）5 年以上人力资源工作经验，其中 3 年以上人力资源经理岗位工作经验

（2）擅长招聘和绩效考核

（3）在组织文化建设方面有深刻的认识和体会，并曾做出显著成绩

知识：人力资源、心理学、中文或其他管理类学科

个性特征：正直、热情、有责任心，热爱人力资源工作，有不断学习的精神和习惯，学习能力强

关键能力：亲和力、沟通能力

技能要求：

（1）5 年以上人力资源工作经验，其中 3 年以上人力资源经理岗位工作经验

（2）在组织文化建设方面有深刻的认识和体会，并曾做出显著成绩

其他相关条件：语言能力、计算机操作能力

简要组织结构图：

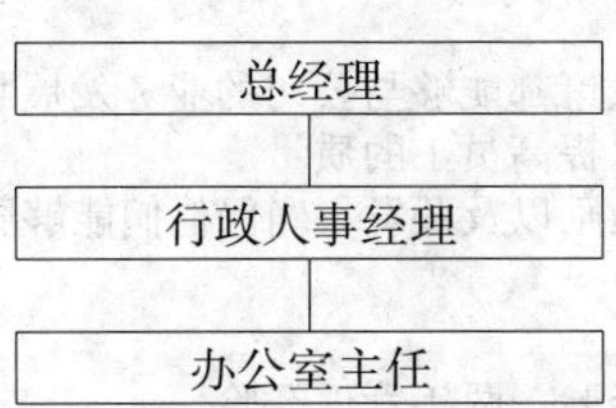

汇报人层级关系：上下级关系

直接汇报对象：总经理　　直接下属：办公室主任

① 侯典牧，等. 人力资源经理 360 度全程序工作手册. 北京：中国经济出版社，2006：29-30.

三、工作分析的基础性地位

工作分析最终解决的是“某一职位应该做什么?”和“什么样的人来做最适合?”的问题。这两个问题的回答是人力资源管理各项其他职能活动的基础，是最基本的一项人力资源管理职能。人力资源管理对员工进行的各项管理活动，建立在员工所处的职位或其所承担的工作的基础上。具体来说，工作分析的基础性地位如下：

第一，工作分析界定不同职位工作之间的差异，有助于协同管理。职位的划分是劳动分工的需要，不同的职位所承担的职责、工作的复杂程度、技能要求等都有差别。借助于工作分析，员工本人以及企业的经营管理者能够充分了解每一个工作岗位的工作状况，有效避免职位间的职责交叉及职位空缺现象，并通过整合各工作环节疏通业务流程，提高组织的生产效率。

第二，工作分析是其他人力资源管理工作的信息基础，有利于实现员工与职位的匹配度。比如，在企业招聘新员工时，工作分析就被用以作为企业招聘的信息基础。表 11－2 的招聘启事中，清晰地列出了所需招聘的职位名称、职位的主要职责以及所需员工的任职要求。这些信息都是人力资源部门经理进行工作分析总结出来的，只有根据这些工作分析的要求进行招聘，才能保证组织招到的员工与职位相匹配。除此之外，人力资源规划、员工培训开发、薪酬管理以及绩效管理也都需要借助工作分析提供的职位及员工素质信息。比如，通过工作分析可以对各职位的工作量（包括数量和质量）进行分析判断，进而预测出所需要增减的职位与员工的量（也包括数量和质量）；在进行新员工岗前培训时，通常都是以工作说明书中所列的工作内容及任职资格为依据，让新员工了解、熟悉职位，并对照员工自身的差距进行辅导。在为不同员工设计薪酬水平时，也需要对不同员工的工作价值进行评价与区分，这时工作分析就提供了关于工作价值的重要信息，从而确保薪酬的内部公平性。在绩效考核时，工作分析对职位所从事工作以及任职要求的规定就为绩效考核提供了明确的标准，有助于降低评价的主观性，提高绩效考核的精确性与科学性。

表 11－2　　工作分析在招聘中的应用：招聘启事

职位名称：人力资源经理（分公司）

职责：

- 确保所有的人力资源战略和政策都能够与公司的业务发展相匹配
- 确保对员工进行有效的培训以提高员工的质量
- 通过对下属的甄选、培训、激励以及开发，确保他们能够胜任当前以及未来的职责

任职资格：

- 大学及大学以上教育程度
- 人力资源领域五年以上工作经验，两年管理经验
- 对国家政策和规章制度有比较全面的了解
- 良好的英语和计算机应用能力

第二节　工作分析的流程

工作分析的流程就是获取工作信息的过程。这个过程是技术性、操作性较强的活动，需要运用适当的方法，遵循一定的步骤才能高效完成。一般而言，工作分析由前期准备阶段、信息获取阶段以及信息处理与汇总阶段三个环节构成。这三个环节相互联系、相互衔接并相互影响。

一、工作分析的前期准备阶段

为了确保工作分析的有序进行，进行有计划的前期准备是必要的。准备阶段的工作主要包括明确工作分析的目的、组建工作分析小组。

（一）明确工作分析的目的

这一步骤主要是明确工作分析的最终用途，即要具体应用到哪项人力资源管理职能活动中。之所以要明确工作分析的目的，主要是因为目的不同，所要收集的工作信息及选用的方法会有所不同。比如，当工作分析用于为新员工专业技术培训提供信息指导时，工作分析应侧重关注工作的主要职责与任务、工作的考核标准以及对任职者的知识、技能要求。而当工作分析用以作为员工薪酬的支付依据时，则应突出描述工作的具体职责、岗位等级以及所需任职者的资格等级。

（二）组建工作分析小组

工作分析的技能要求较强，工作量也较大，除了由企业人力资源管理部门工作分析的专员来完成外，通常还需要企业的高层领导以及外部的专家顾问参与，共同组成一个工作分析小组，来有计划地开展工作分析。之所以由企业内部和外部、实务工作者和理论工作者共同参与工作分析，也是为了运用专业人士的丰富经验和专门技术，并防止单一人员在工作分析中出现偏差，有利于结果的客观性和科学性。

通常，在正式开始工作前进行专门的培训，由外部专家和顾问对本企业参加工作分析小组的成员进行理论及实务上的技能辅导。

二、工作分析的信息获取阶段

工作信息的获取是进行工作分析的核心环节。在这一环节，工作分析小组需要确定合适的工作信息源，运用合适的方法收集工作分析各方面的有效信息。

（一）确定合适的工作信息源

工作分析所需的信息包括间接信息（工作分析的背景信息）与直接信息（与工作本身以及任职者相关的信息）。间接信息主要包括：国际与我国权威的职位分类标准（主要有

《国际标准职业分类》《职业岗位分类辞典》《中华人民共和国职业分类大典》[①]）、公司的组织结构图与业务流程图、公司现有的工作分析资料与工作说明书等。国际标准的职业分类信息主要是为我们提供详细、标准化的工作内容及工作任务描述；企业现有的组织结构与业务流程图为工作分析提供了组织自身的特有信息；原有的职业标准与工作说明书则是工作分析者审查并重新编制工作说明书的参考。直接信息主要包括下列两个方面[②]：（1）与职位相关的企业内部人员——该职位的任职者本人、该职位员工的同事、上级以及对该职位产生影响或受其影响的相关人员。任职者、直接上级和相关管理者是最为可靠的信息来源。（2）组织外部的相关人员——组织的客户、组织的策略联盟者、组织的上游供应商、组织的销售渠道专家、外部工作分析或人力资源管理专家。

在实际进行工作分析时，需要根据所要分析职位的特点及组织的实际情况，选择适宜的信息源。

（二）运用合适的方法

收集工作信息的方法很多，既有定性的，也有定量的。但是，每种方法都有其自身的优势和局限性，尤其是适用范围，需要根据实际需要选择恰当的方法以收集到有用的信息。

三、工作分析的信息处理与汇总阶段

这个阶段的主要任务是对收集到的所有信息进行全面、系统的整理和分析，然后，进行高度概括总结，形成规范的工作说明书。具体说来，包括以下几方面的具体工作：

（1）根据获取的工作信息编写工作说明书草稿；

（2）将草稿与该职位的实际工作进行比照；

（3）根据比照结果确定是否需要再次进行信息收集与调研；

（4）反复修正工作说明书草稿；

（5）形成规范性的定稿，用于实际工作。

为了增强工作说明书的可信性，通常由人力资源管理部门的专业人士来编写工作说明书，由任职者本人及直接上级参与提供信息及草稿的审查和修改。工作说明书一经确定，即可成为其他人力资源管理职能活动的基础与信息依据。但是，随着组织及工作的变化，工作说明书要及时进行更新，反映新的工作变化，体现工作的真实状态。

第三节　工作分析的常见方法

工作分析需要借助科学的方法来收集相关信息，这些方法既有定性方法，也有定量方

① 《中华人民共和国职业分类大典》是我国第一部对职业进行科学分类的权威性文献，它的编制与国家标准《职业分类与代码》的修订同步进行，相互完全兼容，因此，它本身也代表了国家标准。

② 彭剑锋．现代企业职位分析——理念、技术与案例．淘豆网，2014-04-25.

法。下面简要介绍在我国组织中应用最为普遍的几种方法。

一、观察法

观察法是由有经验的人员在不影响被观察人员正常工作的情况下，通过现场观察将工作人员的工作内容、实际工作过程及工作方式以及工作中所使用的设备、工作环境等信息记录下来，并进行归纳、整理的一种工作分析方法。这种方法是最简单、最常见的一种工作信息获取方法。

通过现场观察，能够了解特定职位的工作过程，记录员工的各种工作行为，了解工作中所使用的工具设备，了解工作程序、工作环境和体力消耗等。可以说，观察法在工业工程师进行动作研究时最为有效。其主要优点是：取得的信息比较客观和正确。一般来说，观察法更适用于标准化、周期短、以体力活动为主的工作，适合于比较简单、重复性较强、容易观察的工作，而不适用于工作循环周期长、以智力活动为主、没有时间规律与表现规律的工作。因为这些工作的过程与结果不易被准确观察到。在操作中，观察法常与访谈法同时使用。

为了提高观察分析的效果与效率，采用观察法进行岗位分析时，要求：根据工作分析的目的和组织现有的条件，事先确定观察内容、观察时间、观察位置、观察所需的记录单；观察者有足够的实际操作经验；所有重要的工作内容与方式都应记录下来，且观察和记录应确保结构化；应选择不同的工作分析人员在不同时间对同一工作进行观察，以消除单个分析者对不同工作者行为方式存在的主观性。

二、访谈法

访谈法是工作分析者与相关人员通过面对面交流来获取工作信息的方法。当工作分析人员不能去工作现场进行观察（不可能实际去观察、不可能去现场观察或难以观察）获取信息时，运用访谈法了解岗位的工作信息就是一种常用的方法。

访谈对象既可以是该职位的任职者本人，也可以是对工作较为熟悉的直接主管人员、与该职位工作联系比较密切的工作人员以及任职者的下属等。通过面对面交流，工作分析者可以了解到关于工作的一般信息以及有关任职者的工作方式、态度、工作能力、动机等深层次内容。

访谈法的优点：既可以得到标准化的工作信息，又可以获得非标准化工作的信息；既可以获得体力工作的信息，又可以获得脑力工作的信息；同时可以获取其他方法无法获取的信息，如工作经验、任职资格等，尤其适合对文字理解有困难的人。其不足之处是，被访谈者对访谈的动机往往持怀疑态度，回答问题有所保留，信息有可能被扭曲。因此，访谈法一般不能单独用于信息收集，需要与其他方法结合使用。

高效访谈的关键是访谈内容的结构化。即为了确保访谈所获取的信息更全面、更节省时间，一般要事先设计访谈提纲，交给访谈者准备。在实际访谈时，按照事先拟定好的访谈提纲进行交流和讨论。

表 11－3 列出了用于工作分析的访谈提纲样式。

表 11-3　　访谈提纲（部分）

- 您的工作名称（或职务名称）是什么？
- 您对谁负责（您的直接负责人的名称或头衔）？
- 哪些人由您负责？多少人由您直接负责？
- 您工作的主要目标是什么？
- 您主要的工作任务和职责是什么？哪些必须做？为什么要做？您如何做？
- 您是否承担预算责任？
- 您怎么分配您的工作时间？
- 您的工作中最具挑战性的是什么？
- 工作前您必须做哪些准备工作？
- 在采取行动之前，有哪些决策必须请示或通知您的下属？
- 您和公司内外哪些人有定期接触？
- 您的接班人需要哪些知识和资格才能完全胜任？

…………

三、问卷调查法

问卷调查法是由工作分析者根据工作分析的目的、内容等事先设计一套调查问卷，由被调查者填写，再将问卷加以汇总，从中找出有代表性的回答，形成对工作分析的描述信息。通常，问卷的内容是由工作分析人员编制的工作相关的一些问题或陈述，包括封闭式和开放式两种形式。封闭式调查问卷是调查人事先设计好答案，由被调查人选择确定；开放式调查问卷是由被调查人自由回答问卷所提问题。

问卷调查法的优点是费用低、速度快、调查范围广，尤其适合对大量工作人员进行工作分析；调查结果可以量化，进行计算机处理，开展多种形式、多种用途分析。但是，这种方法对问卷设计要求比较高，设计问卷需要花费较多的时间和精力，同时需要被调查者的积极配合。

表 11-4、表 11-5 分别列出了两种问卷调查的问卷体例。

表 11-4　　封闭式工作分析调查问卷

<table>
<tr><td>姓名</td><td></td><td>职称</td><td></td><td>现任职务（工作）</td><td></td><td>工龄</td><td></td></tr>
<tr><td>性别</td><td></td><td>部门</td><td></td><td>直接上级</td><td></td><td>进入公司时间</td><td></td></tr>
<tr><td>年龄</td><td></td><td>学历</td><td></td><td>月平均收入</td><td></td><td>从事本工作时间</td><td></td></tr>
<tr><td>工作时间要求</td><td colspan="7">1. 正常的工作时间每日________时开始至________时结束。
2. 每日午休时间为________小时，________%的时间可以保证。
3. 每周平均加班时间为________小时。
4. 实际上下班时间是否随业务情况经常变化：总是，有时是，偶尔是，否。
5. 所从事的工作是否忙闲不均（是，否）。
6. 若工作忙闲不均，最忙时常发生在哪段时间________________。
7. 每周外出时间占正常工作时间的________%。
8. 本地出差情况，每月平均________次，每次平均需要________天。
9. 本地外出情况，平均每周________次，每次平均需要________天。
10. 外地出差时所使用的交通工具按使用频率排序：
11. 本地外出时所使用的交通工具按使用频率排序：
12. 其他需要补充的问题：</td></tr>
</table>

<table>
<tr><td rowspan="6">工作目标</td><td colspan="2">主要目标：</td><td colspan="4">其他目标：</td></tr>
<tr><td colspan="2">1.</td><td colspan="4">1.</td></tr>
<tr><td colspan="2">2.</td><td colspan="4">2.</td></tr>
<tr><td colspan="2">3.</td><td colspan="4">3.</td></tr>
<tr><td colspan="2">4.</td><td colspan="4">4.</td></tr>
<tr><td colspan="2">5.</td><td colspan="4">5.</td></tr>
<tr><td>工作概要</td><td colspan="6">用简练的语言描述一下您所从事的工作：</td></tr>
<tr><td rowspan="7">工作活动程序</td><td>活动名称</td><td>作业程序</td><td>依据</td><td colspan="3">考核标准</td></tr>
<tr><td></td><td></td><td></td><td colspan="3"></td></tr>
<tr><td></td><td></td><td></td><td colspan="3"></td></tr>
<tr><td></td><td></td><td></td><td colspan="3"></td></tr>
<tr><td></td><td></td><td></td><td colspan="3"></td></tr>
<tr><td></td><td></td><td></td><td colspan="3"></td></tr>
<tr><td></td><td></td><td></td><td colspan="3"></td></tr>
<tr><td rowspan="22">工作活动内容</td><td rowspan="2">名称</td><td rowspan="2">结果或形成的文档</td><td rowspan="2">占全部工作时间的百分比（%）</td><td colspan="3">权限</td></tr>
<tr><td>承办</td><td>需报审</td><td>全权负责</td></tr>
<tr><td>1.</td><td></td><td></td><td></td><td></td><td></td></tr>
<tr><td>2.</td><td></td><td></td><td></td><td></td><td></td></tr>
<tr><td>3.</td><td></td><td></td><td></td><td></td><td></td></tr>
<tr><td>4.</td><td></td><td></td><td></td><td></td><td></td></tr>
<tr><td>5.</td><td></td><td></td><td></td><td></td><td></td></tr>
<tr><td>6.</td><td></td><td></td><td></td><td></td><td></td></tr>
<tr><td>7.</td><td></td><td></td><td></td><td></td><td></td></tr>
<tr><td>8.</td><td></td><td></td><td></td><td></td><td></td></tr>
<tr><td>9.</td><td></td><td></td><td></td><td></td><td></td></tr>
<tr><td>10.</td><td></td><td></td><td></td><td></td><td></td></tr>
<tr><td>11.</td><td></td><td></td><td></td><td></td><td></td></tr>
<tr><td>12.</td><td></td><td></td><td></td><td></td><td></td></tr>
<tr><td>13.</td><td></td><td></td><td></td><td></td><td></td></tr>
<tr><td>14.</td><td></td><td></td><td></td><td></td><td></td></tr>
<tr><td>15.</td><td></td><td></td><td></td><td></td><td></td></tr>
<tr><td>16.</td><td></td><td></td><td></td><td></td><td></td></tr>
<tr><td>17.</td><td></td><td></td><td></td><td></td><td></td></tr>
<tr><td>18.</td><td></td><td></td><td></td><td></td><td></td></tr>
<tr><td>19.</td><td></td><td></td><td></td><td></td><td></td></tr>
<tr><td>20.</td><td></td><td></td><td></td><td></td><td></td></tr>
</table>

<table>
<tr><td rowspan="13">失误的影响</td><td rowspan="3">经济损失</td><td>1.</td><td rowspan="12">说明：
1 2 3 4 5
轻 较轻 一般 较重 重

其他情况：</td></tr>
<tr><td>2.</td></tr>
<tr><td>3.</td></tr>
<tr><td rowspan="3">公司形象受损</td><td>1.</td></tr>
<tr><td>2.</td></tr>
<tr><td>3.</td></tr>
<tr><td rowspan="3">经济管理损害</td><td>1.</td></tr>
<tr><td>2.</td></tr>
<tr><td>3.</td></tr>
<tr><td rowspan="3">其他损害（请注明）</td><td>1.</td></tr>
<tr><td>2.</td></tr>
<tr><td>3.</td></tr>
<tr><td colspan="2">若您的工作出现失误，会发生下列哪种情况？
1. 不影响其他人工作的正常进行。
2. 只影响本部门内少数人。
3. 影响整个部门。
4. 影响其他几个部门。
5. 影响整个公司。</td><td>说明：
如果出现多种情况，请按影响程度由高到低依次把编号填写在下面括号中。
（　　　　　　　　）</td></tr>
<tr><td>内部接触</td><td colspan="2">1. 在工作中不与其他人接触。（　）
2. 只与本部门内几个同事接触。（　）
3. 需要与其他部门的人员接触。（　）
4. 需要与其他部门的主管接触。（　）
5. 需要同所有部门的主管接触。（　）</td><td>将频繁程度等级填入左边的括号中
偶尔 经常 非常频繁
1 2 3 4 5</td></tr>
<tr><td>接触</td><td colspan="2">1. 不与本公司以外的人员接触。（　）
2. 与其他公司的人员接触。（　）</td><td>将频繁程度等级填入左边的括号中
偶尔 经常 非常频繁
1 2 3 4 5</td></tr>
<tr><td rowspan="2">监督</td><td colspan="3">1. 直接和间接监督的人员数量。（　）
2. 被监督的管理人员数量。（　）
3. 直接监督人员的层次：一般职工、基层管理人员、中层管理人员、高层管理人员。（　）</td></tr>
<tr><td colspan="3">1. 只对自己负责。（　）
2. 对职员有监督指导的责任。（　）
3. 对职工有分配工作、监督指导的责任。（　）
4. 对职工有分配工作、监督指导和考核的责任。（　）</td></tr>
<tr><td rowspan="3">工作基本特征</td><td colspan="3">1. 不需对自己的工作结果负责。（　）
2. 仅对自己的工作结果负责。（　）
3. 对整个部门负责。（　）
4. 对自己的部门和相关部门负责。（　）
5. 对整个公司负责。（　）</td></tr>
<tr><td colspan="3">1. 在工作中时常做些小的决定，一般不影响其他人。（　）
2. 在工作中时常做一些决定，对有关人员有些影响。（　）
3. 在工作中时常做一些决定，对整个部门有影响，但一般不影响其他部门。（　）
4. 在工作中时常做一些大的决定，对自己部门和相关部门有影响。（　）
5. 在工作中要做重大决定，对整个部门有重大影响。（　）</td></tr>
<tr><td colspan="3">1. 有关工作的程序和方法均由上级详细规定，遇到问题可随时请示解决，工作结果须报上级审核。（　）
2. 分配工作时上级仅指示要点，工作中上级并不时常指导，但遇困难时仍可直接或间接请示上级，工作结果仅由上级大概审核。（　）
3. 分配任务时上级只说明要达成的任务或目标，工作的方法和程序均由自己决定，工作结果仅受上级原则审核。（　）</td></tr>
</table>

	1. 完成本职工作的方法和步骤完全相同。(　　) 2. 完成本职工作的方法和步骤大部分相同。(　　) 3. 完成本职工作的方法和步骤有一半相同。(　　) 4. 完成本职工作的方法和步骤大部分不同。(　　) 5. 完成本职工作的方法和步骤完全不同。(　　)	
	在工作中您所接触到的信息经常是： 1. 原始的、未经加工处理的信息。 2. 经过初步加工的信息。 3. 经过高度综合的信息。	说明： 如出现多种情况，请按“经常”的程度由高到低依次填写在下面括号中。 (＿＿＿＿＿＿＿＿)
	在您做决定时，一般依据以下哪种资料？ 1. 事实资料。 2. 事实资料和背景资料。 3. 事实资料、背景资料和模糊的相关资料。 4. 事实资料、背景资料、模糊的相关资料和难以确定是否相关的资料。	说明： 如出现多种情况，请按“依据”的程度由高到低依次填写在下面括号中。 (＿＿＿＿＿＿＿＿)
	在工作中，您需要做计划的程度： 1. 在工作中无须做计划。 2. 在工作中需要做一些小的计划。 3. 在工作中需要做部门计划。 4. 在工作中需要做公司整体计划。	说明： 如出现多种情况，请按“做计划”的程度由高到低依次填写在下面括号中。 (＿＿＿＿＿＿＿＿)
	在您的工作中接触资料的公开性程度： 1. 在工作中所接触到的资料均属公开性资料。 2. 在工作中所接触到的资料属于不可对外公开的资料。 3. 在工作中所接触到的资料属于机密资料，仅对中层以上领导公开。 4. 在工作中所接触的资料属于公司高度机密，仅对少数高层领导公开。	说明： 如出现多种情况，请按“公开性”的程度由高到低依次填写在下面括号中。 (＿＿＿＿＿＿＿＿)
	您在工作中所使用的资料属于哪几种，使用的比例约为多少？ 1. 语言的　　(　　%) 2. 符号的　　(　　%) 3. 文字的　　(　　%) 4. 形象的　　(　　%) 5. 行为的　　(　　%)	
工作压力	1. 在每天工作中是否经常要迅速做出决定？ □没有　□很少　□偶尔　□许多　□非常频繁	
	2. 您手头的工作是否经常被打断？ □没有　□很少　□偶尔　□多　□非常频繁	
	3. 您的工作是否经常需要注意细节？ □没有　□很少　□偶尔　□许多　□非常频繁	
	4. 您所处理的各项任务彼此是否相关？ □完全不相关　□大部分不相关　□一半相关　□大部分相关　□完全相关	
	5. 您在工作中是否要求高度精神集中，如果是，占用工作时间的比重大约是多少？ □20%　□40%　□60%　□80%　□100%	
	6. 在您的工作中是否需要运用不同方面的专业知识和技能？ □否　□很少　□有一些　□较多　□非常多	

<table>
<tr><td rowspan="4"></td><td colspan="3">7. 在您的工作中，是否存在一些令人不愉快、不舒服的感觉（非人为的）？
□ 没有 □ 有一点 □ 能明显感觉到 □ 较多 □ 非常多</td></tr>
<tr><td colspan="3">8. 在工作中是否需要灵活地处理问题？
□ 不需要 □ 很少 □ 有时 □ 较需要 □ 很需要</td></tr>
<tr><td colspan="3">9. 您的工作是否需要创造性？
□ 不需要 □ 很少 □ 有时 □ 较需要 □ 很需要</td></tr>
<tr><td colspan="3">10. 您在履行工作职责时是否有与员工发生冲突的可能？
□ 否 □ 很可能</td></tr>
<tr><td rowspan="11">任职资格要求</td><td>1. 您常起草或撰写的文件资料有哪些？</td><td>等级</td><td>频率</td></tr>
<tr><td>(1) 通知、便条、备忘录
(2) 简报
(3) 信函
(4) 汇报文件或报告
(5) 总结
(6) 公司文件
(7) 研究报告
(8) 合同或法律文件
(9) 其他</td><td></td><td>说明：
1 2 3 4 5
极小 偶尔 不常 一般 经常</td></tr>
<tr><td>2. 您常用的数学知识</td><td>等级</td><td>频率</td></tr>
<tr><td>(1) 整数加减
(2) 四则运算
(3) 乘方、开方、指数
(4) 计算机程序语言
(5) 其他</td><td></td><td>说明：
1 2 3 4 5
极小 偶尔 不常 一般 经常</td></tr>
<tr><td colspan="3">3. 学历要求</td></tr>
<tr><td colspan="3">□ 初中 □ 高中 □ 职业高中 □ 大学专科 □ 大学本科 □ 硕士研究生 □ 博士研究生</td></tr>
<tr><td colspan="3">4. 为顺利履行工作职责，应进行哪些方面的培训？需要多少时间？
<table>
<tr><th>培训科目</th><th>培训内容</th><th>最低培训时间（月）</th></tr>
<tr><td></td><td></td><td></td></tr>
<tr><td></td><td></td><td></td></tr>
<tr><td></td><td></td><td></td></tr>
<tr><td></td><td></td><td></td></tr>
<tr><td></td><td></td><td></td></tr>
</table></td></tr>
<tr><td colspan="3">5. 一个刚刚开始从事本职的人，要多长时间才能基本胜任所有从事的工作？</td></tr>
<tr><td colspan="3"></td></tr>
<tr><td colspan="3">6. 为顺利履行您所从事的工作，需具备哪些方面的工作经历？约多长时间？
<table>
<tr><th>工作经历要求</th><th>最低时间要求</th></tr>
<tr><td></td><td></td></tr>
<tr><td></td><td></td></tr>
<tr><td></td><td></td></tr>
<tr><td></td><td></td></tr>
</table></td></tr>
<tr><td colspan="3">7. 在工作中，您觉得最困难的事情是什么？您通常是怎样处理的？
<table>
<tr><td>困难的事情：</td><td>处理方法：</td></tr>
</table></td></tr>
</table>

<table>
<tr><td rowspan="9"></td><td colspan="3">8. 您所从事的工作有何体力方面的要求？
1　　2　　3　　4　　5
轻　较轻　一般　较重　重</td></tr>
<tr><td>9. 其他能力要求</td><td>等级</td><td>需要程度</td></tr>
<tr><td>(1) 领导能力
(2) 指导能力
(3) 激励能力
(4) 授权能力
(5) 创新能力
(6) 计划能力
(7) 资源分配能力
(8) 管理技能
(9) 组织人事技能
(10) 时间管理能力
(11) 人际关系能力
(12) 协调能力
(13) 群体技能
(14) 谈判能力
(15) 冲突管理能力
(16) 说服能力
(17) 公关能力
(18) 表达能力
(19) 公文写作能力
(20) 倾听敏感能力
(21) 信息管理能力
(22) 分析能力
(23) 判断、决策能力
(24) 实施能力
(25) 其他</td><td></td><td>说明：
1　　2　　3　　4　　5
低　较低　一般　较高　高</td></tr>
<tr><td colspan="3">10. 请您详细填写从事工作所需要的各种知识和要求程度</td></tr>
<tr><td>知识内容</td><td>等级</td><td>需要程度</td></tr>
<tr><td>如：计算机知识</td><td>4</td><td>说明：
1　　2　　3　　4　　5
低　较低　一般　较高　高</td></tr>
<tr><td rowspan="3">考核</td><td colspan="3">对于您所从事的工作，您认为应从哪些角度进行考核？基本标准是什么？</td></tr>
<tr><td>考核角度</td><td colspan="2">考核基本标准</td></tr>
<tr><td></td><td colspan="2"></td></tr>
<tr><td rowspan="3">建议</td><td colspan="3">您认为您从事的工作有哪些不合理的地方？应如何改善？</td></tr>
<tr><td>不合理处</td><td colspan="2">改进建议</td></tr>
<tr><td></td><td colspan="2"></td></tr>
</table>

<table>
<tr><td rowspan="2">备
注</td><td>您还有哪些需要说明的问题？</td></tr>
<tr><td>直接上级确认符合事实后，签名：
（如不符合，请说明并更正）</td></tr>
</table>

表 11-5　　开放式工作分析调查问卷

<table>
<tr><td>姓名</td><td></td><td>职位名称</td><td></td></tr>
<tr><td>部门</td><td></td><td>工作地点</td><td></td></tr>
<tr><td>填表日期</td><td></td><td>直属上级</td><td></td></tr>
<tr><td colspan="4">一、职位简介</td></tr>
<tr><td colspan="4">请描述你所属部门/单位在整个机构里的功能，以及你在部门充当什么角色、你的主要职责所在。</td></tr>
<tr><td colspan="4">二、资料提要</td></tr>
<tr><td colspan="4">请列出与你职位直接或间接有关的资料，而这些资料可以超出你工作的范围与程度，以及这些资料基本上是可以量度的。例如，营业额、生产成本、经营性开支、下属数目等。</td></tr>
<tr><td colspan="4">三、组织关系</td></tr>
<tr><td colspan="4">请列出直属上级，与你工作有关联的同事，以及所有向你直接报告的下属（只要列职位，不要写姓名）。
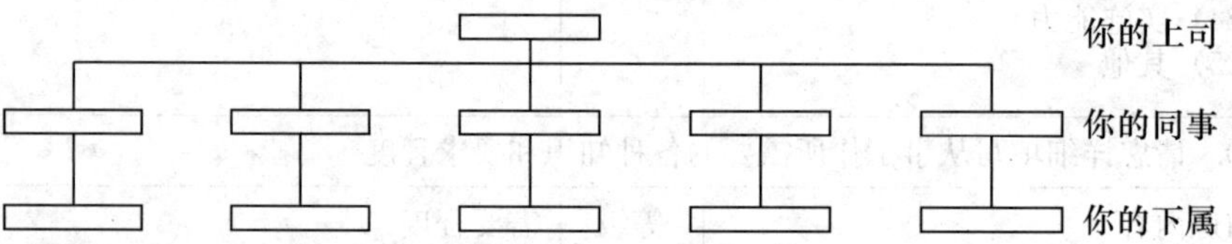
</td></tr>
<tr><td colspan="4">四、主要职责</td></tr>
<tr><td colspan="4">请详述你的职位负责的主要职务，而你要对这职务的最终结果负责。一般而言，这些结果可以量度。每句请用动词开始。</td></tr>
<tr><td colspan="4">五、资格与经验</td></tr>
<tr><td colspan="4">请详细列出此职位需要的专业资格、学历、特殊训练和经验，包括需要多少时间去获得什么样的经验。请注意：这是此职位的需求，不是你自己的情况。</td></tr>
<tr><td colspan="4">六、做出决定的自由度</td></tr>
<tr><td colspan="4">在什么情况下，会是些什么问题，你做出决定前，需先向上级请示或与上级商量一下，试举两例。</td></tr>
</table>

七、有什么决定需要你自己做主而不需要向上级请示？试举一两例。

八、你工作上最困难与最具挑战性的部分是什么？你需要怎样去应付与面对？

九、工作报告

上级通常怎样监督你的工作？例如，通过一份正式的报告书或非正式口头的汇报，以及多久才向他报告等。

十、与他人工作上的联系

工作上你需要与什么人接触最多（包括公司外的人）？接触的目的与性质是什么？与谁接触？

☐ 方法

☐ 频度

☐ 原因

十一、开会

你需要开什么会？你在会议里的身份是什么？你为什么要参加？

☐ 会议

☐ 频度

☐ 身份

☐ 为什么参加

十二、督导与组织关系

十三、职位要件

☐ 教育程度及所需资质

☐ 工作经验

☐ 专业知识及技能

☐ 其他特定需求

☐ 可升迁职位

按主要工作流程排序	按各项职责重要程度排序	主要职责 （每一项工作职责都可分为两个部分：行为动词，如组织、审查、拟定、购置、联络等；工作本身，即经过归类的任务）	工作应达到的目标

请填完上述内容之后，将问卷交给您的直接上级，并请您的直接上级填写后面的内容。谢谢！

1. 工作联系

您目前的工作需要和公司内部及外部哪些部门或职位进行联系？通常是因为什么工作内容而进行联系的？这样的联系是否经常发生？

组织/部门		职位	工作联系主要内容	频繁程度（在相应位置画“√”）			
				频繁	经常	有时	偶尔
公司内部							
公司外部 （如税务局等）							

2. 对其他职位的指导、监督与培训

您需要监督、指导哪些职位的工作？如不存在这方面的工作，请填写“无”。

监督的职位（直接下属）	人数	所监督的工作内容

3. 工作汇报关系

（1）工作汇报

<table>
<tr><td rowspan="2">必须向上级主管汇报的事情</td><td colspan="2">形式（画“√”）</td></tr>
<tr><td>口头</td><td>书面</td></tr>
<tr><td></td><td></td><td></td></tr>
<tr><td></td><td></td><td></td></tr>
<tr><td></td><td></td><td></td></tr>
<tr><td></td><td></td><td></td></tr>
<tr><td></td><td></td><td></td></tr>
<tr><td colspan="3">财务权限：当涉及________元以上的费用支出或投资决定时，必须向上级主管申请批准。</td></tr>
</table>

（2）工作权限

序号	有权自主处理的事情或做出的决定	处理方式的简单描述
1		
2		
3		
4		
5		

四、关键事件法[①]

作为一种工作分析方法，关键事件法是要求调查人员、本岗位员工或与工作相关的人员将劳动过程中的“关键事件”详细加以记录，并对此进行分析研究的方法。关键事件是指在劳动过程中，给岗位工作任务造成显著影响（如成功或失败、盈利或亏损）的事件。

运用关键事件法的重点是识别并记录关键事件。记录的关键事件应包括：

（1）导致该事件发生的背景、原因；

（2）员工有效的或多余的行为；

（3）关键行为的后果；

（4）员工控制上述后果的能力。

将这些项目详细记录之后，可以对这些数据资料进行分类，并归纳总结出该岗位的主要工作特征及具体要求。

关键事件法进行工作分析的最大优势是对工作行为的描述及工作标准的确定更准确，能更好地确定每一行为的作用。但是，这种方法也存在缺点，具体表现为：费时，需要大量时间去收集关键事件，并加以概括和分类；考虑那些显著的对工作绩效有效或无效的事件，容易遗漏处于平均绩效水平的事件。而对工作分析来说，就是要描述“平均”的职位状况。因此，采用关键事件法无法进行全面的职位分析。

五、工作日志法

工作日志法是由任职者按时间顺序详细记录自己在一段时间内的工作内容与工作过程，经过归纳、分析，达到工作分析的目的的一种方法。

① 蒲晓红，等. 工作分析. 成都：四川大学出版社，2007：64.

日志的形式可以是不固定的，也可以是组织提供的统一格式，如事先由职务分析人员设计好详细的工作日志单（见表 11－6），让员工按照要求及时地填写职务内容，按时间顺序记录工作过程，然后进行归纳、提炼、总结，从而取得所需工作信息。

表 11－6　　业务员工作日志单

5 月 29 日　　工作开始时间 8:30　　工作结束时间 17:30

序号	工作任务名称	工作任务内容	工作任务结果	时间花费	备注
1	复印	协议文件	4 张	6 分钟	存档
2	起草公文	贸易代理委托书	800 字	1.25 小时	报上级审批
3	贸易洽谈	玩具出口	1 次	4 小时	承办
4	布置工作	对日出口业务	1 次	20 分钟	指示
5	会议	讨论东欧贸易	1 次	1.5 小时	参与
⋮					
15	接待	参观	3 人	35 分钟	承办

资料来源：侯典牧．人力资源经理 360 度全程序工作手册．北京：中国经济出版社，2006：40.

本章小结

工作分析是人力资源管理中的一项基础性工作。本章主要介绍工作分析的概念、工作分析的基本步骤以及收集工作分析信息的方法。

关键概念

工作　　工作分析　　工作说明书　　工作分析流程　　观察法　　访谈法
问卷调查法　　关键事件法　　工作日志法

复习题

1. 一份完整的工作说明书包括哪些内容？
2. 简述工作分析的实施步骤及要点。
3. 简要说明问卷调查法在工作分析中的应用。

讨论提高题

1. 说明你如何完成一项工作分析的任务。
2. 试比较几种收集工作分析信息方法的优缺点。
3. 结合某现代企业人力资源管理工作的实例，讨论为什么要进行工作分析。
4. 你所在班级的班长和班主任、辅导员的工作说明书的要点有哪些？

本章学习案例

工作说明书应当怎样做？

下午 1:00，在刚刚结束午休的时候，小张和人力资源部门经理被管理顾问叫到了公司会议室。这是小张来公司的第二天，一切才慢慢开始变得有点亲切，包括人力资源部门许经理——一位年过六旬、社会阅历颇丰、人格魅力很强的长者和将要给他们开会的管理顾问—— 刚刚留美归国的MBA何思哲。

何顾问说："小张，很高兴你的加盟。为了让你有机会展示自己的才能，我和许经理决定由你来做一下公司每个岗位的工作分析。有什么困难可以提出，我们会尽量提供帮助。"

许经理说："我们公司已通过了国家ISO9001质量认证，你可以参照一下ISO体系文件，会有所启发。"

小张先沉默了一下，因为她感觉事情并不简单，然后说："好吧，我先试着去做，有问题随时请求你们的帮助。"

任务就这样下来了，对于小张——去年刚走出大学的人力资源管理专业毕业生——来说，真的有点难度。"我根本就不怎么了解公司情况啊，而且工作分析说起来简单，要做好恐怕不容易呀。"

为了完成来到公司的第一项工作任务，小张竭尽所能地收集资料。首先弄清楚新的组织架构图中出现的每一个名词的含义，搞清楚公司的人员安排，即所谓的定岗定编。然后利用因特网，查询与每个职位有关的信息，对照自己公司的情况进行取舍。虽然大学期间，"工作分析"被列入重点专业课之一，小张用了一个学期来学，可是好像根本就没学到什么，现在小张能记起来的内容更是寥寥无几，而且理论与实践也存在较大差距。

经过各种途径的资料收集，和向HRD经理和管理顾问的多次请教，小张的工作说明书有了雏形。

由于各种原因，在准备做工作分析的过程中，小张并没有去请教各部门经理，也没有做过任何调查问卷，可以说小张的工作说明书是凭她书本上的原理和自己的理解做的，所以内容的准确性值得考虑，工作分析的进行过程也可能存在问题。当然，她认真看了ISO体系文件，也不是没有依据的自行编造。

对于小张的这套工作分析书，何顾问、许经理，还有公司的李总裁会怎么看?

思考题:

1. 企业在什么情况下要进行系统的工作分析，明确岗位职责? 工作分析对企业的人力资源管理来说有什么具体的作用呢? 怎样利用工作分析来提高企业整个人力资源管理水平?

2. 工作分析究竟该怎样进行，岗位调查问卷是必经途径吗? 能否像小张那样在不经过调查的情况下进行?

3. 小张在准备做工作分析的过程中，没有去请教各部门经理，她这样做对吗? 存在什么问题? 工作分析到底由谁来做，是人力资源部一手操办的吗?

4. 在工作分析进行、执行的过程中，组织管理者充当什么样的角色? 难道仅仅是任务的布置者? 或者是旁观者?

第十二章

考核与绩效管理

本章要点

◇绩效考核的含义
◇绩效管理
◇ 绩效考核的流程
◇目标管理法
◇平衡计分卡
◇标杆超越考核法

本章引例

一个国有企业的绩效考核困境

A公司是一家成立于20世纪50年代初期的国有企业。经过多年的发展，目前在业内已具有较高的知名度。目前，公司有员工1 000人左右。总公司只设一些职能部门，没有业务部门；总公司下设若干子公司，分别从事不同的业务。在同行业的国有企业中，该公司无论在对管理的重视程度上还是在业绩上，都是比较不错的。由于国家政策的变化，该公司也面临着众多小企业的挑战。为此，公司从前几年开始，一方面参加全国百家现代企业制度试点，另一方面着手管理上的进一步突破。

绩效考核一直是公司重点投入的一项工作，高层领导非常重视，人力资源部门具体负责绩效考核制度的制定和实施。人力资源部在考核制度的基础上制定了专门的《中层干部考核办法》。在每年年底进行正式考核之前，人力资源部都将出台当年的具体考核方案，以使考核达到可操作化的程度。

A公司通常是由公司的高层领导与相关的职能部门人员组成考核小组对中层干部进行考核。考核的方式和程序通常包括被考核者填写述职报告、在自己单位内召开全体职工大会进行述职、民意测评（范围涵盖全体职工）、向科级干部甚至全体职工征求意见（访谈）、考核小组进行汇总写出评价意见并征求主管副总的意见后报公司总经理。考核的指标主要包含三个方面：被考核单位的经营管理情况，包括该单位的财务情况、经营情况、管理目标的实现等；被考核者的德、能、勤、绩及管理工作情况；下一步的工作计划及重点努力的方向。具体的考核细目侧重于经营指标的完成、政治思想品德，对能力的定义则比较抽象。各业务部门（子公司）都在年初与总公司进行关于本部门任务指标的讨论和确定。对中层干部的考核完成后，公司领导会在年终总结会上说明，并将具体情况反馈给个人。尽管考核的方案中明确了考核与员工自身的升迁、薪酬的升降等方面挂钩，但最后的结果总是不了了之。

对一般员工的考核，由各部门的领导自行组织开展。子公司的领导对下属业务人员的考核通常是从经营指标的完成情况（该公司中所有子公司的业务员均有经营指标的任务）来进行的；对非业务人员的考核，无论是总公司还是子公司均由各部门的领导自由进行。通常是在即将进行年度奖金分配时，部门领导才会对自己的下属做一个笼统的排序。这种考核方法使员工的参与程度较高，颇有声势浩大、轰轰烈烈的感觉。公司在第一年进行操作时，获得了比较大的成功。由于被征求意见，一般员工觉得受到了重视，感到非常满意。领导则觉得该方案得到了大多数人的支持，也感到满意。但是，被考核者认为自己的部门与其他部门相比，由于历史条件和现实条件不同，年初所定的指标不同，相互之间是无法平衡的，心里还是不服。考核者尽管需访谈300人次左右，忙得团团转，但由于大权在握，体会到考核者的权威，还是乐此不疲。进行到第二年时，大家已经丧失了第一次时的热情。第三年、第四年进行考核时，员工考虑到前两年考核的结果出来后，业绩差或好并没有任何区别，因此领导来找他谈话，他也只是敷衍了事。被考核者认为年年都是那套考核方式，没有新意，失去积极性，考核只不过是领导布置的一项任务，不得不应付。

从引导案例中可以看出，A企业对绩效考核给予了较大的关注，也分别针对中层管理人员和基层员工设计了不同的考核方案。但是，考核的过程以及结果的应用并没有得到员工的认可，反而在员工心中成了一项不得不“应付”的无用事件。A公司的绩效考核主要存在哪些问题？科学的绩效考核应该如何操作？本章将为您详细介绍员工绩效考核的基本概念、主要操作步骤及考核工具。

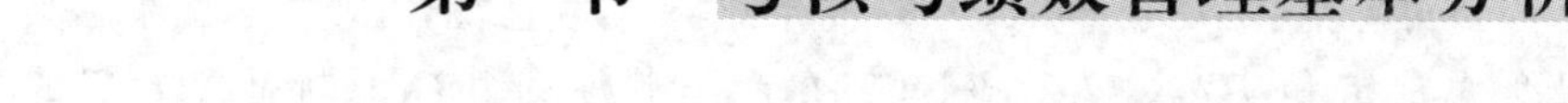

第一节 考核与绩效管理基本分析

一、绩效考核的概念

（一）绩效与绩效考核

“绩效”一词，从语言学上来讲，包含成绩和效益的意思；用在人力资源管理方面，主要是指一个组织或个人在一定时期内的投入产出情况。投入指的是人力、物力、时间等物质资源，产出指的是工作任务在数量、质量及效率方面的完成情况。在本章中，我们主要关注的是员工个体的绩效及其考核管理。由此，将绩效定义为：员工在工作过程中所表现出来的与组织目标有关的并且能够被评价的工作业绩、工作能力和工作态度，其中工作业绩主要是指工作结果，工作能力和工作态度则是指工作的行为。

“考核”一词，其含义是评价、评估，是特定的考核主体对考核对象的评价、打分。

绩效考核，是指对员工在工作过程中表现出来的工作业绩（工作的数量、质量和社会效益等）、工作能力、工作态度以及个人品德等进行评价，并用之判断员工与岗位的要求是否相称。绩效考核是人力资源开发与管理中非常重要的职能活动，是管理工作中大量应用的手段，也构成人力资源开发与管理操作系统五大体系之中的一个部分。绩效考核的目的是确认员工的工作成就，改进员工的工作方式，提高工作效率和经营效益。

（二）绩效公式

绩效受多种因素的影响，是员工个人素质和工作环境共同作用的结果。了解绩效的相关因素，对正确设计和实施绩效考评有着重要作用，这些因素包括技能、激励、环境和机会，可以用以下的公式来表示：

$$P=f(s,m,e,o)$$ ①

在这一函数式中，P（performance）是绩效；s（skill）为技能，指员工本身的工作能力，是员工的基本素质；m（motivation）为激励，指员工的工作态度，包括工作积极

① 余凯成. 人力资源开发与管理. 北京：企业管理出版社，1997：120.

性和价值观等各种因素，s 和 m 两方面是主观方面的原因，是创造绩效的主动因素；e（environment）为环境，是指员工进行工作的客观条件，包括物质条件、制度条件、人际关系条件等；o（occasion）为机会，是指可能性或机遇，主要由大环境的变化提供，e 和 o 两方面是影响绩效的客观原因，是绩效状况的外部制约因素；f 则表示上述各因素之间的函数关系。

（三）绩效考核分类

绩效考核的方法、手段很多，又有不同的角度。它可以有以下分类[①]。

1. 按考核性质分类

按照考核性质，绩效考核可以分为定性和定量两大类。

（1）定性考核。定性考核是由评估人在充分观察和征询意见的基础上对员工绩效所做的较为笼统的评价。定性考核的优点是简单易行，缺点是主观性较强，容易受心理因素的影响。

（2）定量考核。定量考核是指按照标准化、系统化的指标体系来进行考评。其优点是比较客观，随意性较小；缺点是由于“工作”包含众多方面，难以把所有方面都给予量化，因而影响了定量考核的使用范围。

将定性考核与定量考核方式相结合的做法是比较常见的好方法。

2. 按考核主体分类

按照考核主体，绩效考核可以划分为：

（1）上级考核，即直接领导者对自己下属员工的考核。这种方式是最大量应用的考核方式。

（2）专业机构人员考核，即人力资源部门对员工进行考核。该方式能够达到考核的高水平，也比较客观。

（3）专门小组考核，即由有经验的资深员工、管理人员和人力资源部门人员三结合，组成小组来实施考核的方式。

（4）下级考核，即员工对自己的直接上级进行的考核。这充分体现了组织的民主性体制。

（5）自我评价，即事先制定好一系列的标准，然后由被评估人对照有关的标准对自己的工作做出评价。这种方法能够充分调动被评价者的积极性。

（6）相互评估，即被考核的员工们相互评价的方式。这种方式使考核的眼界更宽，反映的情况和问题更加全面和深入。

（7）外部评价，即由组织外部的有关人员或工作对象所做的评价，如经销商对市场营销部经理的评价、飞机乘客对空姐的评价等。外部评价具有客观性和更多层面的看法，是组织内部考核的有益补充。

3. 按考核方法分类

绩效考核的方法众多，有简单排序法、强制分配法、要素评定法、目标管理法等。其具体内容将在下文介绍。

---

① 戴昌钧．人力资源管理．天津：南开大学出版社，2001：221-229．

二、考核与绩效管理的关系

一个完整的绩效管理体系由绩效计划、绩效辅导、绩效考核、绩效反馈四部分组成，并形成一个全封闭的循环（见图 12－1）。从公司和部门层面来说，表现为绩效管理循环，即通过计划、辅导、检查、报酬来引导员工实现公司和部门绩效目标并提升其绩效水平；从员工个人层面来说，表现为不断提升的绩效改进循环，通过员工和部门经理的共同参与，经过绩效辅导、检查等几个环节实现员工技能的不断提高和绩效的不断提升。

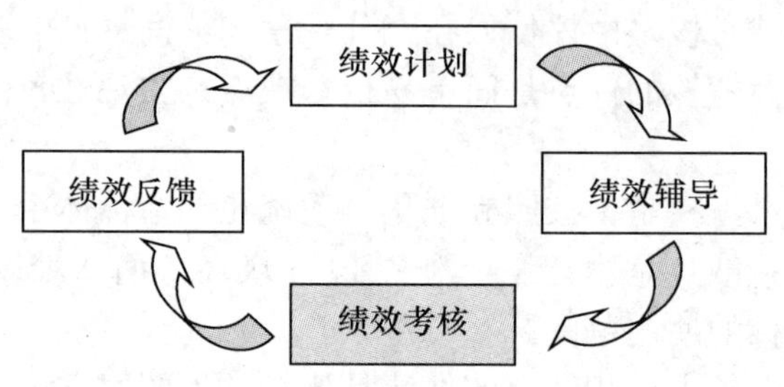

图 12－1　绩效管理循环图

绩效管理不等同于绩效考核。绩效考核是绩效管理的重要环节，但不是绩效管理的全部。绩效管理的最终目标是不断提升和改进企业、部门和员工三个层面的绩效，考核、扣罚或嘉奖都是激励形式，归根结底是要改进绩效。

三、绩效考核的原则

概括地说，绩效考核的基本原则有下述几条。

（一）客观准确原则

考核必须客观、准确。考核结果如果不能真实地反映工作人员的情况，会挫伤其工作积极性，还会造成人际关系的紧张。在绩效考核过程中，应当把工作分析、工作标准同绩效考核的内容联系起来①。

为了达到考核的客观准确性，要注意以下四个方面：

第一，标准明确。即考核要素的划分和设置要明确，打分标准要清晰，同类同级工作人员的考核标准要统一。

第二，制度严格。要制定严密的考核规章制度和实施条例，包括考核的时间、种类、项目、方法等，并严格加以执行。

第三，方法科学。考核方法很多，应当根据考核对象和考核内容的特点进行选择。对诸多方法可以综合运用，但要注意有所侧重。在考核方法的选择上应当注意，无论使用什么方法，其宗旨都在于达到考核的客观性、正确性和鉴别性。

第四，态度认真。考核者的工作态度必须严肃认真，不得马马虎虎、不负责任地随意

① 戴昌钧. 人力资源管理. 天津：南开大学出版社，2001：217.

对待，更不能从个人好恶、恩怨以及“印象”出发。

（二）敏感性原则

敏感性原则也称区分性原则，是指考核的结果应当能够有效地对员工的工作效率高低予以区分。如果考核体系不能有效区分绩效不同的情况，不能区分优者、劣者，无疑会纵容懒惰怠工者，挫伤员工的工作积极性。

（三）立体性原则

立体考核，也称为多面考核或全方位考核。它是指运用多种方式，从多层次、多角度、全方位进行考核。这既有定性考核，又有定量考核；既有集中考核，又有分散考核，还有集中、分散相结合的考核；既有上级考核，又有下级考核；既有同级考核，又有自我考核；既有本单位人员的考核，又有外单位人员的考核等。360 度考核就是一种流行的立体考核方式。

实行立体考核的目的，是使考核尽可能地客观和全面，以防止主观片面性。在多主体进行多角度考核时，由于各方面的考核者对被考核者的了解程度不同、看问题的角度不同，因而需要对他们评价结果的重要程度进行不同权重的处理。

（四）可行性原则

该原则的“可行性”一词有两方面的含义：一是能够组织和实施考核工作，考核成本控制在可接受的范围内；二是考核标准、考核程序以及考核主体能得到被考核者的认可。可行性原则往往被人们所忽视。在实际的人力资源管理中，总是有一定的经费限额，不可能离开这个限制条件去追求尽善尽美的考核方式；如果缺乏员工的支持和理解，考核的目的则很难达到。

（五）公开性原则

考核的内容、标准和考核结果，都应当向本人公开，特别是要进行考核面谈，这是保证考核民主性的重要手段。绩效考核的公开性，具有三项优点：其一，有助于减少员工对管理部门的敌对感，增加员工对组织的信任感和归属感；其二，可以防止考核中可能出现的主观偏见等误差，保证考核的公平与合理；其三，可以使被考核者了解自己的优缺点，以改正缺点、发扬优点，达到考核的目的。

（六）多样化原则

在条件许可的情况下，应尽可能选择两至三种不同的考核方法结合运用。因为不同的考核方法各有优缺点，各自的适用性和区分性也有差异，将不同方法结合应用，有助于消除单一方法可能导致的误差，提高考核结果的准确性和敏感性。

第二节　绩效考核流程

一项完整的绩效考核工作，通常包括制订考核计划、设计考核指标与标准、选择考核人员、收集考核信息、做出分析评价、反馈考核结果与运用考核结果七个方面的内容。

一、制订考核计划

为了保证绩效考核顺利进行，人力资源部门应当事先制订考核工作计划。

首先，明确考核的目的和对象。不同的考核目的，有不同的考核对象。例如，为评职称而进行考核，对象是在专业技术人员中间；而评选先进、决定提薪奖励的考核，则往往在全体员工的范围中进行。

其次，选择考核内容和方法。不同的考核目的和对象，重点考核的内容不同。例如，为发放奖金，应以考核绩效为主，奖励员工提高绩效，着眼点是当前行为；而提升职务，既要考核成绩，更要注意其品德及能力，着眼点是发展潜力。考核的方法与考核的内容是相互关联的，根据不同的考核内容确定有效的考核方法。有关绩效考核的方法将在第三节中介绍。

最后，根据不同的考核目的、对象和内容，确定考核时间。例如，思想品德及工作能力，是不会迅速改变的，因而考核间隔期可长一些，一般是一年一次；工作态度及工作业绩变化较快，间隔期应短些。又如，生产、销售人员的工作绩效可每月考核；而专业技术人员、管理人员的工作，短期内不易见效，一年一次考核为好。

二、设计考核指标与标准

绩效考核是一项技术性很强的工作。在考核开始前需要设计好绩效考核的指标与标准。

（一）设计考核指标

1. 确定绩效考核基本内容

从“绩效考核”一词的字面上，可以看出对人力资源的考核是以实际成效为中心的，是注重人们劳动成果的。但是，仅仅看“绩效”是不够的。基于功绩制的原则，许多考核把员工的工作态度和行为也作为考核的重点内容。如英美等国家的考核制度，一般包括“考勤”（工作态度）与“考绩”（工作成果）两大方面；在国外企业中，一般把考核项目分为“个人特征”（包括技能、能力、需要、素质）、“工作行为”和“工作结果”三大方面[①]。我国的考核还重视个人品质、政治表现等“德”的内容。

与之相关，在绩效考核中还有人的个性，包括员工的性格、兴趣、嗜好等，为合理安排工作，有时必须考虑员工的性格（内向、外向）、风度、兴趣、习惯和嗜好对该工作是否有利。

2. 建立考核项目指标体系

进行绩效考核仅有几大方面显然是不够的，为了使绩效考核具有操作性，还必须对考核的内容做进一步的细化，形成考核项目指标体系。

在对员工工作分析的基础上，要根据考核和整个人力资源开发与管理工作的需要，把要考核的“德、能、勤、绩”各大要素分解为体现工作性质及相关方面具体内容的项目，

---

① 石金涛．现代人力资源开发与管理．上海：上海交通大学出版社，1999：164-165；张一驰．人力资源管理教程．北京：北京大学出版社，1999：175.

明确规定真正用于考核的各项详细指标，进而形成考核的指标体系。

这里以公务员考核为例，说明考核指标细化后的各项目内容（见表12－1）。

表12－1　　公务员年度考核项目内容

考核项目	德	能	勤	绩
涵盖目标	思想政治表现 职业道德 社会公德 组织纪律性	政策理论水平 业务水平、开创能力 表达能力、分析能力 组织实施能力	出勤率 工作效率 工作态度	工作数量 工作质量 工作贡献
具体考核内容	● 思想政治上的心理与行为表现：对党的基本路线、方针、政策的态度；全心全意为人民服务的思想 ● 对职业的态度和行为表现：敬业精神、廉政勤政 ● 遵守社会道德规范，在公众中的形象，对同事、家人、邻居的态度和行为 ● 对待上级、组织的态度和行为：执行组织决议和领导指示，遵守政府及单位的各项纪律规定等	● 掌握业务知识的程度和处理业务问题的能力：掌握有关专业的理论知识、管理知识的程度；处理业务工作的熟练程度和实际水平等 ● 运用马克思主义基本理论分析和解决实际问题的能力，认识和理解党的路线、方针、政策的自觉性、坚定性和正确性 ● 工作中表现出的改革、开拓精神和进取心 ● 工作中的口头、文字表达水平，能够撰写抓住重点、有说服力的文章 ● 对事物的分析、判断等综合能力，能提出指导性的建议 ● 工作中的计划、管理、组织、控制等能力，组织落实、知人善任、关系协调等	● 按照职位和工作制度要求的出勤情况 ● 完成工作的速度和质量：能否按时高质量地完成行政任务 ● 对工作的认识，表现出的态度、责任心和努力程度	● 完成工作的项目数 ● 完成任务或具体工作结果的好坏 ● 取得的成果、业绩对政府和社会产生的经济效益和社会效益

资料来源：朱庆芳．国家公务员考核实务．北京：经济日报出版社，1994.

2005年颁布的《公务员法》及2007年公布的《公务员考核规定（试行）》中增加了“廉”的内容，将“廉”这一要素从“德”的下属要素提升为与“德、能、勤、绩”并列的第五要素，足见对其的重视程度。

对企事业单位，可以在项目上进行适当的调整。例如，在“德”的因素方面，不是设置一般的政治思想表现和组织纪律性指标，而是设置对组织的忠诚度和对组织文化的贯彻的指标；又如，在“绩”的因素方面，更加注重考核计量数据的精确性。

3．各项目的分值分配

在列出考核的各项具体指标以后，考核管理部门就根据考核的重点，对每个指标分别给予加权及赋分。这一过程体现了某一指标在整个考核体系中的位置与重要性。例如，我们假定公务员全部考核的总分为100分，其中“德”“能”两项占20%～30%的分值，“勤”“绩”两项占70%～80%的分值；在“勤”和“绩”中，“勤”又占20%～40%，“绩”占60%～80%，由此，突出表明“绩”在考核中的地位。在考核中，公务员得分的总和即其本年度工作情况的量化结果。

应当指出的是，加权和赋分过程十分关键，对某一因素的加权、赋分不同，会导致公务员考核结果的完全不同。同时，它具有政策导向的作用，还会引导公务员的行为。

4. 规定各项目的打分标准

在对每一个考核项目赋分以后，还要对每一项目的得分给出打分依据。例如，国家公务员考核中的“德”总分为10分，其中“对职业的态度和行为表现”项目为4分，具体要求为“具有敬业精神、廉政勤政”。对这一项目，要根据被考核者的情况划分为不同等级，如“非常敬业，高度廉政勤政”为4分，“有敬业精神、廉政、勤政”为3分，“基本上能做到敬业、廉政、勤政”为2分，“在敬业、廉政、勤政方面有一些疏忽和缺点”为1分，“存在明显的不敬业、不廉政、不勤政问题”为0分。为了使打分科学、准确，还应当对得分进行更加细致和量化的规定。例如，3分的“有敬业精神、廉政、勤政”要有“工作很认真，自觉加班，拒绝收礼”等具体考核标准。

这里以某公司营销员的考核项目设置和赋分为例设计考核表格，如表12-2所示。

表12-2　某公司营销员考核表

考核项目		考核指标	分数
工作能力	总分		19
	1. 专业产品知识	对行业的了解和对产品的了解深入、全面	8
	2. 服务和计算能力	技术熟练	5
	3. 语言与人际能力	语言流畅、有说服能力	6
业绩情况	总分		55
	1. 营业数量、金额	达到基本定额、完成销售额	35
	2. 市场开拓情况	有进展	5
	3. 退货率	退货率低	2
	4. 上门服务情况	上门服务及时、解决问题快	3
	5. 主管评价	对综合情况及关键事件评价高	10
品行	总分		10
	1. 遵守法律制度	遵守国家法律法规、公司规章制度	6
	2. 有职业道德	对公司负责	4
工作态度	总分		16
	1. 工作热情	努力工作、对客户热心	7
	2. 顾客反映	顾客口头、书面反映好，投诉少	5
	3. 出勤率	出勤数据	4

（二）确定考核标准

考核标准包括绩效标准、行为标准及任职资格标准。任职资格标准也称职务规范或岗位规范。确定考核标准与前述考核体系设置是类似的或者具体化的。

第一，绩效标准，如对生产人员的定额要求、对独立核算单位的利税指标等。

第二，行为标准，如要求服务员热情待客，不得与顾客争吵；采购员不得收受回扣等。

第三，任职资格标准，如某装饰公司设有设计部经理岗位，其任职资格见表 12－3。

表 12－3　　设计部经理任职资格

条件	最低要求
学历方面	装饰设计专业本科以上学历，或具有实际设计经验的同等学力
知识方面	必须具备从事经理业务的良好知识；非常熟悉公司的政策；必须理解、接受公司的目标、标准
能力方面	强有力的领导品质；有分析、解决问题的能力；良好的沟通及人际交往能力，勤奋实干，综合素质高
经验方面	有 2～3 年以上的设计部管理经验

三、选择考核人员

考核人员指的是对考核对象做出评价的人。考核人员的选择是关系考核成败的关键。通常，选择考核人员的原则是：考核者能够对员工的工作表现进行全方位的观察；考核者尽可能保持考核的客观性，最大限度地降低个人偏见。

在管理实践中，考核人员通常是由熟悉考核对象及其工作内容的企业内部或外部人员担任，这些人员包括被考核者的上级、同级、本人、下级，甚至外部顾客或供应商。员工的上级可能是员工的直接主管或者相关部门管理者。他们是员工考核不可缺少的主体，他们参与考核，一方面是他们更熟悉被考核者的工作（如直接主管），掌握着被考核者更多的绩效结果信息；另一方面是他们的参与能在更大程度上发挥监督和引导员工绩效的作用，即管理和开发的目的。同级的评价是对上级评价的有效补充，同事相对于上级与被考核者相处的机会可能更多，而且与上级评价的角度存在较大区别，他们在更大程度上会关注被考核者在团队合作等方面的表现，这一点是上级难以准确评价的。有些组织中也会让被考核者本人进行自我评价，这主要是为了让员工本人明确自身的绩效问题以及可能的改进方向，让员工在工作技能开发方面更积极主动。下级评价是与上级评价的“自上而下”模式相对应的“自下而上”式，这主要是为了让接受考核的主管或管理者从基层员工那里获取关于他们自身管理风格等方面的问题，而不是为了对实际的绩效结果进行评价。以上的上级、同级、员工本人以及下级都是从企业内部选择的考核人员，有时候，对一些经常接触组织外部人员的员工（如销售员、渠道管理人员等市场部门员工）来说，将顾客或供应商的评价纳入对他们的绩效考核中是更为合理的。

每一个考核人员的参与都有其优势，也存在其自身不可避免的主体偏见或评价误差。由来自企业内外（内部和外部考核主体）、上下（上级和下级）等多方面人员组成考核团队就是为了消除这一不利于考核科学性、准确性与公正性的主观因素，增强考核的客观性及公信力。在实际考核时，究竟要选择哪些人员作为考核者，视具体要考核的岗位及考核内容而定。

四、收集考核信息

作为考核基础的信息，必须做到真实、可靠、有效。收集资料信息要建立一套与考核指标体系有关的制度，并采取各种有效的方法来完成。以生产企业为例，成套的收集信息的方法有：

第一，生产记录法。记录生产、加工、销售、运输、服务的数量、质量、成本等的原始数据并进行统计。

第二，定期抽查法。定期抽查生产、服务、管理工作的数量、质量，以代表整个期间的情况。

第三，考勤记录法。对出勤、缺勤及原因进行记录。

第四，项目评定法。采用问卷调查形式对员工逐项评定。

第五，减分抽查法。按职务（岗位）要求规定应遵守的项目，制定违反规定扣分的办法，并进行登记。

第六，限度事例法。抽查在通常线以上的优秀行动或在通常线以下的不良行动，对特别好或特别不好的事例进行记录。

第七，指导记录法。不仅记录员工的所有行动，而且将主管的意见及员工的反映也记录下来[①]。

五、做出分析评价

这一阶段的任务，是对员工个人的德、能、勤、绩各方面做出综合性的评价结果。分析评价是由定性到定量再到定性的过程，其过程具体叙述如下。

（一）确定单项的等级和分值

确定等级，是对单一考核项目的量化。一般来说，对员工某一个评价项目评定等级划分，常用的有10等级、9等级、7等级、5等级四种。例如，5等级法可以分为：优秀、良好、合格、较差和不合格；7等级法可以分为：非常优秀、优秀、比较优秀、合格、较差、差和非常差。在划分等级后，还要赋予不同等级以不同的数值，作为考核评价的数量依据。

5等级法如表12-4所示。

表12-4　5等级法三例

	优秀	良好	合格	较差	不合格
表现	非常出色	比组织期望的水平高	达到组织期望的基本要求	比组织期望水平低，但不妨碍业务	水平低，已妨碍业务
以出勤为例	全年无迟到	个别月份有过迟到	偶尔迟到，平均每月不超过1次	迟到较多，每月迟到2～3次	迟到频繁，每月4次以上
以业绩为例	完成业绩的120%以上	完成业绩的120%～100%	完成业绩	未完成业绩任务，但在80%以上	完成业绩不足80%

① 白嘉．企业人力资源主管．北京：经济管理出版社，1999．

为了把不同性质的项目综合在一起，就必须对每个考核项目进行量化，即赋予不同考核等级以不同数值，用以反映实际特征。

赋值方法有不同种类，以最常见的 5 等级为例，可以把优秀定为 10 分，良好定为 8 分，合格定为 6 分，较差定为 4 分，不合格定为 2 分（见表 12－5）。

表 12－5　　5 等级考核的多种赋值法

等级	优秀	良好	合格	较差	不合格
单向等差赋值 *A*	5	4	3	2	1
单向等差赋值 *B*	10	8	6	4	2
单向非等差赋值	10	6	3	1	0
双向对称赋值	4	2	0	−2	−4
累进对称赋值	3	1	0	−1	−3
不对称非等差赋值	2	1	0	−2	−4

（二）对同一项目各考核来源的结果综合

通常同一项目由若干人对某一员工进行考核，所得出的结果是不相同的。为综合这些考核意见，可采用算术平均法或加权平均法。如假定上级评定为 5 分，下级评定为 2 分，相关的两个部门评定为 2 分与 3 分，按算术平均数综合打分，其工作能力得分为（5＋2＋2＋3）÷4＝3（分）。

若考虑到上级意见更为重要，权数为 2，相关部门权数为 1.5，下级权数为 1，则加权平均综合为（5×2＋2×1＋2×1.5＋3×1.5）÷4＝4.9（分），结论就与前有所不同。

（三）对不同项目考核结果的综合

评价一个人的能力时，要将其知识、学历、判断能力、人际交往能力等综合起来考虑。这时需要根据考核的主要目的确定各考核项目的权数值（见表 12－6）。

表 12－6　　推荐提薪晋级因素权数表

因素		管理层	中间指导层	操作层
成绩	工作质量	30	20	25
	工作数量	20	10	35
	小计	50	30	60
态度	纪律性	—	8	5
	协作性	—	8	5
	积极性	10	12	5
	责任心	10	12	5
	小计	20	40	20
能力	工作知识技能	4	8	10
	判断分析能力	6	5	10
	人际关系能力	5	5	—
	领导能力	5	5	—
	决策能力	10	7	—
	小计	30	30	20
合计		100	100	100

六、反馈考核结果

（一）考核结果反馈的作用

考核流程中的反馈[①]，对做好考核工作以及整个绩效管理，都是非常重要的。一般来说，绩效考核结果反馈具有以下作用：

第一，帮助被考核者认识到长处和不足，使其了解自己的工作状况；

第二，激励被考核者，使其向预定的目标努力；

第三，有利于管理者指导下属员工的工作；

第四，加强考核者和被考核者之间的沟通联系；

第五，有利于改进和合理制定以后的考核目标。

（二）考核结果反馈面谈

对绩效考核的结果，应当通过谈话的方式向每一个被考核的员工进行反馈。在考核面谈过程中，要解决好“关系建立”和“提供和接受反馈”两个方面的问题。

1. 关系建立

为了搞好考核面谈，要注意从以下几个方面建立和谐的关系：

第一，在考核沟通的开始阶段，致力于营造宽松的气氛，要确认考核面谈对象的情绪已经放松，并愿意进行交谈。

第二，适当把握考核谈话的节奏。如果谈话语速过快，应该使其慢下来。

第三，对考核面谈对象所讲的话做出反应，通过这种反应来显示谈话主持者在聆听。

第四，谈话主持者在恰当的时机，讲述自己的一些经验或兴趣。

第五，观察被考核者的表情，听其言谈，确认其对谈话的反应。

2. 提供和接受反馈

考核面谈的核心所在，是向被考核者提供信息和从被考核者处接收信息，其实质是面谈双方互相进行工作本身的信息和有关考核工作的信息两方面的反馈。进行反馈的技巧有：

第一，仔细聆听被考核者的陈述；

第二，提供和接受反馈时，应当避免解释和辩解的问题，还要给人留出思考的时间；

第三，要求被考核者说明有关细节，或者说明取得成绩与出现问题的原因；

第四，考核谈话要采用三段论的交流方法，即“现实—澄清—现实”；

第五，对被考核者提供的信息、反映的看法和对考核工作的配合表示感谢。

七、运用考核结果

考核结果可以为组织管理提供大量有用的信息，主要的应用范围包括：向员工反馈考核结果，帮助员工改进绩效；为任用、晋级、提薪、奖励等人力资源管理措施提供依据；检查企业管理各项政策，如检查企业在人员配置、员工培训等方面是否有成效等。

考核结果的运用，也可以说就是进入绩效管理的流程循环。

---

① 石金涛．现代人力资源开发与管理．上海：上海交通大学出版社，1999：178-183.

第三节　常用的考核方法

一、简单排序法

（一）简单排序法的含义

简单排序法也称序列法或序列评定法，即对一批考核对象按照一定标准排出“1，2，3，4，……”的顺序。例如，把销售部门所有业务员按销售数量或金额进行排队，最高的为第一位，最差的排在最后。该方法的优点是简便易行，具有一定的可信性，可以完全避免趋中倾向或宽严误差。缺点是考核的人数不能过多，以5～15人为宜；而且只适用于考核同类职务的人员，对从事不同职务工作的人员则因无法比较而大大限制了应用范围。

（二）简单排序法的操作

第一步，拟定考核项目。项目的数量和内容，应当根据所考核职务的具体状况进行设计。例如，对管理人员考核的项目设计应当注重工作业绩状况、团队精神、业务知识经验、决策能力、开拓能力、责任心、创新性等；又如，对研究开发人员的考核项目应当注重开发项目方案评价、项目进展状况、创新能力、沟通状况、协作状况、学习交流情况；再如，对办公室主任的考核项目应当注重协调能力、敬业精神、执行能力。

第二步，评定小组就每项内容对被考核人进行评定，并排出序列。第一名排序为1，第二名排序为2，依此类推。

第三步，把每个人各自考核项目的序数相加，得出各自的排序总分数，以总序数最小者为成绩最好，即总体情况的第一名。排序的结果，又分为简单排序和分级排序两种做法。前者是根据序数的多少，从小到大排成从第一名到最末一名的排名序列；后者是按序数得分的多少划分为几个等级，如总序数15以内的等级属于“优”，16～30的等级为“良”，31～45的等级为“中”，46～60的等级为“及格”，60以上的等级为“差”，如表12-7所示。

表12-7　某公司中层经理序列评定法

评定项目 / 被考核人	工作业绩状况	团队精神	业务知识经验	开拓能力	工作责任心	创新性	组织能力	决策能力	指导说服能力	协调能力	排序总分数	评定分类
张建华	1	1	1	2	1	2	2	1	1	1	13	优
赵　立	2	2	3	1	2	1	3	2	4	2	22	良
孙明明	4	4	2	3	3	3	1	3	3	4	30	良
李　刚	3	5	4	4	5	4	5	4	2	3	39	中
周昭云	5	3	5	6	4	6	4	5	5	6	49	及格
吴小林	7	7	6	5	6	5	7	7	6	5	61	差
郑　牧	6	6	7	7	7	7	6	6	7	7	66	差

需要指出的是，上述方法是各个项目的简单相加法。由于各个项目有着不同的重要性，更好的做法是将不同的项目确定不同的权重，然后进行加权计算。

二、强制分配法

（一）强制分配法的含义

强制分配法，也称硬性分布法，是按预先规定的比例将被评价者分配到各个绩效类别上的方法。这种方法是根据统计学的正态分布原理进行的，其特点是两边的最高分、最低分者很少，处于中间者居多。评价者按预先确定的概率，把考核对象分为五个类型，如优秀的占5%，良好的占15%，合格的占60%，较差的占15%，不合格的占5%。

（二）强制分配法的适用性

采用强制分配法，可以避免滥评优秀人数或被评价者得分十分接近的结果，有效地减少趋中倾向和宽严误差，它可以用于对员工的不同奖金的发放（如区分出一等奖、二等奖、三等奖、没有奖励等）。该方法的问题是，它基于“各部门中都有相同的绩效类别分布”的假设，因而难以区分各部门的好坏差异，也很难把小样本单位（如一个只有5个人的研发小组）强制分配到五个绩效类别中。

严格地说，强制分配法并不是一种评价方法，而是一种划分比例和限制考核分数的方法。该种方法通常是和其他方法结合，而不是单独使用。

三、要素评定法

（一）要素评定法的含义

要素评定法也称功能测评法或测评量表法，它是把定性考核和定量考核结合起来的方法。

要素评定法的优点：一是内容全面；二是定性考核和定量考核相结合；三是能体现多角度、立体考核的原则；四是使用计算机处理测评结果，手段先进。通过定量考核和对定性考核结果的数量化处理，可以形成绩效量化结构，从而对每个员工的绩效状况进行定位，而且可以对不同员工和不同时期的绩效状况进行比较。

要素评定法的缺点：一是烦琐复杂；二是考核标准说明是定性语言，高度概括，较难掌握，在实践中可能出现打分中间化倾向或其他考核误差。因此，此方法还有待进一步完善。

（二）要素评定法的操作

第一，确定考核项目。这些项目又可划分为若干要素（即指标）。所考核的项目和要素指标，因考核对象的职业领域或职务层次的不同而不同。

第二，将每个要素（指标）按优劣程度划分为若干等级，一般为3～5级。3级为“好、一般、差”；4级为“好、较好、一般、差”；5级为“优秀、良好、合格、较差、不合格”。然后，给每个等级打相应的分数，并以定性语言、简洁的文字写出每一等级的标准说明，供考核者掌握。在此基础上，制定出统一的考核标准表和测评量表。

第三，对考核人员进行培训，使其掌握考核标准，熟悉操作方法。

第四，开始进行考核活动，把测评量表发给考核者打分。考核一般包括上级领导者考核、同级同事考核、下级考核和本人的自我考核四个方面。

第五，对所取得的考核原始资料分析、调整和汇总。调整有两方面的原因：其一，参加考核的各方面人员对被考核者的了解程度不同，他们所打分数的重要性程度也不同；其二，每个考核要素在整个指标体系中的重要程度不同。为此，需要制定第二套权数折算量表。具体方法是，按有关要素的重要程度分别规定其比重（即加权），然后把每个被考核者各个要素的数据输入计算机，由计算机程序对数据加以处理，计算每个要素加权后的分数，最后，汇总得出每个被考核者的总评成绩。

四、目标管理法

（一）目标管理法的含义

目标管理法（management by objectives，MBO）作为目前较为流行的考核方法，是一种综合性的绩效管理方法，而不仅是单纯的绩效考核技术手段。

目标管理法的特点在于，它是一种领导者与下属之间的双向互动过程。在进行目标制定时，上级和下属依据自己的经验和手中的材料，各自确定一个目标，双方沟通协商，找出两者之间的差距以及差距产生的原因，然后重新确定目标，再次进行沟通协商，直至取得一致意见，即形成了目标管理的期望值。

（二）目标管理法的优缺点

第一，考核职能由主管人员转移到直接的工作者，因而能保证员工的完全参与；

第二，员工的目标是本人设定的，在实现业绩目标后员工有成就感；

第三，改善授权方式，有利于促进员工的自我发展；

第四，促进良性沟通，加强上下级之间的联系。

总之，目标管理法是一种适用面较广、有利于整体绩效管理的考核方法。

目标管理法也有一定的局限性：某些工作难以设定短期目标因而难于实行该方法；员工在设定目标时偏宽松；一些管理者也对“放权”存在抵触情绪。

使用目标管理法对员工绩效的具体衡量，本书限于篇幅不作详细阐述①。

（三）目标管理法的实施步骤

1. 确定工作职责范围

每个员工进行工作时都有其职责范围。员工要弄清楚自己的职责，因为这决定了其工作的具体内容。确定工作职责的常用方法是：员工和上级各自列出员工的主要职责，然后双方把所列清单放在一起进行比较，并达成一致，最终产生双方同意的下级工作目标的清单。

2. 确定具体的目标

目标为员工与主管提供了计划和衡量业绩的依据。员工以书面形式写下自己应达到的全年的主要业绩目标，目标清单既包括定量目标，也包括定性目标，并体现出责任、承诺和义务、优先顺序以及实现目标的日期。目标要重点突出、具有前瞻性，又要与相关业务

---

① 这方面的内容可参见姚裕群．人力资源开发与管理．北京：中国人民大学出版社，2003：289-290.

范围的需要相协调。

一般而言，目标要符合以下要求：其一，目标的数目为 5～6 个，数目不宜太多，并且要有针对性；其二，目标是可以衡量和比较的；其三，目标是成果导向型的，如销售人员的目标，应当侧重于销售收入增长率、新市场开拓率等指标，对技术部门，则应当考核创新性指标。

3. 审阅确定目标

设定目标后，员工将其送交上级主管进行审阅，这时主管要帮助下级对目标进行评估并最后确定指导方针。讨论完毕后，即生成一致同意的目标。

4. 实施目标

这一阶段是目标管理的推进阶段。在目标实施的过程中，执行者有充分的自主权。当然，该阶段上级应当进行有效的控制，而不是放任自流。在执行中，如出现了不能克服的问题，上下级之间可以进行沟通，对目标进行适度调整。实行目标管理，是要激发员工的积极主动性，以努力多做贡献。为此，反馈和沟通的渠道必须畅通。

在该阶段，目标的执行者要定期（通常是每季度）、不定期向上级主管人员汇报进展情况。汇报时，目标执行者应当说明工作是否按预定计划正在完成、存在什么主要问题。汇报情况使上级主管深入了解计划的偏离情况，给予一定的帮助，并且在必要时采取适当措施。

5. 目标完成情况总结

在目标管理预定时间的期末，执行者要提供一份工作完成情况报告，包括所取得的主要成绩、所存在的问题、对实际结果与预期结果之间偏差的陈述等。有些用人单位制定了专门的目标管理表格，供员工自我评价。

6. 考核及后续措施

运用目标管理方法考核，关键要看员工的目标完成情况，找出达到目标的成功原因或者没有达到目标的失败原因，为下一次制定目标奠定基础。此外，还要制订计划，帮助员工改进下一阶段的工作。这实质上构成一种循环。

五、360 度考核法

（一）360 度考核法的含义

360 度考核法是一种从多角度进行的比较全面的绩效考核方法，也称全方位考核法或全面评价法。这种方法是选取与被考核者联系紧密的人来担任考核工作，包括上级、同事（以及外部客户）、下级和被考核者本人，用量化考核表对被考核者进行考核，采用五分制记录考核结果（见表 12-8），最后用坐标图来表示，以供分析。

表 12-8　　360 度考核表

考核者	上级	同事	下级	本人
考核成绩	4	3	5	4

（二）360 度考核法的实施方法

首先，考核主持者要听取被考核者的 3～6 名同事和 3～6 名下属的意见，并让被考核者进行自我评价。听取意见和自我评价的方式是填写调查表。

其次，考核者根据这些调查表对被考核者的工作表现、能力状况等方面做出评价。根据考核项目的不同对各个考核者得分规定不同的系数权重是较合理的方法。

最后，评价结果出来后，考核者要将所有同事和下属的评价调查表全部销毁，与被考核者见面，将评价报告拿出来与被考核者一起讨论。在分析讨论考核结果的基础上，双方一起讨论，定出被考核者下年度的绩效目标、评价标准和发展计划。

（三）360 度考核法的优缺点

360 度考核法的优点在于，能够使上级更好地了解下级，鼓励员工参与管理和管理自己的职业生涯，同时也促使上级帮助下属发展、培养责任心和改善团队合作状态。其缺点是花费时间太多，只适用于管理者而不适用于普通员工。此外，这种方法的实施受组织文化的影响非常大，我国实施这种方法，可能会遇到保密性、同事之间的竞争、人际关系的影响等方面的困难。

六、平衡计分卡

（一）平衡计分卡的含义及功能

平衡计分卡（balanced score card，BSC）是一套能使组织快速而全面考察经营状态的评估指标，由美国学者罗伯特·S. 卡普兰和大卫·P. 诺顿提出。平衡计分卡包括财务、客户、业务流程和学习创新四大方面的指标，财务衡量指标可以说是基本内容。平衡计分卡说明已采取的行动所产生的结果，同时还是对顾客的满意度、组织内部的程序及组织的创新和提高活动进行评估的业务指标，来补充财务衡量指标。

平衡计分卡的运用方法是：以财务、客户、业务流程和学习创新四个领域的企业战略和目标为基础，开发出有关键评估指标的公司平衡计分卡，再把这些指标逐层分解、落实到各个部门和每个员工。因此，平衡计分卡不仅是绩效评估的工具，而且通过系统的指标分解过程，将清晰的规划远景和战略落实成具体的行动计划和绩效管理系统，成为执行企业战略的基础。

在平衡计分卡的运用中，能够及时查看考评企业的战略执行情况，衡量组织及各部门业务流程，并根据需要在每季度、每个月对企业战略、目标和评估指标进行实时调整。平衡计分卡的运用，还能够帮助公司建立跨部门的团队合作，有利于促进组织业务流程的顺利进行。

（二）平衡计分卡的优缺点

1. 平衡计分卡的优点

（1）有利于组织的全面、动态评估。相对于传统的绩效评估，平衡计分卡的运用能够通过全面、动态地评估整体组织、每一部门和每一员工的绩效，达到正确运用组织资源、快速响应市场的功效，从而有利于实现组织的目标。

（2）有利于提出具体的绩效改进目标。平衡计分卡提出了企业、部门和个人的具体的改进目标及其改进时限，从而避免某些具有高绩效的员工不再努力改进工作的问题。

（3）有利于防止带来不良效果的绩效改进行为。平衡计分卡促使管理人员把所有的重要指标放在一个系统中考虑，并将注意力集中于由当前和未来绩效的关键指标构成的一个简短清单，避免某一方面的改进而牺牲另一方面的效率，实现工作行为的有效优化。

（4）有利于公司竞争战略的实现。平衡计分卡把有助于增强公司竞争力的内容（如顾客导向、质量提升、团队合作等）加以整合，对公司明确工作重点、全面提高管理水平与竞争优势意义重大。

2. 平衡计分卡的缺点

（1）对组织信息系统设施的要求高。一个组织的管理信息系统硬件不够完全、不够灵敏，就会大大影响信息的收集、传递和反馈，成为运用平衡计分卡进行绩效评估与管理的致命障碍。

（2）对组织经营管理基础的要求高。平衡计分卡的应用，要求组织的各级管理人员不但能够明确企业的竞争优势与劣势，而且能够清楚行业特点与竞争对手的战略，从而能够立足长远发展，提出与企业愿景和长期战略密切相关的绩效评估指标体系。此外，实行平衡计分卡，不仅需要各级管理者的理解和支持，还需要相当的配套措施，这些都要求组织具有良好的管理基础。

七、标杆超越考核法[①]

（一）标杆超越考核法的含义及特点

标杆超越考核法是标杆超越法在绩效考核中的应用。标杆超越法在管理实践中的应用起源于20世纪70年代末80年代初，当时美国企业掀起了“学习日本经验”的运动，施乐公司首开先河引入了标杆管理，将其作为一种经营分析手法，定量分析自己公司现状并与其他公司进行比较，并形成了随后西方企业界的“标杆超越浪潮”。具体到标杆超越考核法，可定义为：企业以行业内外一流的领袖型企业为标杆，从组织机构、管理机制、业绩指标等方面进行对比评析，在对外横向沟通、明确绩效差异形成原因的基础上，提取本企业的关键绩效指标，制定提升绩效的策略和措施，在对内纵向沟通、员工达成共识的前提下，运用定性与定量评价相结合的方法，通过持续改进追赶和超越标杆，最终达到提升本企业绩效水平的目的。

可以从以下几个方面加深对该定义的理解：

第一，标杆超越考核法的本质是一种面向实践、面向过程、以方法为主的绩效管理方式，其基本思想是系统优化、不断完善和持续改进。标杆超越考核法可以突破企业的职能分工界限和企业性质与行业局限，重视实际经验，强调具体的环节、界面和流程，因而更具有特色。

第二，标杆超越考核法是一种直接的、中断式的、渐进的绩效管理方法，其思想是企业的业务、流程、环节都可以解剖、分解和细化。企业可以根据需要，或者寻找整体最佳实践，或者发掘优秀“片段”进行标杆比较，或者先学习“片段”再学习“整体”，或者先从“整体”把握方向，再从“片段”具体分步实施，是一种有目的、有目标的学习过程。通过学习，企业重新思考和设计经营模式，借鉴先进的模式和理念，再进行本土化改造，创造出适合自己的全新最佳经营模式。

① 王萍．考核与绩效管理．长沙：湖南师范大学出版社，2007.

标杆超越考核法提供了以外部导向为基础进行绩效考核的新思路。与其他传统的绩效考核方法相比，它存在如下主要特点：

(1) 以市场为基础。外部市场是标杆超越考核法确定绩效目标的基础，该方法是将企业的发展目标和方向定位于外部现实的基础上，这使绩效目标更容易迎合市场，使企业能够建立适应未来竞争要求的绩效标准。

(2) 战略导向性。企业在设计绩效考核体系时，如何反映企业战略发展要求是决定整个考核体系能否支撑组织高绩效的关键。标杆超越考核法就是从战略高度找到设计绩效考核指标的外部目标，体现绩效管理的战略导向性。

(3) 以绩效改进为最终归宿。标杆超越强调一种持续不断的绩效改进活动，与绩效管理的最终目的追求绩效改进一致，而非单纯作为一种绩效考核方法。

(4) 具有内部激励性。标杆超越考核法的实施过程帮助企业辨别最优秀企业及其优秀的管理功能，并将之吸纳到企业的经营计划中来，通过标杆活动改进工作绩效。这个过程可以激励管理人员更好地完成绩效计划，使人们发挥更高的创造性，取得实施标杆法的实际效益。

(二) 标杆超越考核法的类型

根据标杆超越考核法应用的层次和范围，可以将其分为三类：

(1) 企业内部标杆超越。企业通过识别内部最好的业务部门或业务人员，然后将其推广到其他部门和其他员工，形成一种共同向上的文化。

(2) 行业内部标杆超越。企业将学习的范围扩大到同行，在同行业中（包括竞争对手和合作伙伴）寻找最优秀的企业，然后确定自己与“第一”的差距，制定追赶策略，甚至在时机成熟时超越对方。

(3) 全球流程标杆超越。此种类型的标杆管理是层次最高的，因为学习的范围推广到全球，企业在全球寻求相似工作流程中做得最好的企业作为学习的对象，不过学习的内容比较具体，直接涉及某项工作流程。

(三) 标杆超越考核法的实施步骤

实施标杆超越考核法具体包括七个基本步骤，如图 12-2 所示。

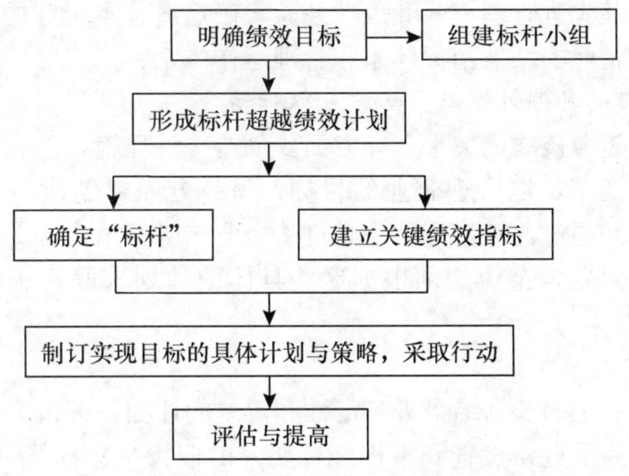

图 12-2 标杆超越考核法的实施步骤

1. 明确绩效目标

标杆超越考核法作为一种新兴的绩效考核工具，意味着绩效变革并最终指向变革，而变革常常会遇到来自企业内部各方面的阻力，所以一开始明确其目标，是将变革阻力降低到可实施范围的唯一策略。

2. 组建标杆小组

由于引入标杆超越考核法是一个持续性的过程，同时也是一个涉及企业绩效变革的过程，所以组建一个强有力的标杆小组以切实负责从准备到实施的各项具体事宜是必需的。标杆小组实际上是一个无边界团队，小组人数以5～10人为佳，由高层领导负责；小组成员的构成应多元化，包括来自不同职能部门的代表，如人力资源管理部门、高层领导、各职能部门主管（如研发部门、制造部门、财务部门）等。不同成员的角色和发挥的作用不同，如人力资源部员工主要是协调，从绩效考核角度思考；各职能部门侧重该部门员工的日常绩效特点；而高层领导则从战略高度调控，确保标杆超越考核法的正确实施。小组成员应具备绩效考核或者标杆超越法的理论或实际操作技能，这样才能保证标杆小组在整个实施过程中高效、专业。可以在正式工作前对标杆小组进行标杆超越考核法的技能培训。

3. 形成标杆超越绩效计划

绩效计划是一个确定组织对员工的绩效期望并得到员工认可的过程。绩效计划会因标杆类型的不同而不同，也会因企业的优势和劣势的不同而不同，共同的特点是必须清楚地说明期望员工达到的结果以及为达到该结果所期望员工表现出来的行为和技能。

4. 确定“标杆”

在甄选每一个绩效标杆时，要慎重考虑本企业所处的行业发展前景、企业发展战略、现实差距等。应遵循两项主要原则：一是标杆企业应有卓越的业绩；二是标杆企业所涉及的领域应与本企业有相似的特点。作为标杆的指标数据可以来自单个的标杆企业或部门，也可以来自行业、全国乃至全球的样本。总之，适合自己的才是最好的。

5. 建立关键绩效指标

这一步骤的主要任务是与标杆企业的绩效指标进行详细比较与科学分析，找出绩效差距和管理实践上的差异，由表及里领悟其先进的管理思想和战略思路，学习标杆背后的逻辑、运行机理，借鉴其先进管理模式和成功经验，确定适合本企业的关键业绩标准及最佳实践，从而建立起本企业的绩效指标体系和管理运作体系。

6. 制订实现目标的具体计划与策略，采取行动

这是实施标杆超越考核法的关键。一方面要创造一种环境，使企业中的人员能够自觉和自愿地进行学习和变革，以实现企业的目标；另一方面要创建一系列有效的计划和行动，通过实践，赶上并超过比较目标，这是打造企业核心竞争力的关键所在。标杆本身并不能解决企业存在的问题，企业必须根据这些具体的计划采取切实的行动，实现既定的目标。

7. 评估与提高

评估是对革新所产生的长远结果进行定性和定量的评测，并进入下一轮标杆超越考核循环。评估的主要任务是重新检查和审视标杆研究的假设、标杆管理的目标和实际效果，分析差距，为下一轮改进打下基础。

实施标杆超越考核法不能一蹴而就，是一个长期、渐进的过程。

本章小结

绩效考核是人力资源管理的重要环节，也是多项人力资源管理活动的依据。本章阐述了绩效考核的基本概念与原理，以及考核的流程，介绍了常用的绩效考核方法，包括简单排序法、强制分配法、要素评定法、目标管理法、360 度考核法、平衡计分卡、标杆超越考核法。

关键概念

绩效　　绩效考核　　绩效考核流程　　考核指标　　简单排序法　　强制分配法
目标管理法　　360 度考核法　　平衡计分卡　　标杆超越考核法

复习题

1. 什么是绩效考核？
2. 绩效考核原则有哪些？请简单解释。
3. 简述绩效考核的基本过程。
4. 常用绩效考核方法包括哪些？
5. 目标管理法的原理是什么？
6. 平衡计分卡的功能主要体现在哪些方面？

讨论提高题

1. 你认为绩效考核对组织有哪些作用？
2. 你认为，进行员工绩效考核时应该坚持的最重要原则是什么？
3. 你认为本章所讲的各种绩效考核方法的优缺点是什么？请对它们的适用范围做出评价。
4. 以某个企业或其他组织为对象，设计一套员工绩效考核的方法和程序。
5. 绩效考核中一般可能存在哪些问题？
6. 如何使用平衡计分卡对组织绩效进行考核？
7. 试运用标杆超越考核法分析自己的学习或工作水平提高的方向与措施。

本章学习案例

美孚石油公司的标杆超越考核法

美孚石油（Mobil）公司是世界上最著名的公司之一。在 1992 年，它的年收入就高达 670 亿美元，这比世界上大部分国家的收入还高，真正是富可敌国。不过，美孚的进取心是很强的，还想做得更好。于是美孚在 1992 年年初做了一个调查，试图发现自己的新空间。当时美孚公司询问了加油站的 4 000 位顾客，对他们而言，购物时最看重的是什么，结果发现：仅有 20%的被调查者认为价格是最重要的。其余 80%想要三件同样的东西：一是快捷的服务；二是能提供帮助的友好员工；三是对他们的消费忠诚予以一些认可。

美孚把这三样东西简称为速度、微笑和安抚。美孚的管理层认为：论综合实力，美孚在石油企业里已经独步江湖了，但要把这三项指标拆开看，美国国内一定还有做得更好的其他企业。美孚于是组建了速度、微笑和安抚三个小组，去找速度最快、微笑最甜和回头客最多的标杆，以标杆为榜样改造美孚遍布全美的8 000个加油站。

经过一番认真寻找，三个标杆都找到了。速度小组锁定了潘斯克（Penske）公司。世界上赛车运动的顶级赛事是一级方程式赛车，即F1赛车。但美国人不玩F1，他有自己的F1赛车，即“印地500汽车大赛”（Indy500）。而潘斯克公司就是给“印地500汽车大赛”提供汽车加油服务的。在电视转播“印地500汽车大赛”时，观众都目睹到这样的景象：赛车风驰电掣般冲进加油站，潘斯克的加油员一拥而上，眨眼间赛车加满油绝尘而去。美孚的速度小组经过仔细观察，总结了潘斯克之所以能快速加油的绝招：这个团队身着统一的制服，分工细致，配合默契。而且潘斯克的成功，部分归功于电子头套耳机的使用，它使每个小组成员能及时地与同事联系。

于是，速度小组提出了几个有效的改革措施：首先是在加油站的外线上修建停靠点，设立快速通道，供紧急加油使用；加油站员工佩带耳机，形成一个团队，安全岛与便利店可以保持沟通，及时为顾客提供诸如汽水一类的商品；服务人员保持统一的制服，给顾客一个专业加油站的印象。“他们总把我们误认为是管理人员，因为我们看上去非常专业。”服务员阿尔比·达第茨说。

微笑小组锁定了丽嘉-卡尔顿酒店作为温馨服务的标杆。丽嘉-卡尔顿酒店号称全美最温馨的酒店，那里的服务人员总保持招牌般的甜蜜微笑，因此获得了超高的顾客满意度。美孚的微笑小组观察到，丽嘉-卡尔顿酒店对所有新员工进行了广泛的指导和培训，使员工们深深铭记：自己的使命就是照顾客人，使客人舒适。小组的斯威尼说：“丽嘉的确独一无二，在现场学习过程中我们实际上都变成了其中的一部分。在休息时，我准备帮助某位入住旅客提包。实际上我活在他们的信条中。这就是我们真正要应用到自己的业务中的东西，即在公司里，你能很好地服务你的客户而带来的自豪。那就是丽嘉真正带给我们的魔力。在我们的服务站，没有任何理由可以解释为什么我们不能有同样的自豪，不能有与丽嘉-卡尔顿酒店一样的客户服务。”

微笑的标杆找到了。现在，用加油站服务生约翰的话说：“在顾客准备驶进的时候，我已经为他准备好了汽水和薯片。有时我在油泵旁边，准备好高级无铅汽油在那儿等着。他们都很高兴——因为你记住了他们的名字。”

全美公认的回头客大王是“家庭仓库”公司，安抚小组于是把它作为标杆。他们从“家庭仓库”公司学到：公司中最重要的人是直接与客户打交道的人。没有致力于工作的员工，你就不可能得到终身客户。这意味着要把时间和精力投入到如何雇佣和训练员工上。而过去在美孚公司，那些销售公司产品、与客户打交道的一线员工传统上被认为公司里最无足轻重的人。

安抚小组的调查改变了美孚公司以往的观念。现在领导者认为自己的角色就是支持这些一线员工，使他们能够把出色的服务和微笑传递给公司的客户，传递到公司以外。美孚在运用标杆超越考核法进行绩效改进之后，顾客一到加油站，迎接他的是服务员真诚的微笑与问候。所有服务员都穿着整洁的制服，打着领带，配有电子头套耳机，以便能及时地将顾客的需求传递到便利店的出纳那里。希望得到快速服务的顾客可以开进站外的特设通道中，只需要几分钟，就可以完成洗车和收费的全部流程。这样做的结果是：加油站的平均年收入增长了10%。

思考题：

1. 什么是标杆超越？它与绩效考核有何关系？

2. 为什么美孚石油公司要采取标杆超越的考核方法？

3. 在引入标杆超越考核法后，实现绩效指标和公司战略的一定对接，其效果产生的机制是什么？

4. 怎样看待标杆超越考核法的实际价值和应用范围？

神州数码：营销人员的KPI考核

神州数码控股有限公司成立于2000年，是国内一流的IT产品分销商和系统集成商。自成立以来业务发展迅速，从业人员从当初的300多人发展到如今的4 000多人。公司原来实施的是固定薪酬制度，个人报酬与业绩的关系不大，虽然起到了稳定人才的作用，但不利于调动员工积极性。因此，公司开始实行全员KPI考核。根据KPI考核的需要，公司制定了战略目标，确定了集团KPI体系和流程，然后分解到各部门和每个员工。

神州数码对营销人员的KPI考核具体如下：

1. 考核目的

(1) 使员工的努力与组织的目标保持一致，保障公司战略目标的实现；

(2) 对员工实行价值评价，体现个人对公司的价值贡献；

(3) 员工收入与业绩挂钩，实现激励员工的目的；

(4) 保持并提升员工的工作意愿，发展员工能力；

(5) 作为员工加薪、晋升、离职的依据。

2. 工资构成

(1) 实际工作构成。

实际工资＝岗位工资＋绩效工资×y/100

岗位工资＝标准工资×岗位工资权重×岗位工资考核分

绩效工资＝标准工资×绩效工资权重

y＝绩效工资考核分

(2) 绩效考核权重。

销售类员工分为管理人员和销售人员两种，分别设置绩效考核权重，见表12-9：

表12-9　销售岗位绩效考核

销售岗位类别	岗位工资考核权重	绩效工资考核权重	最高分设置
管理人员	75%	25%	130
销售人员	80%	20%	120

3. 考核周期

按月打分，按季度考核。即季度考核成绩Z为本季度三个月考核分的平均值，考核人可以对此值进行修正，并提供相应的书面修正意见，经中心总经理和业务中心总经理批准生效。

下一季度实际月工资＝标准工资×Z/100

4. 操作方法

（1）考核人填写被考核人的“职位说明书”；

（2）被考核人填写本人的“财年工作任务书”；

（3）考核人填写被考核人的“绩效考核表”。

5. KPI 考核指标

销售人员考核指标体现在“绩效考核表”，包括岗位考核指标系列和绩效考核指标系列。

（1）岗位考核指标。

- 季度重点工作完成情况（按照工作任务书进行考核）。
- 销售系统填写情况（主要考核销售项目进展情况及下一步行动计划）。
- 收集新项目信息情况。
- 其他。

（2）绩效考核指标。

- 销售额。
- 销售毛利。
- 欠款情况。
- 上次考核人要求的其他指标。

6. 操作流程

每月第二个工作日前，由负责人对本部门人员进行评分，并将评分结果填入绩效考核表，每月第六个工作日下班前将同员工沟通并签字确认的绩效考核成绩汇总至人力资源部。人力资源部及时统计考核成绩，并于当月第八个工作日下班前将绩效考核结果汇总至财务部。

资料来源：王萍．考核与绩效管理．长沙：湖南师范大学出版社，2007.

思考题：

1. 从神州数码销售人员 KPI 考核的考核目的分析该公司战略目标的核心内容。
2. 为什么要对销售类管理人员和销售人员设计不同的考核权重？
3. 分析神州数码销售人员指标体系是否符合 KPI 的相关设计原则。
4. 神州数码销售人员 KPI 体系存在哪些不足？你有什么改进意见？

第十三章

薪酬与福利管理

本章要点

◇薪酬与福利的概念与学说
◇薪酬福利的构成
◇薪酬福利制度的三大目标
◇薪酬制度设计的流程
◇薪酬管理的原则
◇薪酬调查的主要内容
◇薪酬等级表的绘制方法

本章引例

李老板的烦心事

李老板在业内一直颇受赞誉，主要是他对员工体恤有加。10年前还是只有5个人的小公司时，李老板就把所有员工的利益放在了最重要的位置，他经常说：只要跟着我，我绝对不会让大伙儿失望，我喝粥，就让大伙儿吃饭，我吃饭，就让大伙儿吃肉。公司员工从5个人扩展到了20人、100人，李老板的方针依旧没有变。每个月拿薪水的时候，人人脸上都洋溢着笑意，李老板的美名一时之间无人不知。可是最近这种现象却悄然变化，员工与老板之间不再是那么亲密无间，这是怎么回事呢？原来，经过多年的苦心经营，公司先后成立了多家附属公司，去年，李老板完成了一件重要的事情，正式成立了集团公司，所有的管理都收归旗下。这是一件大喜事，自然，李老板又想到要鼓舞大家的士气："咱们就来点直接的，涨工资。"在一片欢呼声中，按照人力资源部高主任的建议，公司在短短1个月内就完成了薪酬体系的改革，当然最主要的是普遍调整了大家的工资。可是工资调整后，李老板却发现员工的积极性似乎并没有显著提高，有些人怨气还很大，工作效率也没什么提高。更让他费解的是，到了年终一算账，工资开支增加了不少，可公司的整体利润却不升反降。面对这个难题，李老板发愁了，问题到底出在哪儿呢？

通过案例可以发现，薪酬与福利管理是组织经营的关键，它与员工的士气紧密相关，进而影响到组织的总体绩效。可是，与此同时，薪酬与福利管理也是个难题，加薪、高薪未必带来员工的高满意度与高工作积极性。这是为什么呢？就让本章来为您详细解答薪酬与福利管理的原理及操作关键。

第一节　薪酬福利基本分析

一、薪酬及相关概念

（一）薪酬

薪酬（compensation），是指用人单位以现金或现金等值品的任何方式付出的报酬，包括员工从事劳动所得到的工资、奖金、提成、津贴以及其他形式的各项利益回报的总和。所谓"薪"，原意为草柴，是具有一定的使用价值的物品；在经济活动中，"薪"则特指雇佣劳动的代价，它一般是金钱形式的，如薪水、薪金（salary）。所谓"酬"，是给予的回报，它具有一定的褒义色彩。"薪""酬"二字放在一起，就有组织对员工的劳动给予承认和褒奖的含义。

"薪酬"一词有狭义和广义之分。狭义的薪酬是与"劳动"直接联系的部分，"工资"

一词所含“因工作而花费的钱财”的字义正好反映了狭义薪酬的内涵。广义的薪酬则是与上述雇佣关系有关的组织各项付出或员工得到的酬劳，包括用人单位的福利和其他各种待遇，以及其他使员工获得利益和承认、满足个人需求的内容，如在工作中参与决策。

（二）工资

从微观意义上看，工资是指人力资源个体被一定的用人单位雇用后，完成规定的工作任务而作为劳动付出所换取的、由该用人单位支付的货币报酬。在一般情况下，工资构成薪酬的主体部分。

工资作为各种形式的劳动报酬的总称，其主要形式有：

第一，计时工资。计时工资是按照劳动者的技术熟练程度、劳动繁重程度，以一定的工作时间长短来衡量而支付的工资。计时工资的数额由工资标准和工作时间规定。计时工资的标准，一般体现在某个系列和等级的员工的工资级别上，如汽车制造厂的六级钳工、经贸公司的二级营销员。

第二，计件工资。计件工资是用人单位按照员工生产合格产品的数量或完成合格工作任务的数量（如推销的件数或销售额），以预先规定的计件单价为标准支付工资的形式。从一定意义上讲，它是计时工资的转化形式。

第三，奖金。奖金的性质是超额劳动的报酬，其类型多种多样。奖金是一种灵活、有效的常用工资形式，在人力资源薪酬管理方面有着非常大的使用价值，其激励作用有时能够带来巨大的经济效益。

第四，津贴。津贴是员工工资的补充形式，是按岗位的具体条件和劳动的特殊内容（如业务出差、在医院的传染科工作）以及其他因素（如物价、住宿）发放的。

（三）福利

福利，是用人单位为改善与提高员工的生活水平，增加员工的生活便利度而对员工予以免费给付的经济待遇。福利包括货币性和实物性两种形式，其具体内容可以分为居住待遇、休养娱乐待遇、生活设施待遇和其他关怀性待遇四种类型。

福利在组织的薪酬管理中，也具有重要的作用。实际上，福利是一个内容广泛、性质多元和具有一定强制性的范畴。首先，它是对员工生活方面的一种平均的、满足需要性的照顾。其次，它有着一定的社会保险和职业安全保护的强制性内容。最后，它在一些项目上实行差别性的发放，成为激励性薪酬的一个部分，并因为一些高福利的项目而成为吸引人才和留住人才的重要手段①。

由于人的需求多样，因此，组织在付给个人福利报酬时，可以实行灵活的福利计划，采取员工自愿选择项目的方式。

（四）人工成本

从微观意义上看，人工成本是用人单位在用人方面所有有关费用的总和。节约人工成本、提高经济效益是人力资源开发与管理工作的重要目标。人工成本包括三大方面的内容：

（1）员工个人所得的工资薪酬的各项内容；

（2）用人单位支付的社会保险费用、培训费用、住房开支等用于员工的各项开支；

---

① 罗旭华．实用人力资源管理技巧．北京：经济科学出版社，1998：231-237.

(3) 从事人力资源开发与管理的各项工作成本，如人力资源部门工作成本、招募成本等。

二、薪酬福利构成

人力资源的薪酬福利是组织对人力资源所做贡献的回报，它有不同的内容。从总体上看，薪酬福利的内容结构如图 13-1 所示。

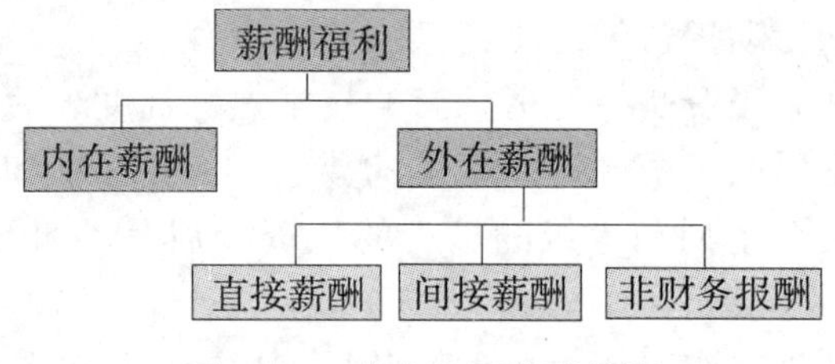

图 13-1　人力资源薪酬结构

(一) 内在薪酬

如前所述，狭义的薪酬是与“劳动”直接联系的部分，广义的薪酬有着广泛的内容，包括劳动付出所得的酬劳、福利待遇和满足个人心理需求的内容。心理需求方面的内容不是经济性的，而是非物质性的、无形的报酬。具体来说，其内容包括：工作中参与决策；较大的工作自由度；较大的责任；个人对工作内容有兴趣；成长的机会；活动的多元化。内在薪酬是所从事“工作”的本身给员工带来的酬劳，可以说，它是相当有效的激励手段。

(二) 外在薪酬

与内在薪酬相比，外在薪酬属于经济性待遇，它包括直接薪酬、间接薪酬和非财务报酬。外在薪酬即人们通常说的“工资薪酬”。

1. 直接薪酬

直接薪酬是人们一般意义上的工资薪酬收入，这是人力资源报酬的主体。它包括基本薪酬（计时工资或计件工资）、奖金、工资性津贴、加班工资、业绩工资（如营销员底薪之外的销售提成）、分红、利润分享、股权期权等。津贴的种类较多，有的是低差异、高刚性，如地区津贴、班主任费；有的则是高差异、低刚性，如技术津贴、出差补贴。

在直接薪酬中，根本问题之一是“死”工资与“活”工资的比例，这关系着组织文化和对员工的激励力度。

2. 间接薪酬

间接薪酬包括组织的福利开支、人力资源养护费用（如医疗保险、养老保险等）和非工作时间（节假日和病假）的经济给付。组织的福利项目很多，如带薪休假、住房补贴、免费午餐、员工食堂或伙食补助、交通接送或交通补贴、培训教育资助、家庭困难补助、集体组织旅游、节日生日礼物、优惠实物分配等。

组织的福利对员工而言，是有享用权利差异的：有的福利项目是所有职工享有的全员福利；有的福利项目是专门福利，如对高层人员的轿车、飞机乘坐待遇；有的福利项目属于困难补助，针对若干符合条件的员工家庭；有的福利项目带有一定的激励性质。由于人们的需要众多、差异很大，可以实行由员工选择项目内容的自助、弹性福利计划。自助、

弹性福利计划有三种类型：

（1）附加型，在现有的福利计划之外，提供若干其他福利措施，供员工选择；

（2）“核心”加“选择”型，核心福利部分是每个员工享有的基本福利，弹性选择福利部分则附有价格供员工任意选择；

（3）套餐型，组织推出项目内容和优惠水准各不相同的若干种“福利组合”，由员工从中选择其一。

3. 非财务报酬

非财务报酬是个人不领取款项，但需要组织给予一定经济付出的待遇。例如，较舒适的办公室环境和设施、特定的餐厅和停车位、配备个人秘书以及赋予动听的头衔等。

三、薪酬福利管理目标

薪酬福利管理在人力资源开发与管理中居于非常重要的地位，它既是组织日常管理工作的最主要的内容，也是组织战略性的工作。一般来说，组织薪酬福利制度的目标如下所述。

（一）维系组织的发展

薪酬制度的设计与实行，要保证组织生产经营活动的完成，能协调好组织的人际关系，提高员工的组织凝聚力，进而达到维系和促进组织发展的作用。这就要求组织的工资水平在社会比较中的定位合理以至较高，工资的内部分配结构合理。

（二）强化激励作用

在组织的薪酬分配中，要注重薪酬制度的设计对员工有较大的激励作用，以发挥员工的积极性、创造性和增强员工的责任感，促进经济效益的提高。这就要求管理者注意加强工资核算，加强人力资源管理各环节的工作水平，精心研究和制定工资薪酬分配方案。

就组织的工资模式或者思路来说，主要有能力工资、绩效工资、年功工资等。对经营性单位而言，一般采取绩效工资模式思路，贯彻“业绩优先”的原则。为此，要在工资结构中加强效益工资等“活”工资的比重，加强其调节的力度。

（三）开发和吸引人才

薪酬制度要有利于调动管理人员、技术人员的积极性，有利于开发和吸引人才。在许多现代组织中，人力资源被看作最重要的财富；在人力资源中，人才又是最珍贵、创造效益极大（人力投资回报极大）和非常稀缺的资源。这就要求用人单位更加仔细地研究管理人员、技术人员的工资方案，并及时反馈，及时进行调整。

第二节 薪酬福利管理原理

一、薪酬福利基础 —— 劳动形态

劳动是取得报酬的原因，它为组织创造了价值。人力资源薪酬的分配构成组织价值分配的一个部分。但是，劳动是复杂的，薪酬以及福利分配也是复杂的。这里对劳动的三种形态问题进行比较。

（一）潜在劳动——可能的贡献

潜在劳动是实际上人的劳动能力，这是招聘和任职时对人力资源个体的预期效益进行估算的依据。应当指出，把它作为组织对劳动成果进行价值分配的依据并不恰当，其缺点在于它是尚未使用、尚未创造价值的事物。因此，应当在对之运用并形成劳动成果以后，再进行成果与预付价值的“结算”。

（二）流动劳动——现实的付出

流动劳动是人力资源个体在工作岗位上的活动，是已经付出的劳动，用之作为发放劳动报酬的依据，显然比潜在劳动好。也可能出现虽然一个人付出了劳动，但基于个人、组织或市场的原因最终不能实现价值的情况。因而把流动劳动作为价值分配的依据有一定的局限性，也不是根本的衡量标准。

（三）凝固劳动——实现的价值

凝固劳动是进行劳动后取得的成果，如产量是多少、销售额有多少等，这是劳动创造价值的具体表现，因而应当是劳动价值衡量的最好方式。在大部分组织和工作岗位，都应当以此来进行计量，发放工资薪酬。但是，在一些员工的工作难以与业绩直接对应、合理挂钩时（如消防队员、学校的班主任），以及难以进行工作评价时（如新产品研究开发人员），是无法使用这种方法的。

二、薪酬管理的主要学说

（一）分享理论

1. 利益分享的含义

所谓利益分享，是指员工的工资不是按工作时间确定固定的工资，而是与雇主共同分享企业经营的利益，即员工工资占企业经营收入的一定比例。美国经济学家马丁·魏茨曼主张，员工的报酬要采用“工资制”和“利益分享制”两种模式，就是把员工的利益与企业的经营效益挂起钩来。

20 世纪 60 年代中期以后，发达国家出现了经济长期滞胀局面，凯恩斯主义政策失灵，反滞胀成为经济学的首要任务。美国麻省理工学院经济学教授、世界银行和国际货币基金组织顾问马丁·魏茨曼针对这种状况，提出了一种劳资双方分享企业经营利益的原则。该学说成为经济学领域的创新理论。

2. 利益分享的作用

利益分享论认为，在传统的工资制度中，工人的工资与厂商的经济效益无关，是一种固定成本。在产品市场不景气时，厂商只能减少生产和缩减用工数量而不能降低成本、降低产品价格以适应市场，因而导致市场收缩和失业。当社会为消灭这些失业而采取扩张性财政政策和货币政策时，又导致通货膨胀。因此，工资问题成为造成整个宏观经济问题的根本性病因。要摆脱经济滞胀局面，需要对其根源——工资制度动大手术，要将这种“员工劳动报酬”式的工资制度，改变为“工人与雇主共同关心劳动成本节约”的制度，使单位产品的劳动成本随就业的增加而下降。当一个国家的全部（或大多数）企业都实行利益

分享制时，经济就会平衡扩张、顺利发展。

利益分享论为现代人力资源管理提供了重要的思想方法，它在一定程度上承认了员工的主人地位，也提出了卓有成效的薪酬管理方法。经济学者的朴素语言对此描述为"馅饼做得大一点"，就能大家都分得多。要想"大家分得多"，基础是把馅饼做大，而"馅饼"做大的动力正在于员工的自觉努力工作。

（二）公平理论

美国学者斯达西·亚当斯提出了公平理论。该理论指出，当一个人察觉到自己在工作上的努力（投入）与由此所得到的报酬（所获结果）的比值，与其他人的投入与结果的比值相等时，就认为是公平的。这说明人们在判断分配是否公平时，并不是比较所获结果的绝对量多少，而是比较付出与所得的比值。该公式为：

$$\frac{\text{自己所得}}{\text{自己付出}}=\frac{\text{他人所得}}{\text{他人付出}}$$

在确定一个单位的工资水平和工资政策时，公平性是重要的出发点。实际上，组织必须顾及两个方面的公平性：内部的公平性和外部的公平性。内部公平性指企业内部的职工感受公平，认为基本上做到了劳酬相符。进一步来说，内部公平是把报酬基点建立在科学的职务分析上和个人劳动得到了恰当的承认和补偿的"个人公平"方面。外部公平性是指企业的工资水平必须以市场工资率为基准，进一步来说，是要在与同行业的竞争中有利于吸引和留住人才。公平理论的作用如图 13－2 所示。

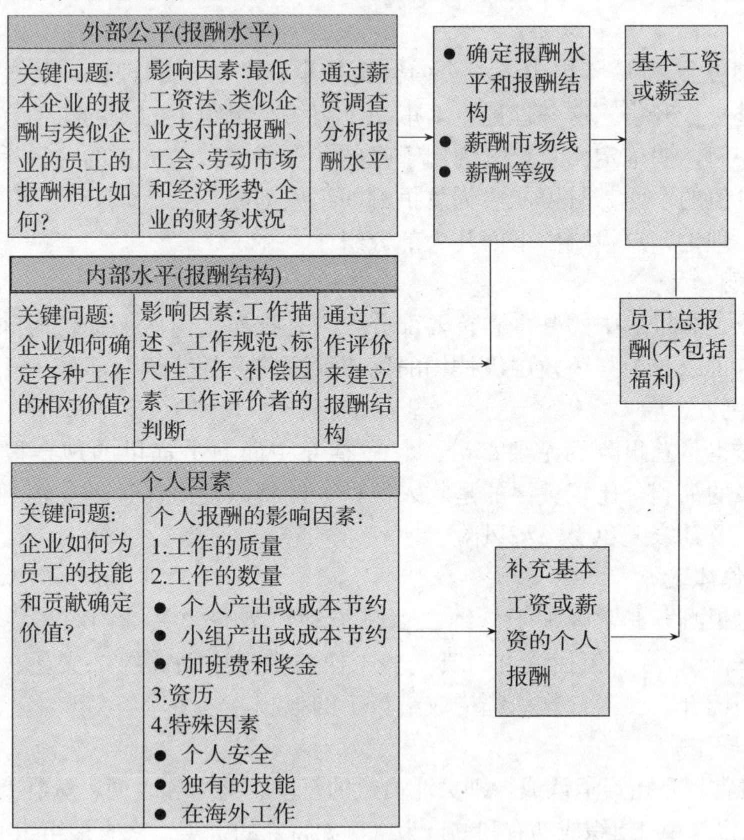

图 13–2　公平理论的作用

（三）激励理论

激励理论是非常重要的管理理论，也是非常重要的人力资源开发与管理理论。美国心理学家弗鲁姆的期望理论在激励理论中占有重要作用，它着重研究目标与激励之间的规律。人是通过选择一定的目标，然后做出努力以实现这一目标，从而直接或间接地满足自身的需要。人在行动之前的目标选择对行为结果是有某种预期的，这种预期本身就是一种力量，它能够激发人的动机，调动人的积极性。激励的大小取决于两个因素：一是效价，即所追求目标的价值；二是期望值，即所追求目标得以实现的可能性的大小。

这说明：目标价值和期望值的不同组合，决定着不同的激励程度，要使被激励对象的激励力量最大时，目标价值和期望值都必须高；只要目标价值与期望值中有一项的值很低时，对被激励对象来说就缺乏激励力量。例如，对月薪数万元的高层管理人员来说，每月发放一两百元的津贴或者奖金，其效果几乎为0；而几十元的津贴或者奖金对月薪数百元的打工者来说，则具有较大的激励作用。

此外，影响激励水平的因素，还有关联性、奖酬、能力和选择等因素。关联性是指工作绩效与所得报酬之间的关联程度，这一点尤其要解决好。

运用期望理论调动员工积极性，需处理好努力与成绩的关系、成绩与报酬的关系、报酬与满足个人需要的关系，这是组织制定薪酬政策时需加以遵循的。

三、总报酬理论

美国薪酬协会2006年提出了一个内容更加全面的总报酬理论，是对现代薪酬理论与实践发展的进一步升华。这一理论重新审视了组织与组织中的人的价值，将多种激励手段有机整合在一起，明确定义总报酬为用于吸纳、保留和激励员工的各种手段的整合，任何员工认为有价值的东西都有可能成为总报酬的组成部分。

按照这一理论，总报酬由下面几大部分组成。

（一）薪酬

薪酬当然是总报酬中的基本和首要部分。它是指雇主向雇员提供时间、努力和技能所支付的报酬，可以分为与绩效层级挂钩的固定薪酬与可变薪酬两部分。

（二）福利

福利同样也是总报酬的主要部分。它包括雇主向雇员提供的现金报酬之外的补充形式。除了一般的福利，比较关注的是收入保护、储蓄以及退休计划等福利项目，这些项目旨在保护员工及其家人免受经济风险。

（三）工作体验

这是“总报酬”非常区别于传统“薪酬福利”范畴的关键内容。模型中的“工作体验”（work experience）包括认可与赞赏、工作与生活平衡、组织文化、职业生涯发展与机会、工作环境五大要素，这些都构成给员工的报酬。

1. 认可与赞赏

认可与赞赏，是指为承认或特别关注员工的行动、努力和表现，对员工的努力表示欣赏，并能够通过强化这些对组织成功有利的行为（例如特殊的赞美）来支撑组织的工作和战略。无论正式的或非正式的，认可必须在员工做出贡献后马上实施，通常不需要预先设定目标。

2. 工作与生活平衡

工作与生活平衡是组织管理中各种旨在帮助员工在事业和家庭方面同时获得成功的政策与制度规定，也可以只是一种惯例或一种企业文化。

3. 组织文化

倡导多元化和不断创新的组织文化，领导和管理层要与员工充分沟通。

4. 职业生涯发展与机会

其一为员工的个人职业发展，这往往是组织为员工提供有价值的培训和提高工作能力学习机会等。其二为职业机会，包括提升员工职业目标的一系列计划。组织重视人才的内部培养，规划员工的职业发展，并在组织内部为其提供岗位轮换的机会和职位晋升的空间，确保优秀的员工能够在组织中发挥出最大的作用。这些都构成给员工的报酬。

5. 工作环境

组织通过提供富于激励的工作环境和办公环境，让员工能够有一种家的感觉，以及通过工作本身来吸纳、保留和激励员工。

第三节　薪酬制度设计的流程

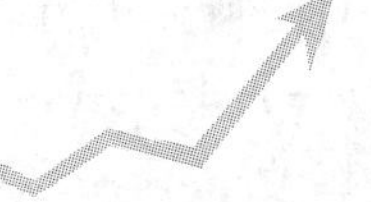

一、岗位工作评价

（一）岗位工作评价的目的

为了使工资薪酬达到公平性和科学性，用人单位在确立自己的工资水平时，要在组织内部进行岗位工作评价，以实现劳酬相符；还要对外部的同行单位的工资进行调查，把握和比较本组织工资水平与市场工资水平的关系，使自己具有合理的薪酬策略。这是组织薪酬管理的基础和出发点。

岗位工作评价，与前面章节的工作分析和职务分析基本上是同一范畴，这里使用“岗位工作”的概念，是侧重对员工在某职务或岗位的工作中所支出的劳动量的衡量过程，即以某个职务分析结果——职务说明书为依据，衡量、判断该工作岗位与其他岗位相比应当支付多少薪酬，这就使组织确定工资薪酬具有客观依据，从而达到薪酬分配的内部公平性。

（二）岗位相对关系的确定

为了达到薪酬分配的内部公平性，必须解决好组织内部各个岗位的相对关系。要从组织的职务说明书出发，并考虑工作中的劳动定额以及一些其他因素（如工作角色的重要性、劳动环境等），确定工作岗位的等级或职级。岗位的相对关系，可以分为“纵”“横”两个方面。

从纵向的角度看，同类型的一系列工作岗位中，有高低不同的等级，如技术员、助理工程师、工程师、总工程师等级。一般来说，工作量付出多的岗位，就评为较高的岗位等级或职级；工作量付出少的岗位，就评为较低的岗位等级或职级。因此，反映工作付出和劳动贡献的岗位等级（或职级），就能够直接与工资报酬挂钩。等级较高的岗位支付相对较高数量的工资，等级较低的岗位支付相对较低数量的工资，这就实现了组织内部职工所付出的劳动量与所获取报酬的比值大体相当的格局，即达到了薪酬的内部公平。

从横向的角度看，在各个组织中都有不同的工作类型或工作系列，如公司中有生产、营销、技术、管理、后勤等系列，大学中有教学、资料、教务管理、后勤服务等系列。不同的工作系列处于同一岗位等级的岗位，应当支付大致相等的工资量，这也体现着薪酬的内部公平。

岗位工作评价方法即职务分析的步骤方法，这里不赘述。

二、市场薪酬调查

岗位工作评价是对本组织的岗位工作所支出的劳动量进行衡量评价，组织根据岗位工作评价结果制定自己的基本工资标准，确定本组织的工资水平。这一标准是否符合同行业的工资行情（市值）、是否符合同行业的市场工资率，有赖于工资调查。

对同行业进行工资调查的方式，主要有以下几种。

（一）非正式调查方式

1. 电话询问

要调查小部分岗位的工资，电话询问是收集资料的好方法。在市场竞争激烈的情况下，组织往往对自身的工资资料保密，但有时可以通过电话询问的方式得到一定的信息。例如，在某公司招聘会计时，可以打电话询问其会计岗位的工资报酬情况，从而取得这一岗位的工资资料。

2. 非正式获得方式

在各种有关的专业会议上，可以通过会下交流方式询问同一产业、同类型单位的工资薪酬情况。

3. 询问应聘人员

通过询问前来应聘的人员和新录用的员工，可以收集到他们原供职单位的工资福利资料。

4. 其他方式

从一些单位的招聘广告中，以及从本单位流出的员工处，也可以获得其他单位薪酬福利的有关资料。

（二）正式调查方式

正式调查方式包括通过问卷和访问方式收集有关资料。该调查方式的优点在于它可以调查得很详细；缺点是所花费的时间较长，而且许多单位出于保密，拒绝回答问题，则会造成访问不能顺利进行和问卷回收率低的情况。

采用这一方式时，要注意做好以下工作。

1. 确定调查范围

调查的范围一般应选择同一地区、同一行业、同种规模的企业，以求工资结构大致相同。

2. 选择调查对象

调查对象应选择具有可比性的工作岗位，即所调查的岗位同本企业的相关岗位在工作性质、工作职责、工作条件，以及所需资格条件等方面应基本一致。简言之，所调查的岗

位应该是本行业具有代表性、典型性的岗位。

3. 确定调查内容

一般来说，调查的内容包括基本工资、附加工资、奖金、福利、分红、保险和企业的工资结构等。

4. 进行调查

在调查前，要努力争取被调查单位的支持与合作，最好的方式是签订资源共享协议。这里的资源共享，是指对方提供有关信息和资料，要把调查汇总结果提供给对方。在提供的汇总材料上，不要出现各个被调查企业的名称，而应使用企业代号。

（三）统计部门或专业机构提供

组织可以从政府统计部门或专业研究机构每年发表的调查报告和统计资料中，获得有关行业、系统各有关职业及其级别的工资资料。例如，我国的政府劳动保障部门发布的“劳动力市场价位”、各地人才市场的工资信息。

在市场薪资调查之后，要把所得到的各种数据进行整理，然后汇总成表，以供制定本组织的工资薪酬方案之用。

三、绘制薪酬等级表

设计组织薪酬制度，比较简便易行的方法是，根据组织岗位工作评价的结果绘制反映现行薪酬水平的工资等级表。

（一）设计职务工资类型

根据员工担任的岗位职务支付的工资，即职务工资。职务工资有单一型和范围型两种类型。

1. 单一型

单一型的工资类型是一职一薪，即对每一个职务（或岗位）等级仅仅设一个工资额。如 7 个职务等级有 7 个不同的工资额，或 7 个岗位有 7 个不同的工资额。显然，这是一种很简单的工资类型。

针对单一工资在实施中过于简单、划一的问题，在具体的薪酬管理中一般可以采取奖金、津贴等方法加以弥补。

2. 范围型

范围型是一职多薪，即一个职务（岗位）等级内设若干工资级或薪阶，从而一个职务等级内具有若干工资额。实行职务工资制的组织，多采用范围型。美国联邦政府的薪俸表和我国公务员的工资等级表都属于一职多薪的类型。

从范围型职务工资来看，一职多薪使每一个职务等级即工资等级都有一个最高点（顶薪点）和最低点（起薪点）工资额，它们之间的差额叫作工资幅度（或薪幅），这个幅度表示每个工资等级可能支付的范围。

由于范围型工资设定了工资幅度，因而具有以下两个优点：（1）具有灵活性。组织可以根据劳动市场的变化，适当地对工资待遇进行调整。为了吸引人才，组织还可以选择某个职务等级内的较高级别工资待遇。（2）在同一职务（岗位）等级内，组织可以根据员工的绩效优劣和工龄长短等不同情况给予差别待遇。这可以成为对人力资源进行长期管理的手段。

（二）确定职务工资级差

范围型职务工资在工资级差设计中有两种类型——无覆盖式和覆盖式。

1. 无覆盖式工资

即上一个职务等级的最低一级工资大于或等于下一个职务等级的最高一级工资（见图 13-3）。

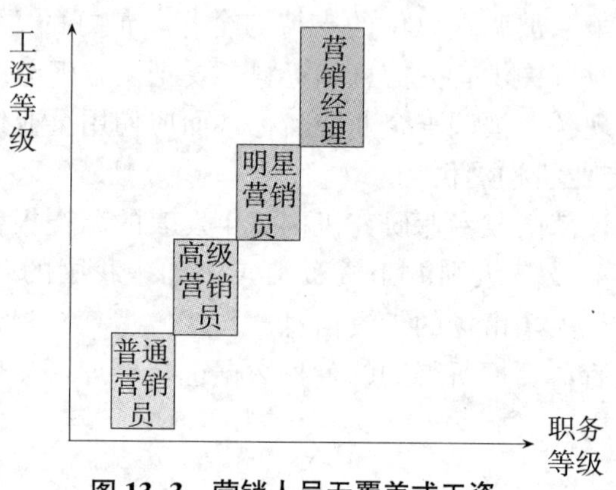

图 13-3　营销人员无覆盖式工资

例如，普通营销员的工资为：500～1 200 元；高级营销员为：1 200～2 500 元（或 1 300～2 500 元）；明星营销员为：2 500～4 000 元（或 2 600～4 000 元）；营销经理为：4 000～6 000 元（或 4 100～6 000 元）。

2. 覆盖式工资

即上一个职务等级的最低一级工资大于或等于下一个职务等级的中间级工资。也就是说，在两个相邻职务等级之间工资有部分重叠。与无覆盖式工资相比，覆盖式工资成本低，具有较强的灵活性，而且使那些职责程度差别不太大的岗位的工资差距不致过分悬殊。

例如，普通营销员的工资为：500～1 800 元；高级营销员为：1 200～3 000 元；明星营销员为：2 600～4 500 元；营销经理为：4 000～8 000 元。

详见图 13-4。

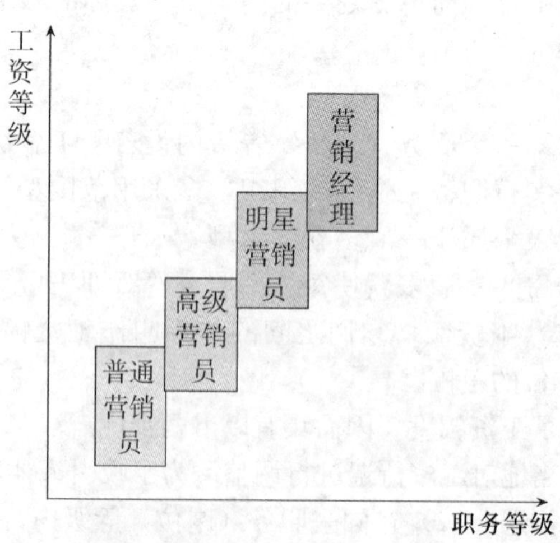

图 13-4　营销人员覆盖式工资

（三）绘制薪酬等级表

在明确职务工资类型与级差方式以后，就可以制作一个组织各种工资水平的完整的工资等级表了。

通过岗位工作评价，各个岗位间都取得了相对价值，每个岗位也都具有分值。在此基础上，要根据工作量的相近程度统一划分岗等。例如，200 分以下的岗位为第一岗等，200～400 分的岗位为第二岗等，400～600 分的岗位为第三岗等，600～800 分的岗位为第四岗等，800～1 000 分的岗位为第五岗等，1 000～1 200 分的岗位为第六岗等。至此，一个岗等就是一个工资等级，也是一个职务等级。工资等级表就是根据岗位工作评价的结果绘制的。

（四）协调不同职务类型之间的关系

将本组织的工资等级表与对社会薪资调查的结果比较，可以发现二者在对应的职务等级工资之间的差别。

如果二者大致拟合，或者处于差别不大且可以解释，或有理由存在相当差异的情况下，就可以参照社会水平制定或修订自己各个系列、各个等级的工资数额，最后形成本组织的等级表。

如果二者偏离太大，就需要进行分析，对差异明显的工资数额进行调整。

四、薪酬水平定位

这里的薪酬水平定位，是指本组织的薪酬水平与社会同行业的薪酬水平的比较。

（一）趋同政策

如果本组织的薪酬政策是要趋同于社会同行业的薪酬水平，该组织就要根据同行业工资水平来确定自己的工资水平。从理论上讲，对低于市值的岗位，要增加工资以达到市场水平；对高于市值的岗位，则应相应降低现行工资以符合市场水平。

但是在现实生活中，如果调低员工的工资，会极大地挫伤员工的积极性。为了避免这一问题，一般的做法有三种：其一，暂时冻结增资或减缓日后的增资幅度，使偏高的工资在一段时间后回落到市值水平；其二，在可行的情况下，增加员工的岗位工作量，提高员工的工作效率，使其劳动贡献与工资待遇相符合；其三，对具备资格条件的员工予以调职或晋升。

（二）高薪酬政策

在组织具有经济能力的情况下，也可以实行高于或低于市场薪酬水平的政策。应当注意的是，如果组织的薪酬水平增加过多，则会增加人工成本、缩小利润空间，使产品失去竞争力。

在实行高薪酬政策的情况下，如果员工因获得较高工资而受到激励提高了工作效率，则可能是另一情况：薪酬虽然高，但提高了利润，从而取得了经济效益。此外，高薪酬能吸引外部的优秀人才和保留内部的优秀人才，因而取得极好的经济效益。

（三）低薪酬政策

如果组织的规模小、财力有限，并且经营不善，则只能采用低工资政策。需注意，工资水平过低，是无法吸引优秀人才的，原有的人才也会逐渐“跳槽”、另谋高就。

第四节 薪酬管理实施

一、薪酬管理的原则

（一）薪绩一致

薪绩一致，是现代薪酬管理的基本理念和首要原则。薪绩一致，也体现在“奖罚有据”上。为了达到这一原则，要求组织的薪酬制度比较完善，在日常管理中加强工作考核，以此为依据来计算和发放工资。

（二）业绩优先

在组织的薪酬制度中，要贯彻“业绩优先”原则。业绩优先，也就是要注重工资的激励作用。

（1）对结构工资，应加大其中效益工资的比重，以加强效益工资的调节力度；

（2）对计件工资或类似的销售工资，应认真核定计件单价，并采取业绩系数递增制；

（3）对有重大贡献者要给予重奖；

（4）对工资水平固定的计时工资，在工作者圆满地完成了工作任务后，应给予一定的奖励。

（三）分享利益

随着组织的发展和经济效益的提高，员工应当分享企业发展的部分利益。这体现在奖金发放、年底分红、工资升级等方面。优异地完成了经营目标任务、对组织做出杰出贡献的高级经营管理人员，更应当获得一定的利润分享。应当认识到，这种“分享”的支出，会换取员工很大的工作动力，因而可能带来相当高的经济回报。利益分享的形式与水平，要经过董事会审核、批准。

（四）目标管理

目标管理的主要指向是高层经营管理人员的年薪制业绩目标和分部门管理者的工作任务承包。其实质是管理人员对企业生产经营任务的全面承包，并得到合理的经济回报。年薪制既可以给予经营承包人比较稳定的高工资，承认其企业家的角色，又能根据其业绩给予相当的回报，较好地实现按劳付酬，从而调动经营者创造效益的才能，达到激励和约束的作用。

（五）合乎法律

这包括国家劳动法、地方劳动法规、劳动行政部门颁布的管理规定。

二、薪酬制度的类型

薪酬制度即人们常说的工资制度，它是根据国家法律和政策制定的薪酬分配方面一系列准则、标准、规定和方法的总和。从微观层次理解薪酬制度，是指企业内部的工资管理的标准与规定。组织的薪酬制度可以分为以下几类。

（一）绩效工资制

绩效工资制是主要根据员工的动态业绩来决定支付报酬数量的制度。需要注意的是，不要把绩效工资简单地理解为工资与产品数量挂钩的工资形式，它实际上是建立在科学工资标准和管理程序基础上的工资体系，其基本特征是将员工的薪酬收入与个人业绩挂钩。

绩效型薪酬制度的优点：有利于员工薪酬与可变化的个人业绩挂钩，将激励机制融于企业目标和个人业绩关系之中；有利于薪酬向业绩优秀者倾斜，提高企业效率和节省人力成本；有利于突出团队精神和企业形象，增大激励力度和员工的凝聚力。其缺点是容易导致员工的短期行为，同时也不利于员工综合素质的提高和潜能开发。

（二）技能工资制

技能工资制是以劳动技能等级为依据，以劳动者实际劳动质量和数量确定报酬的多元组合的工资类型。企业定出员工工作的技术等级及考核标准，要求员工具有一技之长，并按其已显现出来的能力确定薪酬等级，支付相应报酬。如果员工具备了更高的能力，可以向企业提出升级的请求。但高职位是有限的，员工都要努力争取，经过筛选才能上升一级。因此，技能型工资制度有利于员工的自觉进步。

技能工资制度也有不足之处，即有些岗位工作比较艰苦，与绩效计量也不直接挂钩，这容易造成企业一些岗位留不住人才的问题。

（三）资历工资制

资历工资制是以职工个人的年龄、工龄、学历、本专业工作年限等因素为依据的薪酬制度，是劳动积累工资。这种工资制度起源于第二次世界大战，20 世纪 50 年代在日本颇为流行，它与终身雇佣制一起，构成了独具特色的日本企业的薪酬管理制度。

这种工资制度的显著优点是最大限度地稳定企业员工，增强员工对企业的认同感和归属感。但随着社会的进步和经济的发展，这种强调资历、不直接与绩效挂钩的工资制度的弊端日益显露，带来的后果是员工年龄结构老化、企业工资成本急剧增加、企业负担加重等。

（四）结构工资制

结构工资制是一种复合型的工资制度，是将职工工作的职务与绩效，同其技能、资历等因素复合后作为构成薪酬的不同组成部分来加以考虑的一种薪酬制度。关于应把职工的工资分解成哪几个部分，目前尚不统一，一般分解为固定工资（基础工资、年功工资）和变动工资（技能工资、岗位或职务工资、超额工资）两大部分。

结构工资制较好地体现了工资的几种不同功能：工龄、学历、职务，主要反映了劳动的潜在形态；劳动工作态度、劳动条件，主要反映劳动的流动形态；劳动成果、贡献（积累贡献）主要反映劳动的凝固形态；而员工的最低工资则保障了劳动者的基本生活需要。结构工资制不仅全面地反映了这些因素，而且有利于克服工资分配中的平均主义。实行结构工资制需要注意的是，要把握好各部分工资占工资总量的比例关系。

（五）薪点工资制

薪点工资制是一种综合性的工资薪酬制度，也称岗效薪点工资制，它是具有了岗位工资基本特征、非常强调绩效工资的结构工资制度。具体来说，薪点工资制是“在什么岗位就按什么岗位的点数算”加“按履岗贡献大小考核的奖罚点计酬”的分配方式。一个员工的薪点数越高，他的薪酬水平就会越高；反之，其薪酬水平就越低。此外，薪点工资制同时也有基本生活费与工龄工资部分，融工资的保障、激励、调节职能为一体。它克服了岗位技能工资制按固定数额支付工资和工资激励作用不显著等方面的不足，是使企业的工资分配与市场对企业工资的决定机制相适应的一种弹性薪酬制度。薪点工资制结构图如图 13－5 所示。

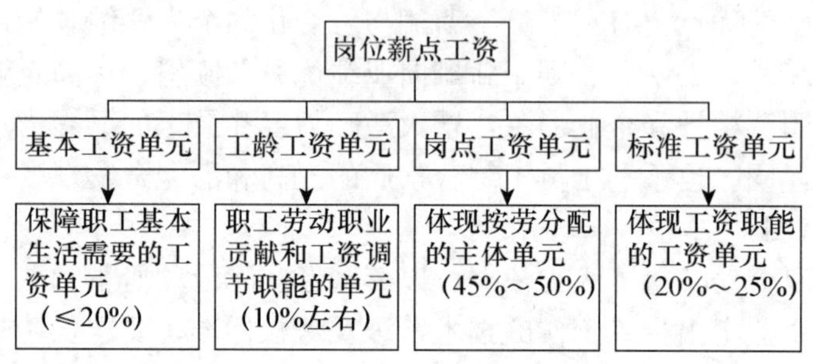

图 13－5　薪点工资制结构图

本章小结

本章介绍了薪酬的含义、构成以及薪酬管理的主要学说等基础性理论，并在此基础上系统阐述了薪酬福利制度设计流程的各个环节。

关键概念

薪酬　福利　人工成本　内在薪酬　薪酬福利管理目标　利益分享
总报酬　岗位工作评价　市场薪酬调查　薪酬等级表　薪酬水平定位
薪酬管理原则　绩效工资制　结构工资制　薪点工资制

复习题

1. 薪酬、工资、福利和人工成本的含义分别是什么？各有什么特点？

2. 与工资薪酬相关的“劳动三形态”是什么？

3. 薪酬福利制度包含什么？

4. 内在薪酬和外在薪酬都有哪些内容和项目？其各部分应当有哪些职能？如何发挥其作用？

5. 薪酬制度设计的流程包括哪些步骤？

6. 薪酬管理的原则是什么？

讨论提高题

1. 你认为在市场经济条件下，影响薪酬水平的因素主要有哪些？

2. 请运用分享理论、公平理论、激励理论分析现实的薪酬管理问题。

3. 找一家用人单位，对其薪酬制度进行调查和分析，分析其哪些薪酬条款反映了薪酬管理理念和原则。

4. 以某个企业或事业单位、社团组织为对象，或虚拟一个单位，设计一套员工薪酬

管理方案。

本章学习案例

IBM的个人业务承诺计划——PBC

一个企业如果能够让员工相信企业采取的激励机制是合理的，并且愿意接受这种机制，那么就标志着企业的激励机制是成功的。IBM的薪酬管理独具特色，不仅能够通过薪酬管理达到奖励进步、督促平庸的效果，而且还将这种管理发展成为高效绩文化。

薪金构成复杂

IBM的薪金构成很复杂，除非是公司内部人员，其他没有仔细看过公司关于薪酬管理文件的人是很难看懂的。IBM员工的薪金不仅跟员工的工作业绩相关而且还与员工的岗位、职务、工作表现直接相连。但有一点，里面不会有学历工资和工龄工资，工作时间长短和学历高低在IBM里与薪金没有必然关系。在IBM，你的学历是一块很好的敲门砖，但绝不会是你获得更好待遇的凭证。

个人业务承诺计划——PBC

个人业务承诺计划——PBC，是IBM独具特色的薪酬管理制度的一个方面，它作为员工工资的涨幅的关键参考指标，受到了公司所有员工的重视。每年年初IBM的员工都会制订这样一个个人业务承诺计划。制订承诺计划的过程并不复杂，却非常关键。

通常，个人业务承诺计划是按照个人在公司中的从属级别从高级到低级，一级一级制订下来的。部门经理与总经理一起制订部门经理个人业务承诺计划，然后部门经理再与下一级管理者一起，为下一级管理者制订个人业务承诺计划。无论对于哪一个人来讲，都要制订这样的一个个人业务承诺计划，制订的过程中与上级之间是互动的。以普通员工为例，员工和他的直属经理共同商讨这个计划怎么订才能切合实际。几经修改，员工其实和老板立下了一个一年期的军令状，老板非常清楚你一年的工作及重点，员工自己对一年的工作也非常明白，剩下的就是执行。大家团结紧张、严肃活泼地干了一年，到了年终，直属经理会在你的军令状上打分，而直属经理的个人业务承诺计划则由上头的经理给他打分，大家谁也不特殊，都按这个规则走。IBM的每一个经理掌握了一定范围的打分权力，他可以分配他领导的那个团队的工资增长额度，他有权力将额度分给这些人，具体到每一个人给多少。IBM在奖励优秀员工时，是在履行自己所称的高效绩文化。最后，下一年年初IBM的员工就可以通过自己的工资卡，看到工资的涨幅，从而知道自己去年干得如何。

IBM在1996年年初推出PBC，通过不断完善，PBC取得了良好的效果。具体来说，PBC从三个方面来考察员工工作的情况。第一是实现承诺，年初通过制订计划，员工个人实际上是向企业做出了承诺，承诺在一年中完成某些工作，那么到年底你必须实现你在PBC里面所做的承诺，无论过程多艰辛，都要想方设法实现承诺，这是最基本的一条。企业经营目标的实现也都建立在个人承诺得以实现的基础之上。第二是认真执行。执行是一个过程量，它反映了员工的素质，执行能力需要无止境的修炼。PBC不光是决定你的收入，还影响你的晋升。所以执行是非常重要的一个过程监控量。第三是团队精神。在IBM埋头做事不行，必须懂得与他人合作。IBM采用的是非常成熟的矩阵结构管理模式，一件事会牵涉很多部门，有时候需要从全球的同事那里获得帮助，所以团队意识应该成为第一意识。一言概之：必须切实了解自己部门的运作目标，掌握工作重点，发挥最佳团队精神，并彻底执行，实现承诺。

思考题：

1. IBM的个人业务承诺计划（PBC）的优点是什么？在哪些地方还需要改进？请指出。

2. IBM的个人业务承诺计划（PBC）与我们熟知的目标管理（MBO）有什么区别和联系？

3. 列举几个你所知道的其他企业采取的薪酬管理制度，并与IBM的薪酬管理制度做一下比较。

4. 结合实例总结一下，跨国企业相比一般企业，其所采用的薪酬管理制度在哪些方面有明显的不同？

沃尔玛的薪酬结构

1962年美国西部的一个小镇开立了一家公司——沃尔玛。1991年，沃尔玛发展成为美国第一大零售企业，2001年以后多年位居世界500强第一。沃尔玛公司有折扣商店、仓储商店、购物广场、邻里商店和网上商城五种业态，每周有超过2.6亿名顾客和会员光顾其在28个国家拥有的约11 500家分店以及遍布11个国家的电子商务网站。2016财政年度的营业收入达到近4 821亿美元，全球员工总数约230万名。一直以来，沃尔玛坚持创新思维和服务领导力，一直在零售业界担任领军者的角色。沃尔玛始终坚持“尊重个人、服务顾客、追求卓越、始终诚信”的四大信仰，专注于开好每一家店，服务好每一位顾客，履行公司的核心使命。

沃尔玛如此庞大的企业能实现低成本高效率运行，与其实施的员工薪酬制度有着重要的关系。沃尔玛的薪酬制度是：固定工资＋利润分享计划＋员工购股计划＋损耗奖励计划＋其他福利计划。

沃尔玛公司不把员工视为雇员，而是合伙人。因此，公司的一切人力资源制度都体现这一理念，除了让员工参与决策之外，还推行一套独特的薪酬制度。

沃尔玛的固定工资基本上是行业较低的水平，但是其利润分享计划、员工购股计划、损耗奖励计划在整个报酬制度中起着举足轻重的作用。

利润分享计划：凡是加入公司一年以上，每年工作时数不低于1小时的所有员工，都有权分享公司的一部分利润。公司根据利润情况按员工工薪的一定百分比提留，一般为6%。提留后用于购买公司股票，由于公司股票价值随着业绩的成长而提升，当员工离开公司或是退休时就可以得到一笔数目可观的现金或是公司股票。一位1972年加入沃尔玛的货车司机，20年后离开时得到了70.7万美元的利润分享金。

员工购股计划指本着自愿的原则，员工可以购买公司的股票，并享有比市价低15%的折扣，可以交现金，也可以用工资抵扣。沃尔玛80%的员工都享有公司的股票，真正成为公司的股东，其中有些成为百万和千万富翁。

损耗奖励计划指店铺因减少损耗而获得的盈利，公司与员工一同分享。

其他福利计划指建立员工疾病信托基金，设立员工子女奖学金。从1988年开始，每年资助100名沃尔玛员工的孩子上大学，每人每年6 000美元，连续资助4年。

沃尔玛通过利润分享计划和员工购股计划，建立员工和企业的合伙关系，使员工感到公司是自己的，收入多少取决于自己的努力，因此会关心企业的发展，加倍努力地工作。

资料来源：姚裕群. 人力资源开发与管理通论. 北京：清华大学出版社，2016；沃尔玛（中国）公司官网。

思考题：

1. 从理论上讲，薪酬的不同构成形式应该如何把握？
2. 评价并分析沃尔玛公司的薪酬体系。
3. 如果你是该公司的薪酬管理人员，你还将怎样改进其薪酬体系？

第十四章

劳动关系与劳动法

本章要点

◇劳动关系的含义
◇劳资合作模式
◇劳动合同订立的原则
◇劳动合同的内容
◇劳动争议的处理原则与方式

本章引例

《劳动合同法》对守法企业也是一种保护

有人说，《劳动合同法》只保护员工，因增大企业用工成本而对企业不利。但是，在“汇源”看来，《劳动合同法》也在保护着企业，对守法企业来说是一种福音。北京汇源饮料食品集团有限公司常务副总裁赵金林认为，《劳动合同法》的实施并没有增加企业的用工成本，相反从某些方面看还降低了成本。其人力资源部副经理说，在《劳动合同法》实施以前，有些企业一旦出现“特殊岗位”职工与企业解除劳动合同的情况，就会存在职工在补偿金上随意要价，开口就是几十万、上百万的现象，而《劳动法》中并没有规定解除劳动合同补偿的具体标准，结果法院往往会支持职工的诉求，所以完全胜诉的天平几乎是向职工一边倒。现在《劳动合同法》中对经济补偿金的使用范围、补偿金计算标准上有了明确的规定，企业更容易操作。《劳动合同法》主要是加大了违法企业的用工成本。比如，规定用人单位超过一个月不满一年未与劳动者订立书面劳动合同，或者不依法与劳动者订立无固定期限劳动合同，要向劳动者每月支付两倍的工资；不按法律规定支付劳动报酬、加班工资或经济补偿金，要按50%以上100%以下加付赔偿金；用人单位违法解除或终止劳动合同的，要按经济补偿标准的两倍向劳动者支付赔偿金。

“汇源”充分认识到，通过法律维系企业与员工和谐劳动关系的关键是要倾情打造关爱员工的良好环境，给职工造就一个“家”的感觉。陈德霞自2001年1月从山东聊城师范学校毕业以后就到落户在顺义北小营镇的北京汇源饮料食品集团有限公司工作。用了5年时间，她从车间工人升至管理岗位的商超业务专员。后来，受到外界的吸引，在合同没到期时她就辞职应聘到了另一家公司，并在不久后晋升为省级销售主任。但是，收入和成就感都增加了的她还是在8个月后重回原来的“家”——北京汇源公司。她眼眶湿润地说道：“金钱、地位甚至合同都不能带给一个人所需要的归属感，‘汇源’的历史营造出了亲和力、企业胸怀、培养人才体系，这是在别的地方感受不到的，所以我又回‘家’了。”

一个有如此强的凝聚力、员工流失率几乎为零的“汇源”，由于主动承担了比《劳动合同法》更多内容的社会责任，而留住了企业向前发展的根！

资料来源：佚名．汇源：《劳动合同法》对守法企业是一种保护．中华人民共和国人力资源和社会保障部官网．

第一节　劳动关系基本分析

一、劳动关系的含义与特征

（一）劳动关系的含义

劳动关系是劳动者与用人单位之间在劳动过程中形成的社会经济关系的统称[①]。

（二）劳动关系的特征

劳动关系是由雇佣行为而产生的关系，是管理方与劳动者个人及团体之间产生的、由双方利益引起的，表现为合作、冲突、力量和权力关系，其核心在于双方各自的权利义务结构[②]。劳动力作为一种特殊的商品，在参与社会劳动的同时，具有以劳动换取报酬，从工作中获得人类所拥有的体面、尊严和满足的权利。这意味着，劳动者和用人单位之间形成的劳动关系既是一种经济关系，也是一种社会关系。

劳动关系包括个别劳动关系和集体劳动关系，但无论哪种劳动关系类型，最终都以劳动合同的形式得以确立。

二、常见的劳资合作模式

在劳资双方以合作取代对抗的大趋势下，劳资合作的模式也有很多形式。劳资合作是一种策略的选择，其最主要的目标在于提高企业组织整体营运绩效，使劳资双方的需求得到进一步满足，从而使劳资双方都能专心致力于把本企业的“蛋糕”做大。下面介绍几种主要的劳资合作模式。

（一）员工分红入股计划

这种劳资合作模式包括分红、入股和分红入股三种方式。分红是在年终结算有盈余时，给予员工奖金或分配红利。入股是股份有限公司给予员工优惠的部分股权，使其成为股东。分红入股是把分红和入股制度相连，将一部分红利改为股票给予员工，使员工既得到红利又得到股权。

（二）利润分享方案

在利润分享方案中比较普及的是美国的斯堪龙计划，其具体方法是当总劳动成本与产品售价或市价的比值有改善时，即给予红利。这个计划可以给组织带来很多效益，如团队的沟通协调更顺畅、成本的降低、对市场竞争适应能力的增强、劳资关系管理更有弹性、工会的作用更显著，总之，它对生产效率的提升有显著的促进作用。

（三）提高工作生活质量

“工作生活质量”是指员工在工作中得到的个人需要的满足。它包括工会的目标、管

---

① 程延园. 劳动关系：第2版. 北京：中国人民大学出版社，2007：3.

② 同①4.

理阶层的目标和共同的目标。提高工作生活质量有很多优点，包括工作吸引力的提升、人员配置有弹性、通过激励使品质有所改善、产出率增加、员工技能提升以及决策能力提高等。

（四）劳资协商会议

这是一种劳资双方在平等的地位上共同协商和探讨企业发展的协商性组织，其优点在于，使双方拥有良好的沟通渠道，增加劳资双方的相互信任、理解和合作。通过劳资双方的协商，进行组织的合理决策，确定双方认同的工作目标，帮助员工改进工作，为员工改善劳动环境和创造更好的工作氛围。

此外，还包括劳动安全卫生组织、全面质量管理（TQM）以及员工福利组织等形式，这些都有利于促进劳资双方的良性合作。

三、员工的参与

员工参与是指发挥员工的能力，鼓励员工对组织的成功做出更多努力的一种管理方式，它使员工有机会参与组织的决策和日常管理，有可能规划自己的职业生涯，大大提高员工的忠诚度和工作积极性。

常见的员工参与的形式有四种，即参与式管理、代表参与、质量圈和员工持股计划。

（一）参与式管理

参与式管理是指员工在很大程度上分享其上级的决策权。员工参与管理，包括对公司计划的参与、解决问题的参与、组织变革的参与、工作任务的参与，以及财务的参与。当然，这种管理形式需要合理的组织形式，需要充足的时间参与，而且要有比较有素质的员工来从事。从对方的角度看，管理者对下级（尤其是一般员工）的授权，也具有同样功效。

（二）代表参与

代表参与是指由一小部分工人代表参与组织的决策，在组织内重新分配权利，使员工能与管理层及股东有平等的地位和共享的利益。其主要的两种形式是组成员工-经理工作委员会和员工代表参加董事会。对全体员工而言，几个代表参与的力量显然是比较弱小的。

（三）质量圈

质量圈是指由若干个员工和监管者组成一个共同承担责任的工作群体。他们承担着解决质量问题的责任，对工作进行反馈并对反馈进行评价。为此，他们讨论质量问题及其原因，并提出解决问题的方法。

（四）员工持股计划

一些组织还实行员工持股计划。员工持股可以提高员工的工作满意度，大大提高组织中员工的主人翁意识，从而带来更高的绩效和工作创新的动力。

四、劳动的法制管理

对于劳动关系这一经济社会关系的管理，有着法律层面的内容。这种法制管理，包括宏观和微观层面的必要性与内容。对此方面的内容有比较全面的了解和掌握，是人力资源从业人员专业水平的体现。

从宏观层面上看，劳动的法制管理体系内容，包括法律、行政法规及法规性文件，还有多项政府部门下达的规章制度。从微观层面上看，各用人单位不仅要遵守国家和地方的法律法规，而且自身内部也有规章制度建设、强化管理和法制化的要求。这里仅阐述宏观层面的劳动法制管理问题。

在法律方面，首先是国家的《宪法》和在人力资源与社会劳动领域具有综合性的大法《劳动法》，进而我国还发布了《劳动合同法》《就业促进法》《劳动争议调解仲裁法》和相关的《工会法》《职业病防治法》。其次，一些别的领域的法律也涉及人力资源与社会劳动，如《妇女权益保障法》《残疾人保障法》。行政法规有《失业保险条例》《社会保险费征缴暂行条例》《工伤保险条例》《劳动保障监察条例》等。政府部门下达的规章制度有国家层面的《最低工资规定》《招用技术工种从业人员规定》《集体合同规定》《劳动力市场管理规定》《社会保险稽核办法》《关于实施〈劳动保障监察条例〉若干规定》《违反〈中华人民共和国劳动法〉行政处罚办法》等，各地方政府还有一些相关的规章制度、通知、命令等。

第二节　劳动合同

为明确劳动关系双方当事人的权利和义务，保护劳动者的合法权益，构建和发展和谐稳定的劳动关系，我国在 2008 年 1 月 1 日施行了《劳动合同法》。下面就《劳动合同法》中的劳动合同订立、解除与无固定期限合同等主要内容进行简要介绍。

一、劳动合同的订立

企业与劳动者建立劳动关系，就应当订立书面劳动合同。法律规定的订立时间为“用工之日起”，即与建立劳动关系同时。但是，对已经建立了劳动关系未同时订立书面劳动合同的，法律规定应当自用工之日起一个月内订立书面劳动合同。用人单位与劳动者在用工前订立劳动合同的，劳动关系自用工之日起建立。用人单位与劳动者协商一致，可以订立固定期限劳动合同、无固定期限劳动合同和以完成一定工作任务为期限的劳动合同。

订立劳动合同应当遵循合法、公平、平等自愿、协商一致、诚实信用的原则。

二、劳动合同的内容

法律规定，劳动合同应当具备以下条款：

(1) 当事人双方的基本信息。包括用人单位的名称、住所和法定代表人或者主要负责人；劳动者的姓名、住址和居民身份证或者其他有效身份证件号码。

（2）劳动合同的具体内容。包括劳动合同期限、工作内容和工作地点、工作时间和休息休假、劳动报酬、社会保险、劳动保护、劳动条件和职业危害防护、法律法规规定应当纳入劳动合同的其他事项。

（3）约定条款。用人单位可以与劳动者约定试用期、培训、保守秘密、补充保险和福利待遇等其他事项。

同时，在法律责任中规定：用人单位自用工之日起超过一个月但不满一年未与劳动者订立书面劳动合同的，应当向劳动者每月支付两倍的工资。

三、无固定期限劳动合同

用人单位与劳动者协商一致，可以订立无固定期限劳动合同。劳动者提出或者同意续订、订立劳动合同的，企业应当订立无固定期限劳动合同的情况，包括：

（1）劳动者在该用人单位连续工作满十年的；

（2）用人单位初次实行劳动合同制度或者国有企业改制重新订立劳动合同时，劳动者在该用人单位连续工作满十年且距法定退休年龄不足十年的；

（3）连续订立两次固定期限劳动合同，且劳动者无《劳动合同法》第三十九条和第四十条第（一）项、第（二）项规定的情形，续订劳动合同的。

用人单位自用工之日起满一年不与劳动者订立书面劳动合同的，视为用人单位与劳动者已订立无固定期限劳动合同。同时，在法律责任中规定：用人单位违反本法规定不与劳动者订立无固定期限劳动合同的，自应当订立无固定期限劳动合同之日起向劳动者每月支付两倍的工资。

四、劳动合同的履行

用人单位与劳动者应当按照劳动合同的约定，全面履行各自的义务。用人单位应当按照劳动合同约定和国家规定，向劳动者及时足额支付劳动报酬。用人单位拖欠或者未足额支付劳动报酬的，劳动者可以依法向当地人民法院申请支付令；人民法院应当依法发出支付令。

用人单位应当严格执行劳动定额标准，不得强迫或者变相强迫劳动者加班。用人单位安排加班的，应当按照国家有关规定向劳动者支付加班费。劳动者拒绝用人单位管理人员违章指挥、强令冒险作业的，不视为违反劳动合同。

劳动者对危害生命安全和身体健康的劳动条件，有权对用人单位提出批评、检举和控告。国家采取措施，建立健全劳动者社会保险关系跨地区转移接续制度。

五、劳动合同的解除

劳动合同的解除包括双方协商解除、劳动者单方面解除和用人单位单方面解除三种情况，分别对应不同的法律规定。

（一）双方协商解除

用人单位与劳动者协商一致，可以解除劳动合同，但是解除劳动合同需要劳动者履行预通知义务。即劳动者应当提前三十日以书面形式通知用人单位。在试用期间的劳动者提前三日通知用人单位也可以解除劳动合同。

（二）劳动者单方面解除

用人单位有下列情形之一的，劳动者可以解除劳动合同：

（1）未按照劳动合同约定提供劳动保护或者劳动条件的；

（2）未及时足额支付劳动报酬的；

（3）未依法为劳动者缴纳社会保险费的；

（4）用人单位的规章制度违反法律、法规的规定，损害劳动者合法权益的；

（5）因用人单位过错致使劳动合同无效的；

（6）法律、行政法规规定劳动者可以解除劳动合同的其他情形。

用人单位以暴力、威胁或者非法限制人身自由的手段强迫劳动者劳动的，或者用人单位违章指挥、强令冒险作业危及劳动者人身安全的，劳动者可以立即解除劳动合同，无须事先告知用人单位。

（三）用人单位单方面解除

劳动者有下列情形之一的，用人单位可以单方面解除劳动合同：

（1）在试用期间被证明不符合录用条件的；

（2）严重违反用人单位的规章制度的；

（3）严重失职，营私舞弊，给用人单位造成重大损害的；

（4）劳动者同时与其他用人单位建立劳动关系，对完成本单位的工作任务造成严重影响，或者经用人单位提出，拒不改正的；

（5）因劳动者过错致使劳动合同无效的；

（6）被依法追究刑事责任的。

有下列情形之一的，用人单位提前三十日以书面形式通知劳动者本人或者额外支付劳动者一个月工资后，可以解除劳动合同：

（1）劳动者患病或者非因工负伤，在规定的医疗期满后不能从事原工作，也不能从事由用人单位另行安排的工作的；

（2）劳动者不能胜任工作，经过培训或者调整工作岗位，仍不能胜任工作的；

（3）劳动合同订立时所依据的客观情况发生重大变化，致使劳动合同无法履行，经用人单位与劳动者协商，未能就变更劳动合同内容达成协议的。

第三节　劳动争议处理

一、劳动争议基本分析

（一）劳动争议的概念

劳动争议，是基于劳动关系的一种矛盾，又称为劳动纠纷或劳资纠纷。劳动关系产生的过程即生产资料与劳动者结合的过程，也就是雇佣的实现。用人单位和劳动者双方是劳动关系中的两个不同主体，其利益是互斥的，其目标与行为是不一致的，甚至可能是对立的。这就决定了劳动争议的不可避免性。

（二）劳动争议处理的范围

我国于 2008 年 5 月 1 日开始施行《中华人民共和国劳动争议调解仲裁法》（以下简称《劳动争议调解仲裁法》），适用于该法规定的劳动争议包括以下几种类型：（1）因确认劳动关系发生的争议；（2）因订立、履行、变更、解除和终止劳动合同发生的争议；（3）因除名、辞退和辞职、离职发生的争议；（4）因工作时间、休息休假、社会保险、福利、培训以及劳动保护发生的争议；（5）因劳动报酬、工伤医疗费、经济补偿或者赔偿金等发生的争议；（6）法律、法规规定的其他劳动争议。

二、劳动争议处理的原则

我国《劳动争议调解仲裁法》第三条规定：解决劳动争议，应当根据事实，遵循合法、公正、及时、着重调解的原则，依法保护当事人的合法权益。

（一）合法原则

劳动争议处理的合法原则，即在处理劳动争议的过程中，承担处理职责的机构，必须坚持以事实为依据，以法律为准绳，对争议案件进行审查和处理。对当事人双方在适用法律上一律平等、一视同仁，对任何一方都不偏袒、不歧视，对被侵权或受害的任何一方都同样予以保护。

（二）公正原则

在劳动争议中要坚持公正原则，即要求劳动争议处理机构在处理劳动争议时，秉公执法，一切依据客观实际做出判断和裁决。为实现公正原则，劳动争议处理实行回避制度。

（三）及时原则

劳动争议发生后，当事人双方应及时进行协商，协商不成的应当及时向劳动争议处理机构申请处理。劳动争议处理机构应当依据法律、法规所规定的时限及时受理，抓紧审查和做出处理决定，按时结案；当事人不执行决定的，要及时进行解决，以保证案件的顺利处理和处理结果的最终落实。

（四）着重调解原则

为了减少当事人解决纠纷的成本，《劳动争议调解仲裁法》把调解作为劳动争议处理的一个原则进行了规定。发生劳动争议时，当事人可以选择企业劳动争议调解委员会，依法设立的基层人民调解组织，或在乡镇、街道设立的具有劳动争议调解职能的组织申请调解。相对于《企业劳动争议处理条例》，在坚持企业调解的基础上，增设了两项新规定：一是赋予基层人民调解组织调解劳动争议的职能；二是明确区域性劳动争议调解组织的地位及职责。同时，《劳动争议调解仲裁法》还对调解协议书的效力做了规定，明确劳动争议调解协议书对双方当事人具有约束力，当事人应当履行。对于有给付内容的调解协议书的履行，特别规定了劳动者申请支付令的程序，规定“因支付拖欠劳动报酬、工伤医疗费、经济补偿或者赔偿金事项达成调解协议，用人单位在协议约定期限内不履行的，劳动者可以持调解协议书依法向人民法院申请支付令”[①]。

三、劳动争议处理的方式

按照我国法律的规定，劳动争议的处理方式有四种：协商解决、企业调解、劳动部门仲裁和法院判决。

协商解决是劳动争议处理最基本的方式，是争议双方采取“自治”的方式来解决纠纷。这种自治主要是根据双方的合意或团体协议，相互协商，和平解决纠纷，并不求助于政府或私人的第三者进行协助解决。如果双方不愿意自行协商或者协商失败，无法达成一致意见时，就需要借助第三者或中间人（如工会或企业调解委员会）来互递信息，传达意思，促成其和解。这就是企业调解委员会的职责。调解委员会在收到劳动争议当事人的调解申请后，应当在查明事实、分清是非、明确责任的基础上，依照我国劳动法律法规以及企业制定的规章制度和劳动合同，通过民主协商的方式，推动双方互谅互让，达成协议，消除纷争。当事人协商解决和企业调解的目的都是将劳动争议在企业内部解决，运用自主协商调解机制，对争议双方进行正确引导，以便及时化解纠纷，阻止双方矛盾激化，创建和谐的劳动关系。

内部调解不是劳动争议处理的必经程序，却是处理劳动争议的“第一道防线”，对预防、解决劳动争议起着至关重要的作用，尤其是对那些仍希望留在原单位工作的员工而言，通过企业内部协商调解当属首选的解决纠纷的方式。

我国劳动法律规定，当事人也可以直接向劳动争议仲裁委员会申请仲裁。仲裁是借助第三方的外界力量解决劳动纠纷的机制。《企业劳动争议处理条例》第十二条明确规定，县、市、市辖区应当设立劳动争议仲裁委员会。仲裁委员会是国家授权依法独立处理劳动争议的专门机构，聘任专兼职的仲裁员来负责处理管辖区内的劳动争议案件。当事人对仲裁结果不服的，可以向法院提起诉讼。

相对于企业内部的调解解决，仲裁和法院判决是政府使用强制手段介入劳动纠纷中，以防止劳动争议对国家经济发展与社会稳定造成不良影响，如员工罢工或企业关闭。

本章小结

本章对市场经济条件下劳动关系的含义进行了介绍，并以我国《劳动合同法》为分析对象，阐述了劳动合同的订立、内容、履行和解除，还以我国《劳动争议调解仲裁法》为分析对象，进一步介绍了劳动争议的处理原则和方式。

关键概念

劳动关系　　员工参与　　劳动合同　　无固定期限劳动合同　　劳动合同的解除
劳动争议　　调解　　劳动争议仲裁

① 王海英，宗时风，等.《劳动争议调解仲裁法》“亮点”解读. 宁夏日报，2008-04-11.

复习题

1. 劳动合同的订立原则有哪些？
2. 简述劳动合同的内容。
3. 劳动争议处理的原则是什么？
4. 劳动争议处理的方式是什么？

讨论提高题

1. 如何看待市场经济条件下劳动关系的性质和特点？
2. 结合实际分析如何实现和谐的劳动关系。
3. 劳动合同在实行人力资源开发与管理法制化方面有什么作用？
4. 撰写一份劳动合同，并思考签订劳动合同时需要注意的问题。

本章学习案例

需付赔偿和应听调遣吗？

——北京市的两起劳动争议仲裁案

仲裁案一：业务亏损是不是工作失职

杨某系某超市员工，于2014年12月入职，双方订立了为期3年的劳动合同，约定杨某的岗位为服装组组长，月工资为4 000元。超市制定的《商品定期盘点损耗标准及处理办法》中规定，损耗超过标准部分达0.30%以上的，超市可以与杨某解除劳动合同。2016年年终损耗盘点结果显示，杨某负责的服装部分超标38.30%，纺织部分超标3.72%，鞋帽服饰部分超标1.26%，给超市造成的损失达35万多元。2017年1月底，超市以杨某严重违反用人单位规章制度、严重失职给用人单位造成重大损失为由，与其解除了劳动合同。杨某不服，提出了仲裁申请，要求超市支付违法解除劳动合同赔偿金。

庭审中，杨某称2016年的损耗有27万元是商品不合格及过期造成的，与其无任何关系，且不应计入损耗；剩余8万余元损耗属于正常丢失。所有门店服装类的损耗都是超标的，主要原因在于门店人员太少无法避免丢失，在收货及收银时均有可能发生丢货，且门店有防损员，故其不应对损耗承担责任。超市则表示不清楚损耗具体发生的原因，只有门店具体操作人员才能知晓。

仲裁委审理后认为，虽然超市的规章制度中规定，损耗超过标准部分达0.30%以上的，超市可以与杨某解除劳动合同，但超市店面发生商品损耗可能发生在诸多环节，如进库、出库、结账、顾客偷盗、内部盗窃等。杨某所在店面的商品损耗究竟在哪个具体环节、因何原因而产生，超市并不知情，且超市专门成立了防损部门，亦无有力证据表明是在杨某所能掌控的环节和范围内发生了损耗，故超市的解除行为缺乏充分的事实依据，应当向杨某支付违法解除劳动合同赔偿金。

仲裁案二：这个调岗应不应当接受

罗某系某商业公司的员工，于2008年6月入职，双方于2015年订立了无固定期限劳动合同，约定罗某的岗位为“管理类”，并约定商业公司可根据生产经营状况、罗某的工作能力、工作表现及身体状况等对其调整工作岗位。入职后，罗某先后在百货主管、百货经理、杂货经理、资深经理等岗位工作。2013 年 9 月，罗某担任总务部部长。2016 年 9 月，因生产经营需要，商业公司将设施部与总务部合并为总务设施部，并将罗某的岗位调整为服装部部长，调整前后的岗位级别、薪资待遇、工作地点等均未发生变化。罗某以调整前后的岗位分属后勤类及运营类为由拒绝到岗。一周后，罗某以商业公司未提供劳动条件为由提出解除劳动合同，并要求支付解除劳动合同的经济补偿。

仲裁委审理后认为，商业公司因生产经营需要将设施部与总务部合并为总务设施部，罗某对该事实不持异议，商业公司基于生产经营需要对罗某进行岗位调整应属于用人单位的用工自主权，且调整前后的岗位级别、薪资待遇、工作地点等并未发生变化，罗某以调整前后的部门分属后勤类及运营类作为不同意调整岗位的主张并不成立，故本案不存在商业公司不提供劳动条件的事实，罗某要求支付解除劳动合同经济补偿的请求不应得到支持。

资料来源：2017 年北京市十大劳动争议仲裁典型案例. 北京市人力资源和社会保障局官网，2017-07-19.

思考题：

结合本章所学知识对上述两起劳动争议仲裁案进行分析，说说自己的看法。

第十五章

人力资源综合管理

本章要点

◇人力资源管理制度的特点
◇人力资源管理制度的内容
◇人力资源管理制度的设计原则
◇人力资源信息化管理的应用
◇人力资源管理外包的作用与实施

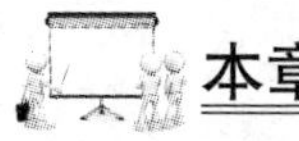

本章引例

索尼的内部跳槽制度

一天晚上，索尼董事长盛田昭夫按照惯例，走进员工餐厅与员工一起就餐聊天，多年来他一直保持着这个习惯。他忽然发现一个年轻员工郁郁寡欢，满腹心事，闷头吃饭。于是，盛田昭夫就主动坐在这个员工对面，与他攀谈起来。几杯酒下肚，这个员工终于开口了："我毕业于东京大学，有一份待遇十分优厚的工作。进入索尼之前，我对索尼公司崇拜得发狂。当时，我认为进入索尼是我一生的最佳选择。但是，现在才发现，我不是在为索尼工作，而是为科长干活。更可悲的是，我自己的一些小发明与改进，科长不仅不支持、不解释，还挖苦我'癞蛤蟆想吃天鹅肉'，说我有野心。对我来说，这名科长就是索尼。我十分泄气，心灰意冷。这就是索尼？这就是我要的索尼？我居然放弃了那份待遇优厚的工作来到这种地方！"

这番话让盛田昭夫十分震惊，于是，一项新的劳动人事制度在索尼诞生。公司每周出版一次内部小报，刊登各事业部、研究所、生产车间等用人部门的"招聘广告"，员工可以自由而秘密地前去应聘，他们的上司无权阻止。另外，索尼原则上每隔两年就让员工更换一次工作，主动给他们施展才能的机会。实行这项制度以后，每年有近200人"跳槽"到自己更感兴趣、更能发挥特长和创造力的工作岗位上。

一位管理学家说得好："如果你让别人干得好，就得给他一份恰当的工作。"企业"内部跳槽制"，可以做到"人尽其才"，不失为防止"肥水外流"的有效举措。同时，它可以根据"一人多岗，一专多能"的要求，将员工培养成为复合型人才；人事管理部门又可以从那些"内部跳槽"的信息中发现存在的问题。我们的企业是否可以"拿来"一用呢？如果实行了"内部跳槽"，那原本想跳槽的白领是否仍执意跳槽呢？

第一节　人力资源管理制度建设

一、人力资源管理制度的含义

制度是社会中的组织和个人遵循的行为规范。一方面，它协调人们的行为动机，促进社会发展；另一方面，它构成了一种强制力量，使人们生活方式的选择不威胁到长期发展。制度把人类行为的价值取向和动机综合为一体，以保证人类社会发展中的同一性和连续性。不管是什么形态的社会都离不开制度，组织是社会的细胞和缩影，它也离不开制度。

人力资源管理制度作为组织内部所有人应遵循的一套行为规范，主要特点如下所述。

（一）制度是客观内容

在制度化管理中，职务是职业，不是个人身份，所有管理行为都来自规章制度的规定，管理权威集中于规章制度，在规章制度面前人人平等。管理者的权力是制度赋予的，个人不能影响制度、干扰制度。

（二）使组织有序化

制度化管理体现了人类的理性精神，它有一套环环相扣的规章体系，涉及整个管理过程，它规定了各种活动应该怎样进行，特殊情况应该怎样处事，并给每项工作确定清楚明确的职权和责任。这使整个组织处于有序状态，将可能出现的冲突保持在秩序所容忍的范围之内。

（三）提供动力来源

人力资源管理制度客观评价员工的努力程度，对员工努力的成果进行确认和保护，建立激发人们努力的激励机制，为组织发展提供动力来源。

（四）规范具有可操作性

规范建立在劳动分工基础上，符合现代组织管理的需要。规范是合理的，为组织成员所认同；规范还是透明的，可以监控其落实情况。权力只有在规则范围内才是有效的。整套规章体系保持连续和稳定性。

（五）分层分类

人力资源管理制度既包括《员工手册》等适用于所有员工的一般性规范，也包括专门针对某些群体员工如管理人员、销售人员的特定行为规范与激励所形成的管理人员年薪管理办法、销售人员绩效考核制度等。人力资源管理制度的这种分层分类的思想源于现代组织分工的多元化与员工需求的差异化，分层分类的管理制度有助于同时满足公司对不同职位工作及不同员工差异化管理的需求。

二、人力资源管理制度的内容

（一）《员工手册》

《员工手册》是员工日常工作的行为准则，也是每位新进员工必读和必须进行培训的教材。其目的是让员工了解日常工作中“应该怎样做”和“为什么要这样做”。

第一，《员工手册》通常以公司总裁或者 CEO 写给员工的公开信开头，信中开诚布公地阐明公司的经营理念。

第二，公司概况，让员工了解公司性质、经营范围、主导产品与服务、市场状况及公司发展奋斗的历史、未来奋斗的目标等。

第三，公司的企业文化，包括公司遵循的价值观念、经营理念、企业倡导的精神。

第四，公司的组织结构，通常以图示的形式说明各部门之间的相互关系和每个部门负责处理的事项及应负的责任，有利于员工明了“有事找谁”及“我所在部门的职责是什么”。

第五，公司的规章制度，这一部分是《员工手册》的主体内容，涉及员工的切身利益，如员工选聘依据、考核标准、晋升条件、解聘程序、工资待遇、工龄计算、各种奖金补贴发放规则、劳动合同的签订、上下班时间、报销制度、保密规定及养老、医疗、失业、工伤等保险制度与其他福利项目。

第六，员工行为规范、着装及仪表、待人接物的行为准则等具体规定，这有利于员工经常对照，不断提高自己的道德修养和文明素质。

《员工手册》的编写要简明，不必面面俱到，细则可到有关部门查询，其内容应是员工最为关切的、日常出现频率高、需要程序规范的事宜。

（二）人力资源管理制度体系

人力资源管理制度由一系列组织规则构成，是从招聘开始的一系列选人、用人与育人的规定，目的在于用好人，增强员工的满意度及组织的凝聚力。人力资源管理的制度体系如表 15－1 所示。

表 15－1　　人力资源管理制度体系

规章名称	主要内容	主要功能
人力资源管理工作制度	人力资源管理工作规则、工作程序，人力资源管理计划制定规则，人力资源管理部门职权范围等	规范人力资源管理部门工作
员工招聘条例	招聘程序、方法，人员测试规则，内部招聘及外部招聘规则，临时雇员招聘规则等	满足组织发展需求，选择合适的员工进入合适岗位
员工培训制度	培训计划及实施规则，岗前培训、在职培训管理规则，管理培训规则，培训考证规则及费用处置规定等	开发员工潜能，培养适应组织需求的技能、品质
绩效考核制度	员工考核的规定、原则及方法，员工考核管理的规定，考勤制度管理规则等	公正评价员工工作成绩，为员工薪酬、晋升、培训、调动等提供依据
工资及福利制度	工资体系及构成规则、集体谈判规则、奖金激励体系及构成规则、员工福利管理及福利构成制度等	维护员工切身利益，体现公平交易原则，增强员工劳动积极性，使员工具有归属感
员工奖惩制度	奖励制度及奖励方式、处罚规定及方式、组织纪律规定等	规范员工行为，增强员工战斗力
人力资源调整制度	晋升、降级、轮岗、辞职、辞退、退休等规则	保持组织活力，优化组织人力资源配置，提高组织效率
人力资源日常管理制度	员工纠纷处理条例、投诉处理规则、员工档案管理规则、社会活动的管理规则等	化解矛盾，降低冲突，维持组织运行秩序
安全与健康制度	事故处理规则、紧急事宜报告规则、职业病防范规则、员工健康保护规则、疗养规则等	尊重员工，关爱生命，培训员工的奉献精神

三、人力资源管理制度的设计原则

（一）渐进原则

在组织发展的不同阶段，应有不同的制度体系。

（1）组织初期的人力资源管理内容较为简单，组织规模小，不必设立独立的人力资源管理机构。人力资源制度规则也相应比较简单，这样易于达成共识，有利于保持组织的灵活性。

(2) 快速成长时期组织的人力资源管理制度较为关键。能否制定一个适应组织快速成长、有利于长期规范的人力资源管理制度，是非常重要的。这个时期的制度框架是日后改进的基础，好的规则将使员工养成良好的习惯、组织保持良好的秩序，此时应由专业人力资源管理人员在协商调查基础上制定较为系统，结构较为完整、实用的人力资源管理制度。

(3) 达到成熟期的组织，应在稳定先前制定的人力资源管理制度基础上创新、完善，突出组织的个性风格，让员工从适应制度变为自主管理。这时的用人机制十分重要，绩效考评、薪酬福利、激励等制度应适应这一阶段的要求，以免壮年夭折。若组织人力资源管理制度能上升到企业文化管理的层次，组织便可能进入长寿的行列。

(二) 实事求是原则

设计制定有效的人力资源管理制度应从实际出发，根据组织所处的环境及变化趋势、组织实际状况，根据管理的实际需要来制定符合组织要求的人力资源管理制度。制度需要稳定性，因而实事求是地制定人力资源管理制度还应有前瞻性。设计的人力资源管理规章制度应具有可操作性，这是实事求是的核心。

(三) 合理合法原则

(1) 人力资源管理制度要具有科学性，符合管理科学规律，将员工的责、权、利对等结合。

(2) 制度要符合国情、民情及人性。组织是由人组成的，人不是机器，有本能，有追求，有自己的民族文化传统，有感情，所以人力资源管理制度应当符合人性。

(3) 人力资源管理制度应当建立在法律和道德的基础之上。组织应遵纪守法，在法律允许的范围内从事经营管理活动。员工则要遵守组织规章。

(四) 完整配套原则

制度的"完整"，指设计的人力资源管理制度应当包含选人、育人、用人、留人及人员流动这一人力资源管理流程的各个环节，体系上要完整。制度的"配套"，指各项规则之间应当环环相扣，互相配合，不能相互矛盾、相互冲突。此外，配套的制度还指应当设计民主监督系统，以利于制度的贯彻落实。

四、人力资源管理制度的制定

(一) 制定人力资源管理制度的程序

人力资源管理规章的制定过程，通常可分为以下三个阶段。

1. 调查研究阶段

运用各种调查研究方法，广泛收集与本组织相关的各种管理制度资料，然后分析调查所得资料，拟定制度草案。

2. 草案研究阶段

制度草案拟定好后，要在不同管理层次上对草案进行深入研讨，还要发动员工对草案进行讨论、修订，然后投入试运行。

3. 审定实施阶段

调查分析制度试运行的结果，先进行讨论，然后审定。若审定一致通过，则可颁布执行；若未通过审定，则表明还要调查研究，重新进行分析讨论，使制度更完善，更易于为员工接受，更易于执行。

（二）人力资源管理制度文本

1. 人力资源管理制度文本的结构

人力资源管理制度的文本结构通常有导语、条规、实施说明三个部分。具体结构则因编写者的习惯而异，通常有以下几种形式：

（1）开门见山，全篇条列。这种结构形式，从开篇到结尾都是条文。开头是制定制度的目的、依据；末尾是实施说明，写明修改和解释权限、生效时间等；中间各条为具体内容。

（2）分章命题，下列条文。这种结构形式，第一章通常为总则，阐述制定规章制度的依据、目的、适用范围等；末章通常是附则，说明这部分规章制度的权威程度、修改和解释权限、生效时间及其他有关要求；中间各章，为规章制度的具体内容，每一章可分为若干条，每一条可分为若干款。

（3）分段标题，逐条叙述。这种结构形式一般在前面有一段导语，说明制度的目的、依据、适用范围等，然后分段标题，逐条叙述，末段附实施说明。

2. 文字要求

人力资源管理制度是组织的重要规章制度部分，生效后的制度必须严格遵照执行。撰写人力资源管理制度的各项条款，务必明确、具体、准确。具体文字的撰写要求如下：

（1）层次分明，条理清楚，一目了然；

（2）逻辑严密，前后连贯，措施具体；

（3）文字洗练，行文庄重，简明扼要，不宜用文言文；

（4）避免歧义，措辞准确，通俗易懂，标点符号准确。

第二节　人力资源信息化管理

一、人力资源信息化管理概述

在现代企业的运行中，有一个重要的管理范畴，这就是人力资源的信息化管理，也称eHR管理。

（一）人力资源管理的信息化趋势

1. 人力资源信息化管理的产生

人力资源作为生产诸要素中的主体部分，实际上是处于组织的中心地位。从古典的科学管理开始至今，对“人”的管理一直受到组织管理者的重视，但对人的认识则有所不同，经历了由“手段人”到“目的人”的深化。世纪之交，以信息为主导的新经济时代正在有力地加速推动着人力资源开发与管理的快速进步，这就推动了人力资源管理信息化即管理的产生。

2. 人力资源开发管理与“电子商务”平台接口

在信息技术大量运用于社会经济生活的时代，网络已经成为社会资源有效配置的主角之一，IT 技术与互联网技术将从形式和内容上改变整个管理方式。随着互联网技术的广泛应用，组织开始在“电子商务”时代背景下加入全球性的竞争。与以往的人力资源管理相比，人力资源信息化管理建立在企业网络化的组织结构之上，突破了传统管理的边界局限。伴随着诸多新的组织结构模式的出现和工作流程的再造，伴随着组织内外的研究与交流、沟通的扩大，信息技术全面应用在人力资源开发与管理活动中。如职位空缺的发布、人才搜寻和招聘、员工培训、远距离学习等，正在大量应用着组织内部的局域网和全球互联网。

3. 信息成为人力资源开发管理的重要内容

人力资源信息化管理在为组织提供人力资源解决方案的基础上辅助组织构建信息与知识管理系统，辅助组织从因特网和内部网上获取信息并在组织内部进行有效的共享，并辅助组织对信息、知识的高效、科学利用，从而实现组织各种人力资源信息流在组织中得到有效的处理和合理共享，创造价值增值。

（二）人力资源信息化管理的优势

人力资源信息化管理是基于企业网络化的组织平台的。这种组织平台，打破了过去传统的“科层制”管理，面向企业业务处理流程、实施管理。采取信息化管理手段，在从事组织的日常人力资源业务方面具有明显的优势。

1. 提高人力资源开发管理的效率

信息化管理就是采用 Internet/Intranet 技术，使人力资源管理人员方便快捷地共享信息，高效地协同工作；改变过去复杂、低效的手工办公方式，实现迅速、全方位的信息采集、信息处理。信息化管理不仅促进了个人办公效率的提高，更重要的是可以实现群体的协同工作，这意味着人力资源部门的员工之间要大量进行信息的交流、工作的协调与合作，从而大大提高组织的人力资源开发管理水平与效率，乃至为组织的科学决策提供及时、准确的依据。从某种意义上讲，一个组织的信息化管理的一般程度正是衡量其人力资源管理现代化水平的标准。

2. 与人力资源开发管理业务结合紧密

一般来说，企业的人力资源部门所从事的工作主要有人力资源的规划、工作分析、招聘配置、培训开发、薪酬福利、绩效考核、劳动关系管理等项。在人力资源开发管理工作中实现信息化管理，就是使人力资源管理业务工作与整个企业的信息系统紧密结合。这时，人力资源管理人员只需点击一个按钮，就能够对本组织的人力资源信息进行采集、查询、统计、分析，得到想要的结果，从而极大地方便了企业人力资源的具体管理工作和决策工作。

3. 提升人力资源管理部门的战略地位

我国现行的人力资源开发管理工作，大多着眼于招聘、员工合同管理、考勤、绩效评估、薪金制度、调动、培训等与公司内部员工有关事项等具体层面，而忽略客户需求和市场的变化。这种后台式的人力资源管理，是把人力资源部门作为一个内部辅助机构定位的，只强调其对业务部门提供服务和支持，而对公司所经营的业务缺乏深入了解的机会，缺乏对整个公司走向的洞察力。因此，所从事的管理工作大多只是一些“修补”措施，而在组织运行中具有重要作用的人力资源规划根本无法有效地实行。这种滞后的管理模式，也注定了人力资源部门无法成为企业的核心部门，而无法与业务部门并列，具有相等的地位。人力资源的信息化管理，将改变传统的企业管理模式，高度依靠人力资源、依靠对人才的开发管理，从而大大提升人力资源部门的地位，并发挥其对组织运行与效益的积极作用。

二、人力资源信息化管理的应用

（一）查询人力资源管理信息

运用信息化技术，如生成各种电子化数据库，可以大量储存和方便地查询人力资源管理各个方面的信息，便于人力资源管理人员的分析。这不仅节约了自身的工作时间，提高了工作效率，还能够将经常性的信息放置在企业内部网上供员工查询自己的信息，使其心中有数，增加管理的透明度和快捷性。

（二）开展企业文化建设

采用信息化管理有利于人力资源部门进行企业较深层次的文化建设工作。公司的规章制度、内部文件在网上公布，这既有利于信息的透明，也有利于公司规章制度的贯彻执行。采用如“电子公告牌”的方式向公司员工发布各种通知、通告和消息，可以避免“小道消息”传播成为公司内交流的渠道。人力资源部为公司员工开辟类似 BBS“讨论室”的场所进行交流，可以使员工在工作之余得到与同事交流的机会。

（三）提高人力资源管理实效

信息化管理的系统应用，有利于对人力资源业务信息的查询、统计、整理、分析乃至监测预警。应用这种管理系统可以获得大量统计信息，使人力资源部门的工作人员对工作心中有数，有的放矢，并大大减轻其工作量，使其从文件堆里抬起头来，有时间考虑企业更深层次的管理。同时，采用信息化管理的方法也能给企业员工提供更好的内部服务。

（四）沟通组织与员工的联系

随着组织结构的扁平化、网络化、柔性化，组织信息共享普遍化，企业中知识型员工所占比例越来越大，人力资源开发与管理应该既要柔性化、个性化、模糊化，又要规范化、标准化、程序化。人力资源管理部门逐渐成为一个经营性、战略性、研究性、指导性部门。为此，人力资源部门工作人员作为团队中的一员，既要有高度的自主性，又要遵循一定的团队规范。

由于采用了信息化网络管理技术，人力资源部门可以远离琐碎的日常工作，将其交给计算机处理，从而获得更多的时间与组织员工交流沟通，帮助其改善工作，从而提升企业的人力资源竞争力。

三、人力资源信息化的建设

要进行人力资源信息化管理，需要从管理内容到形式、工具方面，进行全面的创新与建设。

（一）整合人力资源管理内涵

整合人力资源管理内涵，应当树立程式化和人性化相融合的思路：

程式化思路是强调在一个企业组织中，从一个员工到一个团队、从上级部门到下级部门、从主管到普通员工，都应该按照一定的标准化程序、规范化思路、规章制度行事。

人性化思路是强调认识人性、尊重人性、以人为本。认识人性是人力资源开发与管理的前提、基础，尊重人性是人力资源开发与管理制度制定、实施的核心内容和具体体现，以人为本是人力资源开发与管理的目的和追求。

探索“程式化和人性化相融合”的人力资源开发与管理方案，关键在于根据组织文化、人员、组织战略等实际情况“建章立制”，使本组织的各种人力资源开发与管理制度规范化、程序化、标准化。

（二）建设在线管理平台

首先，要搭建企业人力资源信息化管理的应用平台。其次，需要一套支持企业内部员工群体的信息共享和协同合作的通用网络管理系统。最后，除了硬件设施的要求外，要真正实现信息网络化管理，企业还必须完善现有的规章制度。

（三）强化人力资源虚拟管理

信息活动与管理正在成为企业决策者、人力资源工作部门和各级员工的虚拟中心。要进一步加强人力资源开发管理信息化的力度，发挥网络的独特优势，提供全面的人力资源开发管理策略与措施，使其成为企业管理、工作切磋、信息交流、培训学习、研究探讨的虚拟中心，不断增强网络在人力资源开发与管理领域的积极作用。

人力资源部门应该更进一步关心员工的职业发展，为员工提供关于职业生涯机会的信息或观点、竞争的机会，关注员工的能力与发展需求以及对未来的展望，鼓励员工去开发各种具有挑战性的目标。让员工在职业上获得发展的同时也得到个人生活的平衡，从而使员工在工作中更加投入，并能使员工不至于因为过于重视工作而忽视家庭生活，使其在未来的生活中更加满意。

（四）完善内部知识共享系统

从一定意义上讲，企业管理的核心能力在于其自身的知识管理体系，由此，人力资源管理部门人员的状况就极其重要。人力资源管理团队应由一支人力资源领域的专业精英组成，他们有现代化的知识、能力与经验积累，能有效地整合组织的知识资源。需不断强化人力资源管理部门人员的知识研发能力，从而保证组织的全体员工有效地共享知识、共享资源，更好地服务于企业。

面对信息化的挑战，为有效地解决种种的问题和困难，人力资源管理必须借助信息化技术，打造新管理技术，进而直接改善企业的生态环境，推动企业的发展。

第三节　人力资源管理外包

一、人力资源管理外包的原理

人力资源管理外包是指用人单位委托第三方人力资源管理外包服务机构代为处理公司部分人力资源工作。工资发放、员工培训、档案管理等都是常见的企业外包项目。人力资源管理外包，早在20世纪60年代的美国就已出现，近年来人力资源管理外包在我国迅速发展。

根据人力资源管理外包内容的复杂程度和层次可分为广义和狭义外包。广义的人力资源管理外包指企业邀请咨询公司评价其专业技术与能力，给整个人力资源管理的涵盖内容进行重新设计，也称为人力资源管理的“大外包”。而通常在完成人力资源管理体系的设计后，企业仍然需要聘用专业外包公司来实施日常烦琐的操作和管理，如薪资福利管理、薪资福利数据的获得、能力评估、人员培训与发展等，这就是普遍意义上的“小外包”，或称为狭义外包。

作为人力资源管理外包理论的学说主要有以下两个。

（一）劳动分工理论

人力资源管理工作的外包，可以由亚当·斯密的劳动分工理论进行解释。该理论认为劳动分工能够提高劳动者的熟练程度，节省工作转移时间，降低劳动的复杂性，继而提高企业的劳动生产率。从理论上讲，人力资源管理外包的实质就是劳动分工的进一步延伸，通过部分职能外包，在降低管理的复杂程度的同时，也有助于提高人力资源外包的专业化效率。

（二）核心竞争能力理论

核心竞争能力理论认为，企业应确定自己的核心业务和核心优势，如果某项业务不是企业的核心业务，就可以把该项业务外包给比自己更具成本优势和专业优势的企业，从而企业能够把更多的资源投入到核心业务，创造核心优势，最终提高企业的核心竞争力。

二、人力资源管理外包的现实作用

企业选择人力资源管理外包主要有以下几方面的作用：

第一，人力资源管理外包帮助人力资源部门从繁重的重复性事务中解脱出来，专注于核心的战略性工作，从而提升人力资源管理的高度和核心竞争力。

第二，人力资源管理外包能够降低组织的人工成本、缓解资金压力，克服企业很多的规模经济上的弱点。由于劳工权利意识的高涨、就业安全体系和劳动法令的普及，人事直接间接费用（包含遣散费、退休金等）及外围成本不断攀升，将人力资源管理业务部分外包，有利于降低企业风险，摆脱杂务干扰，最终引导企业专注战略性资源，发展核心竞争能力。

第三，人力资源管理外包规范操作，能有效遏制随意性的薪资发放和员工管理，对管理工作的规范性、公正性起到促进作用。

第四，人力资源管理外包可避免大量投资于人才所带来的不确定风险。

第五，人力资源管理外包简化了组织的业务流程，节省了时间，也能够提高在岗员工的工作满意度。

三、人力资源管理外包的实施

（一）人力资源管理外包的流程

1. 外包准备阶段

首先，根据企业发展目标和人力资源部门的实际情况，确定人力资源的内容，选择人力资源外包形式。

其次，进行人力资源管理项目内部运作与外包的成本、效益分析。

最后，当做出人力资源管理外包的决定后，要确定人力资源外包规划。

2. 选择服务商

根据不同项目人力资源职能外包的要求，进行商务分析。对能够提供外包的服务商进行调查，全面了解其服务特色；对服务商提供的资料进行分析，由企业人力资源部门会同有关领导确定选择服务商。

3. 与外包公司签订外包合作协议

在与外包公司签订外包合作协议时，注意以下几点：

第一，编写信息全面的计划书。

第二，与选定服务商进行谈判。

第三，在协议中必须明确双方相应的责、权、利，以及出现例外情况如何处理的问题。

第四，要指定相应的外包工作负责人和相关的联系方式，明确合作期间的定期联系和相互通报体系。

第五，要明确相应的违约责任及双方约定的条款等。

4. 监督实施

企业与外部服务商，在合同执行期双方属于战略合作伙伴关系。因此，企业内部的联系人员与服务商的人力资源管理代表要坚持随时沟通的原则，积极主动地相互配合双方，建立和维护良好的关系。

（二）人力资源管理外包的方式

1. 部分人力资源职能外包

把某项人力资源管理活动的一部分（企业干不了或干不好）进行有条件（按照企业提供的信息资料或在规定的时间内完成）的外包。例如，某企业在设计一项绩效考评系统，企业内部不能设计出有效的考核指标体系，可以把绩效考核指标体系的设计进行外包，但具体绩效考核任务由企业内部确定。

2. 整体人力资源职能外包

在进行某项人力资源管理活动时，相对比较重要的工作，要进行外包；在实施此项管理活动时，成本太高或者效果达不到预期，必须借助于外部综合的人力资源公司或者专门的咨询机构的力量完成的工作，要进行外包。

3. 人力资源小包干

即把一种或多种的人力资源管理活动全部外包，企业只对活动结果进行检验和考核。例如，企业的招聘活动完全由外部招聘机构负责，企业只提出相应的任职条件。

4. 人力资源大包干

有的企业没有人力资源管理部门，把所有人力资源管理活动全部进行外包，企业不进行相关的活动，不设计也不实施。企业只提供建议和实施监督。如高新技术和虚拟企业等相关企业的人力资源管理可以进行大包干。

5. 人力资源综合外包

企业在进行人力资源管理活动时，可以将多种外包综合运用，只有这样才能发挥各种外包的整合协同作用，如人员测评的小包干和绩效考评的整体外包（设计）等。

（三）人力资源管理外包的风险

作为一种新型的人力资源管理方式，人力资源管理外包仍然存在一些潜在的风险，这些风险主要表现在以下方面。

1. 有价值的商业机密的泄露

企业通常会把招聘、绩效考核、薪酬管理等工作部分或全部外包，这些工作中诸如吸引人才的政策、薪酬的标准、薪酬的结构等，均属于企业的商业机密。外包后，由于服务商的人员素质、职业道德以及管理水平等原因，可能存在多种泄密的机会和途径。这种泄密的风险可能是企业人力资源管理外包面临的最大挑战。

2. 可能导致企业内部矛盾激化

对于企业的员工而言，人力资源管理外包具有特别的敏感性。因为人力资源管理外包意味着可能有一定数量的人力资源部门员工将会被转移，他们会为此感到困惑、愤怒或者留恋不舍。有些员工会本能地表示反对，因为他们对这些变革带来的动荡感到不安，对未来充满疑问。较之其他外包业务，人力资源管理外包对员工的影响很大，所以在外包之前，要首先解决好员工的认识问题。

3. 企业潜在的高额成本支出

外包过程潜在的高额成本主要表现在：外包过程中企业需要花费大量的时间帮助和辅导服务商，以增进其对企业的了解，方可制定出适合本企业的方案。此外，企业选择外包的原因之一，是想从服务商那里获得专业化的好处。但是，这个过程是很复杂的，外包后并不能保证立即能从服务商那里获得这种好处，可能存在一个时间推迟带来的潜在转换成本。

4. 可能阻碍企业内部其他系统的运行效率

企业演进理论认为，企业内部系统间存在着一种交互式的、相互维持和作用、共同专业化的关系，它们之间在某种程度上可以通过增加一个系统的投资而提高其他系统的运行效率。人力资源外包通过减少投资的方式来完成任务，可能会在一定程度上阻碍其他系统的运行效率。再者，人力资源管理外包后，其他业务系统将面临从内部到外部、从熟悉到陌生的全新局面，很难在短时间内提高运行效率。

5. 来自外包服务商自身的风险

人力资源管理外包是一种新型的管理方式，服务机构从业人员的素质、层次参差不齐，企业很难判断其是否称职；而且到目前为止外包服务的价格还没有统一的标准，全部是自行定价，所以企业也无从考证是否包有所值。企业希望通过外包追求价值增值的初衷，可能因为服务商的职业道德不高和素质有一定缺陷而无法实现。

本章小结

没有规矩不成方圆，做好人力资源管理工作的前提是建设合理的人力资源管理制度。“以人为本”的人力资源管理理念若无起支撑作用的人力资源管理制度，就会成为一番空洞的说教。“以人为本”是人力资源管理的价值观，人力资源管理制度则赋予这个价值观以生命，使其在组织中变为现实。人力资源管理制度具有双重性，没有制度的组织是长不大的，制度僵化的组织是没有活力的。如何使组织既保持人力资源管理制度的有效性，又保持组织活力是任何组织设计人力资源管理制度必须认真考虑的。

关键概念

制度　人力资源管理制度　人力资源管理制度的设计原则　人力资源管理制度文本　eHR　人力资源信息化建设　人力资源管理外包

复习题

1. 简述人力资源管理制度的特点和内容。
2. 人力资源管理制度设计的原则是什么?
3. 《员工手册》的主要内容是什么?
4. 人力资源信息化管理的优势是什么?
5. 人力资源管理工作外包的方式有哪些?

讨论提高题

1. 为什么中国企业更需要制度化管理?
2. 结合企业实例，阐述人力资源管理制度的设计思想。
3. 如何有效地执行人力资源管理制度?
4. 试设计一项人力资源管理制度，写出详细的文本。
5. 你认为目前我国的企业人力资源制度管理中主要存在哪些病症? 应当如何诊治?
6. 讨论“制度化管理”与“人性化管理”的关系。
7. 人力资源信息化管理对人力资源管理工作和整个企业管理有哪些积极作用?
8. 试对一家公司的人力资源管理工作进行业务盘点，然后提出一套适合该公司的人力资源管理外包的方案。

本章学习案例

这条新管理制度能不能令行禁止?

贾厂长到液压件三厂任厂长不久，就发现原有厂纪厂规中有不少不合理之处，需要改革。他觉得要先找到一个能引起震动的突破口，并要改得公平合理，令人信服。

他终于选中了一条。原来厂里规定，本厂干部和职工，凡上班迟到者一律扣当月奖金1元。

他认为这规定貌似公平，其实不然。因为干部们发现自己可能来不及了，便先去局里或公司兜一圈再来厂，有个堂而皇之的因公晚来的借口免于受罚，工人则无借口可依。厂里400来人，近半数是女工，孩子妈妈们家务事多，早上要送孩子上学或入园，有的甚至得抱孩子来厂入托。本厂未建家属宿舍，职工散住全市各地，远的途中要换乘一两趟车；还有人住在浦东，要乘摆渡船上班。碰上塞车停渡，尤其是遇上雨、雪、大雾等恶劣天气，工人尽管提前很早出门，仍难免迟到。他们想迁来工厂附近，无处可迁；要调往住处附近工厂，很难成功。贾厂长认为应当从取消这条厂规下手改革。有的干部提醒他：莫轻举妄动，此禁一开，纪律松弛，不可收拾。又有的人说：“别的工厂，迟到一次扣10元，而且是累进式罚款，第二次罚20元，第三次罚30元。我厂才扣1元，算个啥?”但贾厂长斟酌再三，还是觉得这条一定得改，因为1元钱虽少，工人觉得不公、不服，气不顺，就会影响到工作积极性。于是在3月末召开的全厂职工会上，他正式宣布，从4月1日起，工人迟到不再扣奖金，并说明了理由。职工们对这项政策报以热烈的掌声。不过贾厂长又补充道："迟到不扣奖金，是因为有客观原因。但早退则不可原谅，因为责在自己，理应重罚；所以凡未到点而提前洗手、洗澡、吃饭者，要扣半年奖金！"

贾厂长觉得这条补充规定跟前面取消原规定同样公平合理，但不知为什么工人们却反应冷淡。

新厂规颁布不久，有7名女工违规，都是提前两三分钟去洗澡的。人事科请示怎么办，贾厂长断然说道："照新厂规扣她们半年奖金，这才能做到令行禁止。"于是处分的告示贴了出来。次日中午，贾厂长走过厂门，遇上了受罚女工之一的小郭，问她："罚了你，服气不?"小郭不理他而连忙走开，贾厂长追上几步再次问她。小郭悻悻然扭头道："有什么服不服？还不是你厂长说了算！"她一边离去一边喃喃地说："你厂长大人可曾上女浴室看过?"贾厂长默然。是啊，浴室设施有什么问题呢？贾厂长拉上总务科科长老陈和工会主席老梁一起，在当天下午浴室还没开放前去了一趟女浴室。原来这个浴室低矮狭小，破旧阴暗，一共才设有12个淋浴喷头，其中还有3个不太好使，而全厂有194名女工。贾厂长想：分两班洗澡，每班也有近百人，洗一次澡要排多久队？下了小夜班洗完澡，到家该几点了？明早还有家务活要干呢。她们对早退受重罚不服，是有道理的。看来这条厂规制定时，对这些情况欠调查了解……

下一步怎么办？处分布告已经公布了，难道又收回不成？厂长新到任定的厂规，马上又取消或更改，不就等于厂长公开认错，以后还有啥威信？私下悄悄撤销对她们的处分，以后这一条厂规就此不了了之，行不？……

贾厂长皱起了眉头，深深地思考着：要不要管理制度？如何制定管理制度？厂规厂纪的严肃性与合理性问题应当如何处理？

思考题：

结合本章所学知识，试想如果你是贾厂长，该怎么办？

参考文献

1. 姚裕群. 人口大国的希望：人力资源经济概论. 北京：中国人口出版社，1991.

2. 胡伟略. 近期我国人力资源开发研究. 北京：中国环境科学出版社，1998.

3. 潘晨光. 国外人力资源发展报告. 北京：中国林业出版社，1998.

4. 姚裕群. 中国人力资源开发利用与管理研究. 北京：首都师范大学出版社，2001.

5. 赵曙明. 人力资源管理研究. 北京：中国人民大学出版社，2001.

6. 蔡树培. 人群关系与组织管理. 北京：九州出版社，2001.

7. 王利平. 管理学原理. 北京：中国人民大学出版社，2000.

8. 孙耀君. 西方管理学名著提要. 南昌：江西人民出版社，1998.

9. 刘长占，萧鸣政. 人员素质测评方法. 北京：高等教育出版社，2000.

10. 罗旭华. 实用人力资源管理技巧. 北京：经济科学出版社，1998.

11. 吴国存. 企业职业管理与雇员发展. 北京：经济管理出版社，1999.

12. 姚裕群. 人力资源开发与管理. 北京：北京师范大学出版社，2012.

13. 张志鸿，李俊庆，刘燕斌. 现代培训理论与实践. 北京：中国人事出版社，1999.

14. 张再生. 职业生涯管理. 北京：经济管理出版社，2002.

15. 安鸿章. 工作岗位的分析技术与应用. 天津：南开大学出版社，2001.

16. 廖泉文. 人力资源考评系统. 济南：山东人民出版社，2000.

17. 王长城. 薪酬构架原理与技术. 北京：中国经济出版社，2003.

18. 郭克莎. 人力资源. 北京：商务印书馆，2003.

19. 谢晋宇，等. 企业人力资源开发与管理创新. 北京：经济管理出版社，2000.

20. 涂台良. 现代人力资源管理手册. 北京：清华大学出版社，2000.

21. 颜建军，胡泳. 海尔中国造. 海口：海南出版社，三环出版社，2001.

22. 石伟. 组织文化. 上海：复旦大学出版社，2004.

23. 张国初，等. 人力资源管理定量测度和评价. 北京：社会科学文献出版社，2000.

24. 袁方，姚裕群. 劳动社会学：第 2 版. 北京：中国劳动社会保障出版社，2003.

25. E. H. 薛恩. 组织心理学. 余凯成，等，译. 北京：经济管理出版社，1987.

26. E. 麦克纳，N. 比奇. 人力资源管理. 丁凡，译. 北京：中信出版社，1998.

27. 雷蒙德 · A. 诺伊，等. 人力资源管理：赢得竞争优势. 刘昕，译. 北京：中国人民大学出版社，2001.

28. 爱德华·霍夫曼. 人才心理测评. 曾飚，艾晔，译. 北京：中国财政经济出版社，2002.

29. E. H. 薛恩. 职业的有效管理. 仇海清，译. 北京：生活·读书·新知三联书店，1992.

30. 拿破仑·希尔. 经营你的一生. 李伟，译. 北京：台海出版社，2001.

31. 安妮·布鲁斯，詹姆斯·S. 伯比顿. 员工激励. 刘燕春，陈舟平，译. 北京：中国标准出版社，2000.

32. 詹姆斯·W. 沃克. 人力资源战略. 吴雯芳，译. 北京：中国人民大学出版社，2001.

33. 彼得·德鲁克. 21 世纪的管理挑战. 朱雁斌，译. 北京：机械工业出版社，2006.

34. 张德. 人力资源开发与管理. 北京：清华大学出版社，2012.

35. 董克用，李超平. 人力资源管理概论学习指导与案例. 北京：中国人民大学出版社，2013 .

36. 谢晋宇. 人力资源开发概论. 北京：清华大学出版社，2005.

37. 魏文静. 人力资源管理实用必备全书. 北京：经济科学出版社，2012.

38. 潘新民. 世界 500 强人力资源总监管理笔记 2. 北京：化学工业出版社，2014.

39. 应秋月. 老 HR 手把手教你搞定 HR 管理：从有证书到会干活. 北京：北京大学出版社，2012.

40. 成志明. 苏宁：背后的力量：组织智慧. 北京：中信出版社，2011.

41. 姚裕群. 人力资源管理与劳动保障案例集. 北京：清华大学出版社，2015.

图书在版编目（CIP）数据

人力资源管理/姚裕群，杨俊青主编．—6版．—北京：中国人民大学出版社，2018.11
21世纪高等继续教育精品教材．经济管理类通用系列
ISBN 978-7-300-26056-3

Ⅰ.①人…　Ⅱ.①姚…②杨…　Ⅲ.①人力资源管理-成人高等教育-教材　Ⅳ.①F243

中国版本图书馆CIP数据核字（2018）第179837号

普通高等教育“十一五”国家级规划教材
21世纪高等继续教育精品教材·经济管理类通用系列
人力资源管理（第六版）
主　编　姚裕群　杨俊青
副主编　王朝霞　刘尔铎
Renli Ziyuan Guanli

出版发行　中国人民大学出版社
社　　址　北京中关村大街31号　　**邮政编码**　100080
电　　话　010-62511242（总编室）　　010-62511770（质管部）
　　　　　010-82501766（邮购部）　　010-62514148（门市部）
　　　　　010-62515195（发行公司）　　010-62515275（盗版举报）
网　　址　http://www.crup.com.cn
　　　　　http://www.ttrnet.com(人大教研网)
经　　销　新华书店
印　　刷　中煤（北京）印务有限公司　　**版　　次**　2004年6月第1版
规　　格　185 mm×260 mm　16开本　　　2018年11月第6版
印　　张　15.75　　**印　　次**　2018年11月第1次印刷
字　　数　370 000　　**定　　价**　35.00元
